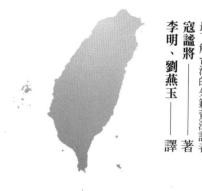

最了解台灣的外籍資深記者
寇謐將——著
李明、劉燕玉——譯

The Convenient Illusion of Peace

Convergence or Conflict in the Taiwan Strait?

J. Michael Cole

島嶼無戰事

不願面對的和平假象

獻給 Ketty

目次

前言

本書前後花費近十年的時間，才得以完成。它的中心論點——台灣比多數人所想的更為堅韌，所指的是它作為一個國家的存活能力，以及在台灣海峽衝突中所冒的風險——是經由一段很長的發掘過程才得出的結論，而這原本是不可能達到的，如果不是因為我是新聞記者而了解各種採訪門道的話。在我採訪和報導台灣政治近十年的時光裡，我從各種不同的有利角度來觀察我的採訪對象：台灣的軍隊、政黨政治、外交關係、媒體以及公民社會。換言之，我不只是專注在一個面向，而且，儘管一開始讓我打響名聲的，是我幾乎只寫和軍事方面相關的報導，我後來還是選擇從更廣泛的角度來觀察台灣，同時以新聞記者和學者（近期以來）的身分來進行。我相信，這種途徑能讓我對採訪對象有更完整的了解，也許還能看出一些趨勢和關聯，而對於研究單一面向的專家來說，這些並不是那麼容易就可以看出的。

最後也最重要的關鍵是，我確實落腳在這塊土地上，並且真正和「本地人」打交道——我在此處使用這三個字，並沒有殖民（和輕蔑）的意涵。我還有一個額外的強項：事實上，雖然我和台灣人混在一起，並且經常認同他們的觀點，然而，我仍然還是個「局外人」。這個意思是說，我是從不同的新鮮視角來觀察島上的人和各式各樣的發展，因此能夠看見一些事情，而如果我是在太近的距離內觀察的話，也許我就看不見，或者會覺得它們並不重要。

接觸台灣各個層面越深，我相信，這個國家比一般人所想的更有凝聚力和堅韌。雖然中國的崛起看來似乎無法阻擋，而美國力量出現逐漸衰退的跡象，讓很多觀察家因此感到沮喪，或因此宣稱台灣前途不妙；但對台灣能以一個自由社會狀態生存下去的前景，我反而比以前**更為樂觀**。這不表示我沒有察覺到台灣所面對的不尋常挑戰；事實上，關於這些挑戰的討論，占了本書很大的部分。雖然台灣的情勢仍然危急，我卻很清楚地察覺，台灣人不會輕易向「無法避免」的歷史力量屈服。我對台灣公民社會長達三年的密切觀察，就是我在那段過程裡使用的工具，而這些觀察全都整合在我的另一本著作：《黑色島嶼：一個外籍資深記者對台灣公民運動的調查性報導》中。

本書試圖解釋，為什麼台灣比人們想像的更為堅韌。本書也要尋求化解一些錯誤的觀念（一點也不意外的是，在某些圈子裡，這些觀念竟然還有一些吸引力），那就是，台灣可以「讓」給中國，或是，台灣正往無法避免的投降之路邁進。我的角色就是一位見多識廣和充滿關懷之情的觀察者。我不認為我比台灣人更了解他們自己，也不認為我比他們更了解什麼才是確保他們前途的最「合理」選擇。不過，我倒是有很堅定的信念，深信台灣的二千三百萬人應該能夠決定自己的前途，但由於中國的壓力和國際情勢的複雜，使他們經常被剝奪了這樣的權力。

我相信，我處於一種有利的位置，可以幫忙說明台灣社會的某些層面，這些層面也許遭到外國人的誤會，或是被他們所忽略，這裡面甚至包括了會針對這些問題向他們的政府提出建議的專家們。讓國際社會能夠「正確」了解台灣是很重要的，這表示，他們必須獲得有關於台灣的一些必要認識。如果無法澄清這些誤會，並且還繼續讓國際社會抱持對台灣舊有且錯誤的看法，那這只會表示，未來路上會有很嚴重的麻煩，而且還會讓外國政府措手不及。

本書的出版並非偶然。隨著民主進步黨在二〇一六年一月十六日大選中獲勝和重新掌權，很多觀察家已經提出警告，台灣海峽真的有可能再度出現緊張情勢。本書打算驅散那些圍繞著民進黨的迷思，並且主張，台灣最近的發展將會迫使掌權者（不管是誰）在與中國交手時，採取更為「中間」（溫和）和謹慎的路線。換句話說，即使中國國民黨在這場選舉中獲勝，它的候選人也不可能讓中國獲得在馬英九八年任期改善關係之下，所希望得到的那些好處。

個中意涵在於，在蔡英文領導之下的民進黨政府，並非台灣海峽緊張的來源，造成台海緊張的來源，反而是因為台灣意識獲得凝聚，並在民意領導下，在潛移默化中讓政黨轉型。而這應該也會破除以前的錯誤觀念：國民黨天性是「愛好和平與安定」的，台灣和中國之間出現緊張，完全是「不負責任」、「支持獨立」的民進黨所造成的。不過，事實上──這樣說經常會被認為是有政治的偏見，因此會引來兩邊陣營的攻擊——儘管雙方在立法院經常爆發激烈的言語和肢體衝突，但民進黨和國民黨其實有很多共同點，更別提兩極化的媒體環境，會引導我們去相信以上的錯誤觀念。兩黨的共同點在於：他們希望維持這個國家現有的生活方式和政治制度，不管人們稱呼這個國家為台灣或中華民國。社會歷史的潮流只會把兩黨更緊密推在一起，同時篩掉那些還陷在過去的異常值。

確保外國決策者了解這個過程，以及了解這個過程對海峽兩岸關係的影響，將是必要的，這是為了避免被有些人強行把壞的決策加在台灣人身上；而這些人的目的其實只是想要讓這些問題消失，或是迎合北京的立場。很多人已經討論過在馬總統主政八年內發生的「外交休兵」；但卻很少有人談到，在台灣認同公民民族主義的人數已經大為增加，在未來與北京和國際社會的關係裡，這將會是個很重要的變數。

此外，如果我們能更加深入了解國際社會對台灣有哪些不利的偏見，台灣人將會獲益良多，因為這有助於他們更妥善規劃未來的策略。

本書的章節安排

本書分成四個部分。第一部（第一章到第三章）將討論到，國外的一些知識分子、經濟和地緣政治勢力如何結合起來，共謀限制了我們對台灣當代社會的了解，以及對台灣缺乏認識，如何對台灣的未來構成很大的危險。第二部（第四章到第八章）探討台灣的民主，分別探討民主對台灣所提供的保護，以及面臨的內部與外來挑戰。這一部分也會討論台灣公民社會最近的發展，包括太陽花運動和它之前的一些前導組織和團體，以及這種再度冒出頭來的公民運動，是如何從民族主義和對台灣的認同感等新觀念裡發展出來，然後再回過來助長了這些新觀念。第三部（第九章到第十三章）轉而探討台灣和中國未來發生衝突的可能性，而這主要是因為兩者的不同而造成的，這些歧異包括社會、政治制度和大眾的期待；而且，要感謝台灣最近的政治發展及中國國家主席習近平的強硬路線，使得兩岸之間的差異變得更為明顯。這也顯示，香港自從一九九七年回歸中國之後的發展，可以當成對台灣的例子和警告，萬一將來台灣被中國併吞，就可以此預測台灣未來的前途，而這也會強化台灣內部對統一的反對音量。最後，第四部（第十四章到第十六章）把焦點轉向未來，並且主張，維持一個自由民主的台灣，有益於區域和全球穩定，以及為什麼姑息中國只會使所有人面對的情勢更形惡化。這部分在結尾時會提出一連串建議，指出台灣應該如何改善其生存的機會。

第一部

一個習以為常的假象

第一章 孤兒與被遺忘

這也許不是個意外，我在二〇〇五年搬到台灣後，閱讀的第一本關於台灣的小說，就是吳濁流的《亞細亞的孤兒》英譯本，這部作品經常被形容成是促成「台灣意識」出現的重要因素之一[1]。這本小說在一九四五年完成時（最初是用日文出版的），台灣是孤兒，而在五十多年後的現在，台灣還是孤兒。儘管在現代化和民主化方面取得非凡成就，但國際社會對於台灣仍缺乏了解，而且經常忽視了台灣的存在。考量到台灣的經濟規模（在全球排名第二十一，而且是全球供應鏈中重要的一環），以及台灣尚未解決的地位問題可能會引發亞太地區重大衝突，甚至還可能造成美國和中國爆發武裝衝突這幾個方面，台灣希望讓國際社會聽見它的聲音所做的種種努力，其實是很令人失望的。誠如《亞細亞的孤兒》英譯本編輯齊邦媛在序言裡所說：「在二十世紀後半葉，台灣發展成一個民主實體，期盼國際社會能夠了解我們所做的努力。」悲哀的是，這樣的了解一直沒有實現。

為什麼會這樣呢？

本章要探討造成台灣在國際社會中持續孤立的一些變數，以及這種情勢如何破壞了台灣對抗中國對其宣示主權的力量。這樣的孤立源起於一種困境，而這個困境本身則是一連串固有因素造成的結果。

雖然我們很容易就可以指責是中國造成台灣今天的困境——我們稍後會對這些困境進行討論——但其實還有一些其他的原因，讓台灣的政治足跡無法彰顯，小到幾乎看不見。原因之一是台灣在國際間替自己打廣告時，做得非常不好。台灣很早就領先中國掌握了全球化的力量，並且透過中小企業和全球每個角落都建立起經濟關係；就經濟面來說，台灣無疑是充分全球化的。那麼，為什麼在討論到政治和文化時，台灣人的表現就如此差勁呢？

部分原因可能是獨裁時代的遺毒，而台灣獨裁時代指的就是從一九四七年到一九八七年間的這四十年。在那個時代裡，談論政治——尤其是像台灣認同、台灣獨立和人權這些題目——肯定會讓你入牢服刑，甚或招受更嚴厲的懲罰。跟任何獨裁政權一樣，在蔣介石和他兒子蔣經國治理之下的國民黨，沒有辦法監視每位百姓，於是改而校正它的鎮壓機制，讓老百姓本身去進行自我檢查。政府任意嚴懲重罰，加上獎勵百姓檢舉周遭親朋好友、甚至家人，這製造出一種不安的氛圍。在這樣的氛圍中，保持沉默和避免麻煩是最安全的策略。這種讓人心寒的效應一直持續，即使到了今天，台灣已經變得自由和民主化了，曾經經歷白色恐怖那個世代的人（他們現在都是為人父母和祖父母了），仍然不敢說出心裡的話，並且經常會勸阻他們的子女或子孫，不要參與政治活動。在他們看來，最好是去接受良好的教育，並且找到薪水優厚的工作。從很多方面來看，這依舊是台灣人的優良傳統，想要打破需要很大的勇氣，在二〇一四年三月和四月期間參加太陽花運動的很多年輕人（也就是「麻煩製造者」）可以向你證明這一點。台灣人本來就不太願意談論政治，更別提是和外國人討論了，因此也就造成了台灣在國際社會變得好像隱形了一樣。

和平轉型的另類後果

跟這個現象一起出現的事實是：台灣在一九八〇年代的民主化不僅高度成功，同時也高度和平。從某些方面來看，台灣反而成了這項成就的受害者。雖然沒有流血和政變的民主化可能是政治轉型專家最喜歡的精彩典範，但是，這樣的過程缺乏戲劇性，也就表示這些發展不會受到媒體的注意，更遑論是國外那些同時患了注意力不足和同情心匱乏的大眾了。如果不夠戲劇化，小說和電影就無法讓故事維持鮮活，並在未來持續引起大家的興趣；以色列就是個例子，某種程度來說，中國在這方面的表現也很不錯。對那些對台灣認識不多的人來說（這適用於世界上大部分的人），因為缺乏暴力和隨意違反人權的狀況，台灣就此從他們的雷達螢幕上消失不見了。

雖然這樣的成就是每個台灣人應該大感驕傲的，但達成這樣的成就所付出的代價，卻因此被忽略了。當台灣還處於戒嚴時期，以及還是冷戰的多個前線之一時，也許還具有新聞價值，但是，現在的台灣已經自由化，而它的歷史似乎是就此「終結」了。對我們這些持續關注台灣發展的人，或是住在這兒的人，台灣的歷史並沒有在一九八〇年代末或一九九〇年代初結束，而且，台灣的民主一直沒有真正鞏固，而是持續在發展，像鐘擺那樣左右兩邊來回移動。但這樣的資訊過於瑣碎，並非一般外國人所能了解。身為駐在台灣的外國新聞記者，我經常面對這樣的挑戰：如何才能把報導此地違反人權事件的文章推銷給外國報紙。在大部分情況下，我的努力都是失敗的，外國報紙編輯給我的答覆通常都像這樣：「你的報導很有趣，但我們不會採用。這太『小眾』了。[2]」

當然，相較於緬甸層出不窮的違權事件，幾十名維權人士在中國被捕，或者，那些正在發展核子武器的專制獨裁者，台灣的情況確實很難有足夠的戲劇張力去吸引那些編輯，而且，報紙的版面和經費都很有限，到底要採用什麼樣的新聞報導，他們對此必須定出優先順序。同樣的情況也適用於採訪台灣軍事新聞的記者，他們能夠報導的內容，比起在台灣海峽對岸報導中國人民解放軍快速現代化的同行記者要少太多了，這有部分要感謝，過去十多年來北京的國防預算每年都成長兩位數以上。

經濟成熟讓「新聞價值」下降了

相同的問題也存在於經濟層面，即便經濟是外國媒體依舊持續關注台灣的少數主題之一。如同政治和軍事事務，台灣的經濟不再被視為是亞洲的重要新聞之一了。經濟景氣的年代——當時，台灣還是所謂的亞洲四小龍——已不復見，台灣被一些快速成長的經濟體，像是中國、印度，以及東南亞的一些國家迎頭趕上，而且對比還十分強烈。媒體很顯然想要站到經濟正在蓬勃發展的那一邊。台灣變成落後者，成為過去式，我在二〇〇九年十月在台北訪問英國知名經濟學人馬丁．賈克（Martin Jacques），也就是《當中國統治世界》（*When China Rules the World*）一書的作者時，他把這種感覺闡釋得最為完美。賈克一向不掩飾他對中國的仰慕之情，他告訴我，他從桃園國際機場搭計程車前往台北，這一路上讓他覺得很傷心。「竟然如此安靜，」他哀嘆地說。這種景象和他過去十年在中國大陸到處可見到的忙碌工地形成了強烈對比。「很少看到建築工地的起重機。」賈克表示這是台灣不夠「現代化」的跡象。當然，很多人並不同意這種觀點，他們認為現代化並不是用像鋸齒般出現在地平線上的起重機數量多寡來定義的，我也是其中一員。還有，賈克觀察到，台灣怎麼這麼「安靜」，並且對比中國大陸的生氣勃勃。這樣的觀察和對比是不公平的：今天的中國就是二十五年前的台灣。但是，因為經濟成熟了，台灣不會無限期地維持那種吵鬧的基礎建設工程並持續下去，也無法一直維持兩位數的經濟成長率。台灣的經濟成長已經達到高點，就跟之前的其他「熱」經濟體一樣。然而，台灣已經被火熱的中國經濟遠拋在後的看法，在媒體圈內大為流行，這當然也會助長台灣不再具有新聞價值這樣的觀點。

在下一章我們將會看到的是，在馬英九總統治理下的八年中，因為製造出台灣海峽已經出現和平的假象，使得這個跟媒體興趣有關的問題更形惡化。隨著大家認為戰爭的危險性已經消失在歷史洪流中，外國媒體因此也就很合理地把注意力轉移到別的地方（悲哀的是，從人道立場來看，他們還真的有很多地方可以選擇）。

國際媒體相繼撤出台灣，以及中國大陸的「魅力攻勢」

這樣的趨勢，使得大家把台灣看成是個不怎麼刺激的地區，這同時也代表了當國際媒體因應預算緊縮，需要刪減某個地區的採訪單位時，他們設在台灣的辦事處往往會被列在裁撤名單的首位。因此，辦事處關閉了，人員裁減了，一流的新聞記者被調往別的地區——通常是中國大陸，因為那裡常會發生很多戲劇性的新聞和行動，而且，升遷機會比較多，薪水也比較誘人。民主化之後的台灣已經變得很沉悶，只有一些學者會對這裡感到興趣，他們在接觸到一些讓他們很感興趣的問題時，往往會心跳加速，像是民主的品質或是有關於身分認同的祕密調查等。

這種媒體大批出走的結果是，關於台灣的資訊越來越少，越來越多的報導只限於經濟、股市和商業問題。少部分還留在台灣的外國記者，在提議要撰寫關於台灣內政問題的報導時，經常會面對到一堵大牆：他們的國內總社對此毫無興趣；如果他們運氣不錯，社方會允許他們寫，但會嚴格規定新聞報導的字數，字數少了，通常就無法把問題說清楚，更別說在內文中提供必要的資訊了。越來越多報導台灣的文章，署名的卻是派駐在北京或上海的記者；儘管這些事件可能很有報導的價值，但北京辦事處主任和派駐在中國大陸的外國記者，光是報導中國新聞就忙不過來了，根本沒有時間去關注台灣發生了什麼事情，更何況，信不信由你，台灣的新聞其實是高度複雜的。因此，在被要求撰寫有關台灣的新聞發展時，這些被派駐在中國大陸的記者，或是海外特派員，只能拿到很有限的資訊，而且經常要仰賴官方人士提供。偏偏這些官方人士經常會掩蓋掉重要的問題。他們之中有很多人向我訴苦，說出他們在這方面所感到的挫折，抱怨總社關掉在台北的辦事處，很悲哀的是，這是基於經濟現實不得不然的行動。因為這些現象所造成台灣的資訊匱乏，嚴重破壞了台灣想要在國際間被人認識和了解的種種努力。給予國外人士想像力的刺激越少，台灣想要和他們建立起某種情感連結的能力就越薄弱，而這樣的感情連結其實是可以轉變成對台灣的同理，或形成對外國政府的壓力，迫使他們制定更符合台灣現狀的政策。

還有，在外國記者大舉撤出台灣的同時，越來越國際化的中國則忙著向外發動大規模的「魅力攻勢」。這場耗資幾十億美元的攻勢，包括大舉在海外投資媒體機構，光是新華社就成立了一百十七家駐外辦事處。據報導，在二〇〇九年中國一共花了六百億人民幣（八十七億九千萬美元）擴充它的「四大」媒體組織：新華社、中央電視台、中國國際廣播電台和英文「中國日報」的海外新聞業務。同年七月，新華社還成立了「中國新華新聞電視網」（China Network Corporation〔CNC World〕），這是個每天二十四小時、每週七天的全天候英語網路新聞頻道，透過衛星、有線電視、手機、網路和戶外電視螢幕對外播送。到了二〇一一年一月，中國新華新聞電視網的播送範圍，已經涵蓋了亞洲、歐洲、非洲、中東和北美[3]。雖然，中國新華新聞電視網的目的之一也跟其他人一樣是為了賺錢，但主要目的還是向全世界報導中國新聞。鑒於中國共產黨一向實施的新聞檢查和指導方針，中國新華新聞電視網的新聞報導肯定會避開一些敏感的問題，像是台灣、西藏和新疆。其他的新聞機構，像是英文的《中國日報》，則彌補了這些活動的不足，通常的作法是和外國報紙及新聞通訊社簽訂合作協議。雖然台灣的中央通訊社（中央社）也很努力強化它的新聞報導，分別推出日文和西班牙文的服務，以及英文的 *Focus Taiwan* 新聞網，但仍然很難和財大氣粗的中國國營新聞媒體競爭。

讓這個問題更形惡化的是，很多台灣人傾向於只向內看，並且漠視外國媒體；不僅一般人如此，各個政黨和政府單位也有這個問題。不良的溝通和語言技巧，加上缺乏包裝問題的能力以吸引外國的閱聽大眾，這些因素加總起來，造成了台灣被孤立在目前的國際社會之外。在太陽花學運出現前，台灣的公民運動者很少發布英文新聞稿，也很少在布條和標語寫上英文，但他們卻又常常抱怨，國際媒體（這通常是指CNN）不注意他們。同樣的情況也出現在很多鼓吹台灣獨立的團體身上，他們的記者會通常只講台語。雖然大部分外國記者都懂中文，可以勝任採訪工作，但他們很少有人懂台語。在過去好多年裡，我參加過許多場這樣的記者會，結果發現，這些記者會不是完全無法吸引外國的新聞記者，就是無法說服他們，因為這些團體完全沒有主動去接觸他們。

台灣努力要讓世界聽到他們的聲音，但卻做得很辛苦的另一個原因，是對台灣的大部分人來說，他們的國家——叫作台灣，或是中華民國——**幾乎**已經獨立了（就「現狀」〔status quo〕來看），這樣的情勢或許不完美，但也非一無是處。事實上，居住在台灣很舒服，除了夏天太熱，有時會有颱風和地震之外。儘管目前和中國有所爭端，但現在的台灣是個現代化、安定、繁榮和安全的國家，這些是部分被國際社會正式承認的國家所沒有的。還有，一般台灣人都知道自己是誰，也知道自己是什麼人，雖然有些人對此不表同意（這通常是一些外國觀察家），但我們在後面的章節裡對此會有更詳細的討論；他們認同自己是有著中國文化傳承的台灣人，這樣的認同已經固定下來，對此沒有人會作出強烈的反駁。因此，大部分台灣人認為，沒有必要向外國人解釋這些，而這種沉默也代表了他們對於自我的強烈認同感。不過，這種沉默無助於讓世界上其他人去了解台灣，而這些人有不同的看法，認為台灣人就是中國人。

研究台灣問題的外文專書嚴重缺乏

台灣在海外形跡之罕見，也反映在出版業和專業雜誌上。用中文以外的文字寫成跟台灣有關的書籍，每年的出版量很少，跟有關中國和這個地區其他國家的書籍比起來更是少之又少。其實，用中文寫成有關於台灣政治和歷史的書籍數量相當多，這固然值得高興，但這無助於世界上其他地區的人們了解和**關心**台灣，以及台灣作為一個國家的未來前途。大部分情況下，在那些研究中國問題的書籍裡，台灣經常只被稍微提及，或是當成注腳。最近幾年出版的有關於民族主義和民族自決的很多書籍中，竟然完全沒有提到台灣，甚至連注腳也沒有。例如，艾倫・布坎南（Allen Buchanan）的著作《正義、法理和自決：國際法的道德基礎》（*Justice, Legitimacy, and Self-Determination: Moral Foundations for International Law*），被某位評論家形容為「傑出鉅作」，書中提到了近代幾乎所有的民族主義運動：從魁北克到蘇格蘭，從科索伏到巴斯克，從庫德斯坦到厄利垂亞，但卻連一次也沒有提到台灣（順帶一提，西藏和新疆也沒有）[4]。葉禮庭（Michael Ignatieff）的《血與歸屬：新民族主義之旅》（*Blood and Belonging: Journeys Into the New Nationalism*），也完全沒有提到台灣[5]。同時，快速掃瞄一下由約翰・霍爾（John A. Hall）和西尼薩・馬列塞維克（Siniša Maleševi ）所編輯的《民族主義與戰爭》（*Nationalism and War*），裡面只有提到台灣兩次，都是在〈從政府到國家均勢〉（The state-to-nation balance in power）這一章裡，作者是班傑明・米勒（Benjamin Miller）。那兩段提到的是中國民族主義（原文是「要求進行人種的民族統一……因為和民族數目比起來，有太多的政府了」）而非台灣[6]。所有這一切造成的重大後果就是，外國學者、政府官員、和一般人都無法看出台灣「問題」的真正本質：台灣問題並不是一場尚未打完的內戰，或只是單純的誤解，而是在**台灣海峽兩岸的兩個民族主義之間的一場真實衝突**。

跟台灣有關的書籍大部分都是學術性的，一般讀者不會看到。這類書籍不但難找，零售價格通常都很嚇人，因此，世界各地的書店很少看得到跟台灣有關的書籍，這是我在過去幾年裡發現、並覺得遺憾的事。有次我去參觀存書量豐富的倫敦水石（Waterstones）書店，就在倫敦大學（University of London）的東方與非洲學院（SOAS：School of Oriental and African Studies）附近，結果我發現，這家書店裡跟台灣有關的書種數量是零，但有關於比台灣小了很多的國家的書籍卻都各有幾本，跟中國有關的書當然就很多了。很不幸的，這是常態而非例外狀況。在世界各地的書店，一般讀者在亞洲書籍那一區裡找書時，他們根本不知道台灣也屬於這一區裡，這是可以原諒的；他們會找到很多有關於中國、日本、越南、北韓、印度、緬甸、泰國和柬埔寨的書，但和台灣有關的書，一本也沒有。

更離譜（也不可原諒的）的是，台灣的書店事實上也同樣糟糕。雖然，在一些大型連鎖書店裡，討論台灣問題的中文書籍相當多，但是這方面的英文書籍，他們所提供的數量卻少得可笑，通常幾根手指就可以數完了。這是因為市場供需問題，或是因為出版商不夠積極，沒有把這類書籍也銷售到台灣，我們不得而知。但可以肯定的是，如果在這個星球上，有一個地方應該可以找到跟台灣有關的書，那一定就是在台灣了！

對台灣缺乏基本認識，這種情況也常常出現在半學術性的作品之中。例如，知名新聞記者白禮博（Richard Bernstein）就犯過這樣的錯誤，他在他的一本著作中寫道，台灣「好幾個世紀來都隸屬於中國[7]」，事實上，就如美國海軍戰爭學院（U.S. Naval War College）的戰略與政策副教授派恩（S.C.M. Paine），在她對中國與日本第一次戰爭的極為傑出的研究中所說的，在日本於一八九五年奪取台灣之前，台灣「一直是中國帝國的一個邊陲地區；一直到一八八五年才成為一個省，並一直保持這樣的地位，直到後來被割讓給日本。[8]」不管這種說法到底是出於偷懶或是對歷史的誤解所造成，這種錯誤會讓人一直把台灣視為是中國的一部分，這從根本上就錯了，並且會對北京宣稱台灣是中國的一部分的合法性產生巨大影響，更別提這會對一些根本不知道事實的大眾灌輸錯誤印象了（我一直認為，根據習慣法

〔customary law〕，台灣目前就已經享有國家的地位，我必須作個補充，同樣的原則也適用於歷史上，就是把台灣看成是一個邊陲地區，但仍然是在中國帝國的範圍之內。也就是說，事實上，重要的是，絕大多數台灣人**並不**認為自己是中國人。）

另一個讓台灣不被當作優先研究對象的因素，則是來自中國宣傳的鼓吹：不是認為台灣地位是尚未解決的冷戰殘餘問題，或是美國新帝國主義的實驗，而非關於民族自決的合法性問題。因此，反美情緒會破壞在很多人眼中的台灣的合法性，尤其是因為基於各種利益和目的，美國是台灣唯一的安全保護者，以及現代化武器的供應來源，這些都是根據一九七九年的《台灣關係法》（TRA.; Taiwan Relations Act）條款的規定。而《台灣關係法》則是在華府決定斷絕和台北的外交關係，轉而和中華人民共和國建立正式的外交關係後，由美國國會通過的。

知識分子孤立台灣的情況，也發生於大學課程和學術會議中，台灣本身不但無法單獨成為一項課程或會議主題，而且經常被歸入到「中國研究」之下。例如，你很少會發現到有研究關於美國和台灣關係的這樣的課程。想要討論這個題目的教授們，一定要在討論美國與**中國**關係的題目下去進行研究，而且還不能主動提出。

基於經援考量，學術圈進行自我審查

在學術界，台灣的能見度也遭到學術機構的自我審查所破壞，而這經常是出自經濟考量——說的更直接，就是來自中國政府或中國企業對海外研究中心或大學提供的金錢資助。結果，接受中國資助的學術機構必然承受著壓力，必須在課堂上或在同儕審查的學術刊物上，避免觸及某些「有爭議」的題目，像是新疆、西藏或台灣獨立，最常見的情況是，如果有某篇學術論文觸及這些題目，至少就會有一位匿名的審查者把這篇論文給封殺掉。由於一位教授能否取得終身教職，端視他在學術刊物上發表了多少篇通過同儕審查的論文，所以避免碰觸到會延後這項過程的敏感題目的壓力極為沉重，尤其在已經變得極其競爭的學術界環境中更是如此。

我們發現，大學課程裡很少有課程是全部都在研究台灣問題的，即使有，有些議題還是被禁止討論，而如果真的討論了，很可能會影響到日後的金錢資助。例如，討論或文章中觸及一些敏感議題，像是台灣獨立，或主張「一中一台」或「兩個中國」是存在的，這些都會被強烈勸阻。結果，在大學校園裡，以台灣為研究題材的課程少之又少，而且還被限制只能當成是「大中國」課程內的一部分，大家心照不宣地達成一致的默契：台灣並不是個主權獨立的國家，所以，「再統一」的時機已經成熟。這種情況越來越多，大家都決定避免接觸

「有爭議」的題目，造成這種現象的原因之一，是因為西方學術機構在中國大陸的大學裡設有遠距教學中心，或是和這些大學之間有交換計畫，因此他們會擔心，如果不小心跨過某些紅線，將會危及這些交換計畫。這是可以理解的，因為情況確實是如此：中國已經證實過，如果這些學術機構觸及中國政府所判定的「核心問題」，那麼，中國方面一定會採取報復行動，毫不猶豫地懲處對方。

同樣也發生在國外大學校園裡，民族主義強烈的中國留學生經常會霸凌台灣留學生，在遭到恫嚇後，這些堅持自己信念的台灣留學生，只好迴避，不和他們發生正面衝突。結果是台灣學生會經常保持沉默，或是被聲量較大（以及規模越來越大）的中國學生會的聲勢給蓋過去。有時候，台灣學生會如果拒絕中國學生會提出的要求（像是，不要懸掛中華民國的國旗，或是，不要在校園活動中擺出「台灣」攤位），經常就會遭到對方威脅。有時，中國留學生會向校方提出抗議，或是威脅校方教職員。

海外的華僑組織也在世界各地展開行動，舉行集會反對台灣獨立和民進黨。這些海外華僑團體過去跟國民黨關係很密切，但最近幾年轉而向中國共產黨靠攏。各地的有錢大亨則鼓勵著這樣的轉變。

自我審查也發生在網路上，像是一些專業論壇，媒體專業人士、政府官員和學者都會在上面討論跟中國有關的話題。根據我對其中幾個像這種以網路為基礎的論壇經驗，它們的成員經常都會避免討論台灣問題，或是在台灣問題上採取「會引發爭論」（意指有利於台灣）的立場……至少不會公開這樣作。有好幾次，我就碰到一些知名學者，他們加入我的討論串裡，但並沒有回答我的問題，因為那會被所有論壇成員看到，他們改而發「私訊」，跟我私下聊天，因為他們知道，我們所談的內容不會被其他成員接受。我們可以推測，他們之中很多人擔心，如果他們被發現對台灣問題表達出來的觀點，沒有反映出他們所服務的政府單位或所屬學術機構的官方立場，可能會對他們的學術前途產生不良影響。可以想像得到的，像這樣的論壇一定會是中國監視的目標，所以，論壇成員都會擔心，萬一在台灣問題上說「錯」話了，將會妨礙他們和中國的交流，或因此拿不到簽證，無法前往中國進行研究。

中國政府和「孔子學院」這一類機構的宣傳方式就是這樣；不幸的是，西方國家的大學和智庫，因為害怕激怒他們的金主而縮減准許討論的範圍，所以，這些學術機構也跟著減少對台灣問題的討論。結果，在了解兩岸關係將會如何發展（會朝衝突發展，這是我在後面幾章裡所主張的）所需要的那種比較細緻的資訊，就無法在這些學術機構中找到，因為這些必要的資訊，不是被忽略，就是被壓抑。這有點像是在一個大城市裡找路，手上拿著的地圖卻只顯示少數幾條彎曲的大馬路，而沒有標明出任何一條小巷弄一樣。

中國的宣傳人員、政戰官員和統戰工作人員利用每個機會向他們的宣傳對象灌輸這樣的觀念：只有「一個中國」，台灣是「一個中國」不可分割的一部分。除此之外，他們的策略中還有另一種也同樣有效的手段：運用中國的財力去鼓勵世界上的其他人，要他們忘記台灣的存在。既然沒有人知道台灣的存在，那怎麼可能還會有值得注意的台灣問題呢？最近幾年來，在一些談到中國的崛起和其對區域安全的年度報告和專書裡，越來越少提到台灣。最好的例子就是在討論東海和南海的主權衝突時，台灣固定被排除在外。在此我只舉個例子：二〇一二年六月，我在華府參加一個重要智庫舉行的兩天會議，討論有關南海主權爭議的問題。雖然所有主權國都有發言人代表出席（一些在此地區沒有主權的國家也有發言人參加），台灣卻沒有包括在內；它的出席人員被限定只有來自駐美台北經濟文化代表處（TECRO）的三名工作人員，他們默默坐在後排低頭做筆記，而在整個會議期間，唯一提出台灣對此地區主權訴求的，只有作者本人而已。事實上，會議中有一名發言人是來自台灣的前親民黨籍立法委員傅崑成，目前任教於上海交通大學，但毫無疑問的，他出席的唯一目的是要提出中國的論點，而且聽來很像是中國的宣傳人員。在其他場合裡，台灣學者也被邀請在南海主權爭議的會議上發言，但他們不是已經加入中國的重要智庫（例如位於海南島海口市的「中國南海研究院」），就是主張台灣和中國應該合作以保護他們的「共同利益」，這再度配合了中國的宣傳立場，把台灣和中國說成是同一枚硬幣的兩面，只不過是，其中一面比另一面大上很多。

智庫與專家被贊助者左右立場

還有另外一個問題，是出現在外國的台灣問題「專家」身上，他們主要是大學學者和各個智庫的研究員，經常會對他們自己國家的政府官員提供建議、在具有影響力的專刊和雜誌上發表文章、在會議上演講，或是在電視和電台的談話性節目裡擔任來賓。中國政府、企業、基金會和私人金主最近大大增加對這些智庫和研究中心的資助，可能將會影響——事實上，已經發揮實質影響——他們選擇是否要接觸（或放棄）台灣問題。我們也應該要注意，中國經常成功地資助和影響了外國的一些智庫，而這些智庫卻並不完全知道這些捐款的幕後金主是誰。知名的中國與日本事務觀察家約翰・朱迪斯（John B. Judis）在《新共和》雜誌（*New Republic*）上撰文說，「兩個大國企圖在華府發揮影響力，他們經常透過公司企業和基金會來達到這樣的目的，而不是直接透過政府。[9]」朱迪斯在文中說明中國政府是如何操作的。例如，位於華府的「戰略與國際研究中心」（CSIS；Center for International and Strategic Studies）雖然表面上並未收到來自中國政府的直接捐款，然有趣且值得注意的是，在它位於華府羅德島大街（Rhode Island avenue）的嶄新、花費數百萬美元興建的新總部大樓裡，就有它最近剛成立的「布里辛斯基地緣政治研究所」（Zbigniew Institute on Geostrategy）。據朱迪斯表示，這個研究所「是用王文良的大筆捐款成立的，而王文良是中國日林集團董事長，公司總部就在中國遼寧省丹東市。」作為中國最大的私人建設公司，日林集團肯定和中國政府有很密切的關係。朱迪斯質問，這家研究所是否為中國捐款給「戰略與國際研究中心」的代理人？他的質疑是正確的。

還有，幾家美國智庫在他們的年度財務報告裡也沒有交代清楚，因為在他們的捐款人名單裡出現了很多「無名氏」。還有，就如資深記者孟捷慕（James Mann）在《中國幻想》（*The China Fantasy*）一書中寫的：「很多美國智庫收到大企業老闆和公司贈送的大筆捐款，而這些私人和企業都和中國有生意上的往來，這些捐款人希望政府制定出來的政策能保護或擴大他們的商業利益。[10]」這些大捐款人當中，有些並不諱言，他們同情中國共產黨，反對美國在人權問題上向北京施壓。我們也可以假設，台灣的民主可能也不會受到他們的重視。孟捷慕也指出，美國智庫的很多高級研究員都擁有多重身分，他們經常沒有坦承自己也替一些有力的遊說組織工作，而這些遊說團體也鼓勵和中國擴大商業上的往來。很多在二十多年前替台灣服務的大型遊說公司，現在都已轉變立場，在世界各國首都裡代表著北京的利益。

在國民黨主政下的台灣政府提供的資金，也嚴重影響到研究機構的能力或意願，使他們不願去研究台灣的一些發展，像是，在馬總統第二屆任期內越來越活躍的公民運動。這也影響到台灣學者能否取得一流研究機構的訪問學人地位，這種現像並不僅限於台灣和中國。例如，華府布魯金斯研究所辜振甫夫婦台灣研究講座（Chen-Fu and Cecilia Koo Chair in Taiwan

Studies at the Brookings Institution），這是在二〇一三年用辜家的一大筆捐款設立的，這個講座把布魯金斯和「台北論壇基金會」（Taipei Forum Foundation）連結起來，而「台北論壇基金會」的董事長是前國安會祕書長蘇起，他和馬總統及國民黨的關係十分密切。在二〇〇五年去世的辜振甫也是海峽交流基金會的創會董事長，這是個半官方團體，負責和對岸的中國進行對話。

相反的，親台獨的辜寬敏，曾經資助位於維吉尼亞州阿靈頓（Arlington）的2049計畫研究所（Project 2049 Institute），這是一家比較親台灣的小型智庫。不過，小型智庫的財務生存能力總是很容易被懷疑，特別是面對中國握有的大筆資金時。因此，小型智庫就有被願意附和北京觀點的很多智庫排擠出局的危險。

事實上，由於現在的美中關係已經很像當年的東西冷戰格局，所以，我們應該注意，跟當年和莫斯科僵持不下的情況不一樣的是，當年這兩個大國之間的經濟往來很少，但今天的智庫、大學和公司企業，卻對中國金錢和市場的腐敗影響力毫無招架之力。在當年，根本沒有蘇聯資助美國智庫這種事情，而這些智庫也都能在金錢上維持不虞匱乏的狀態，這要感謝美國政府和民間基金會的捐助，像是福特基金會（Ford Foundations）[11]。因此，當年雖然在西方政府和學術界內部還是有支持蘇聯的聲音出現，但他們這樣作絕大部分是出自意識形態的認同，而非金錢動機（很明顯的，拿錢作事的間諜例外）。今天，有很多學者和西方政府官員盡量避免觸怒中國，或是代為傳播中國的官方立場，但他們之中，只有很少數人是真正支持獨裁主義的。他們之中的大多數都很珍惜民主，可能還會同意，民主是「壞處最少」的政府型態；但如果關係到他們的專業前途、是否能維持進入中國的管道，並取得金錢資助的話，很多人就會把道德考量拋諸腦後。而這經常就代表了把台灣丟在一旁，甚至即使這個民主島國才是最合理的意識形態盟友也是一樣。

「專家」沒有經常性訪問，對台灣的實際理解不足

另外還有其他因素讓他們無法了解和說明台灣社會的複雜性。除了少數例外，大部分外國專家都是不定期訪問台灣，而且每次都只停留很短的一段時間。有很多人每隔好幾年才來台灣一次，但卻經常前往中國大陸。還有，他們通常是以某種代表團團員的身分來訪，行程都是由台灣的外交部所安排的。這樣的訪問行程通常都會包括會見政府官員、總統、國民黨和一些跟他們有關的智庫。和當地學者及公民社會團體則很少交流，再加上在這樣的會面時，通常都會有外交部的一名官員在場，這表示有些人可能就不願意暢所欲言了。

更糟的是，最近幾年外交部經常會「忘了」把民進黨也加進外國訪客的拜會行程，或是把跟他們見面的時間安排在很不方便的時間點：像是週五下午，或是在代表團要台返國的幾

個小時前。因此，這些外國專家經常會和台灣最新的發展脫節，或者，因為他們和台灣社會互動有限，所以，只會接受政府向他們簡報的官方立場。

透過它主辦的台灣研習營（菁英領袖研習班），以及直接給與外國學者六個月到一年的獎學金，台灣外交部也想要擴大它的「軟實力」。但是，在訪問過接受這些計畫的多位學者之後，發現這些計畫在相關活動方面，十分強調「中國」文化層面（例如，國劇〔京劇〕表演），卻很少介紹台灣文化。對那些對台灣認識不多的學者來說，這樣的安排很可能會讓他們留下錯誤印象，也等於錯失了向他們介紹台灣特質的機會。

此外，這些訪問學者經常受到外交部官員的壓力，要他們在學術文章和演講中表達對台灣政府某些特定政策的支持——其中最重要的就是馬總統的東海和平倡議。至少在某個場合裡，一位外國學者就明白表示，她覺得她被邀請來台北參加某次會議（當然，所有費用都由政府負擔），目的就是要她同意，根據台灣在海外某個官方代表處提供的資訊和政策觀點寫一篇文章。最近幾年中，由外交部或大陸事務委員會（陸委會）主辦的很多會議，都沒有邀請那些觀點和政府不同的學者（這些觀點主要就是指東海和平倡議和九二共識），如此才能消除多元言論，確保對外的宣傳統一口徑。批評政府的那些學者——包括台灣和外國學者——根本就不會受到邀請。我們在後面幾章就可以看到，這樣的篩選，目的就是要強化在馬總統任期內所採取的兩岸關係方向是正確的這種認知，同時消弭不同的聲音。

不消說，所有這些都構成對學術自由的干涉，並且會阻礙對現任政府的批評。因此，在篩選和邀請外國學者到台灣從事研究時，就會根據這些學者的政治和意識形態觀點來選擇。很容易就可以想像，在馬總統的治理下，很少會有強烈支持台灣和公開鼓吹台灣獨立的外國學者，會被外交部或蔣經國國際學術交流基金會邀請來台，但是，還是有少數幾個突圍成功。

很多外國學者對太陽花學運的反應，十足反映出這種現象，他們之中有很多人本來應該更了解台灣情況的，但太陽花學運的出現，卻完全出乎他們意料之外，這讓他們大吃一驚，也因此他們對學生的行動採取全盤否定的態度，而這也經常呼應了馬政府的言論。其實，只要他們對台灣這陣子所發生的事情多注意一點，只要他們曾試著去和公民社會接觸，對於學生占領立法院的行動也就不會感到意外，也不會斥責這些行動是「違法」、「不理性」和「不民主」的了。然而，這同一批專家，經常就是外國媒體能夠邀請去評論台灣情勢發展的唯一一群人。他們能夠提供對此地情勢正確評估的能力，其實十分有限。這就好像英格曼對那些蘇聯專家的看法，說他「完全聚焦於政策考量，在文化層次上只受過很少訓練，甚至語言方面也是如此，他們很少在他們想要研究的國家裡住上很長的一段時間。但是，政策分析給了他們空前的機會，但也產生了諷刺的結果。[12]」同樣的情況也適用於今天，尤其是在研究台灣問題時。但由於他們的閱聽大眾（包括政府在內）也不十分了解，所以，專家們通常都能蒙混過關。有個驚人的例子，發生在二〇一四年四月九日，太陽花學運學生結束占領立法院的前一天，在一場和馬總統的特別視訊會議中，史丹福大學（Stanford University）的胡佛研究所（The Hoover Institution on War, Revolution, and Peace）高級研究員拉里・戴蒙德（Larry Diamond）所作出的評論，他的評論之所以讓人震驚，是因為這位專家對於真實情況應該要更了解才是。戴蒙德是位備受尊敬的民主理論專家，但他明顯誤會了太陽花學運的本質，並且清楚顯示出他並不知道在占領行動之前的兩年，台灣究竟發生了什麼事[13]。

有趣的是，一般來說，歐洲學者比美國學者更支持太陽花學運的行動。

一位知名澳洲學者的例子甚至更為驚人，他寫了一本書，全書都在主張，台灣應該「讓」給中國，以交換北京作出某些承諾。這本在二〇一三年出版的書，真正最驚人的是，它的作者在主張放棄台灣之前，**甚至從來沒有來過台灣！**[14]

其他智庫和研究中心也許是好意，但是沒有資源，也無法取得必要的資訊對台灣情勢作出更完整的描述。二〇一四年年底，我應邀在加拿大渥太華的加拿大國防協會研究所（CDAI；Canadian Defence Association Institute）演講。參加這次會談的都是退休的政府官員和大學教授，我的演講共九十分鐘，從幾方面談起，整體來說，就是你目前正在閱讀的這本書的濃縮版：我談到台灣面對的挑戰，台灣公民民族主義的興起，軍事均勢，台灣海峽兩岸難以整合的社會與政治制度，以及在不久的將來再度出現緊張情勢的可能性。我演溝完畢後，雷．漢諾特將軍（General Ray Henault），他是加拿大國防協會研究所所長及布魯塞爾北大西洋公約（NATO）總部的北約軍事委員會前主席，很明確表示很欣賞我在大雪紛飛的那日所作的這場十分坦率的演講。「我們這兒從來沒聽過這些事情，」他說。漢諾特將軍的話百分之百正確——但也相當令人震撼，因為加拿大當局本來就應該掌握台灣海峽情勢的最新資訊，因為台灣和中國一旦爆發重大對峙，它就要馬上撤離住在台灣島上近**五萬**名加拿大國民（其中很多人是雙重國籍）！我說出這個數字後，會議桌四周的人都嚇呆了；沒有人知道這件事情（有一名華人大學生出席了這場演講會，他從蒙特婁開車過來，但在我演講完還未開始接受提問時就開了，明顯是不滿意我講的一些事情）。

同樣重要和值得注意的是，對我們這些常駐此地的人來說，台灣和台灣海峽就好像是「宇宙中心」一樣，但事實上，和世界各個重要的首都城市相比，台灣只是眾多急迫問題中的一顆小小塵埃，因此，在目前全球這麼多危機中，必須去找出哪些官員和學者是經常在處理台灣問題的。我拜訪過華府很多次，和當地官員見面，並向他們簡報，這很快就打消了我認為台灣十分重要的想法。事實上，這方面的專家人數極其有限，而且他們大部分都是亞洲專家或中國專家，而不是把台灣當作他們的主要任務。更常見的情況是，台灣經常會被更立即和危險性更高的問題給推擠到一邊去，像是北韓、阿富汗、伊朗、伊拉克、伊斯蘭國（ISIS）、凱達恐怖組織（al-Qaeda）、（非洲西北部）馬格里布（Maghreb）、以色列

—巴勒斯坦、黎巴嫩或是克里米亞。我們將在下一章更詳細討論，台灣「問題」已經獲得解決，以及感謝馬總統的兩岸政策，「和平」即將來到的這樣的感覺，已經使這種現象更加惡化，並且還會讓台灣更加孤立，不會讓人覺得台灣有研究的價值和關注的必要。

用不著說，因為來自北京的壓力，而讓台灣無法加入國際組織（在世界銀行的報告裡，如果能夠看到「台灣」這兩個字，就算是很幸運了），或是必須先冠上像「中華台北」（Chinese Taipei）或「台灣，中國」（Taiwan, China）這樣的名稱才能加入，這讓台灣缺乏能見度的情況更加嚴重，同時也加深了海外認為台灣真的是中國一部分的這種認知。這倒是可以辯論的，因為參與總比什麼都沒有好，即便這樣的名稱會引起台灣人民的怨恨。但這並不能改變以下事實：這種「務實主義」犧牲的，是讓海外聽到台灣這個名稱。而且，不像其他一直努力在爭取國際承認的「非國家」（non states）那樣（馬上令人想到巴勒斯坦），台灣一直避免發出太大的聲音，而且拒絕採取暴力或恐怖主義讓它在國際間被注意。這種非暴力的做法雖然值得稱讚，但也表示台灣因此面臨了極大挑戰，必須去找出其他比較不那麼激烈的手段來讓自己在全球立足。在這個問題上，因為我們在上面討論過的原因，以及我們將在下一章討論的其他原因，台灣到目前的表現一直很差。

根本上來說，所有這一切，都是因為在二戰結束後，一直籠罩著台灣的厚厚的無知烏雲所造成的結果。兩件重大事件，正好發生在歷史的關鍵時間點，因此在無意間引發一些後果，造成台灣今天的困境。

台灣地位困境的起因

第一次事件發生在二戰結束時，同盟國在打敗日本帝國後，用很模糊的行動來決定台灣的命運，結果到今天還持續造成影響。這些問題的種子在當時就已經種下。所有這些問題的核心是台灣在戰後的法理地位。根據國際法的標準，應該由和平條約明確決定。這樣的條約確實有簽署——那就是一九五一年九月八日的《舊金山和平條約》。但即使這項條約是由所有同盟國國家和日本代表簽署，但在一九五二年四月二十八日開始生效的這項條約，只有載明（第二條b項）「日本政府放棄對台灣、澎湖等島嶼的一切權利、權利名義與要求。」但這正是讓事情變得有趣之處：合約裡從來沒有明確指出誰是這些領土主權的受益者。換句話說，這項條約並沒有說，台灣和澎湖合併到中國[15]。

這樣的模糊不清並不是什麼睿智的政策造成的結果，而是因為當時列強無法確定中國究竟是「中華民國」還是「中華人民共和國」，因為中華民國那時剛剛「丟掉」中國大陸。到了一九五〇年一月六日，當時在國際政治還能發揮影響力的英國，已經轉而和中華人民共和國建立外交關係，而美國則繼續承認中華民國達三十年之久。根據美國法律，華府只能邀請中華民國的代表參加《舊金山和平和約》的簽署。而根據英國法律，英國只能邀請中華人民共和國的代表。由於無法同意究竟要邀請誰，華府和倫敦只好尊重彼此的不同意見。結果，沒有人代表中國出席舊金山和平會議。

據諾丁漢大學（The University of Nottingham）教授曾銳生（Steve Tsang）指出，同樣的事情也發生在後來日本和中華民國的台北和平會議上，台北和會只能接受在舊金山和會達成的條約[16]。

很明顯的，這個到今天還在繼續毒害台灣海峽關係的棘手問題，最初就是因為美國和英國無法同意由誰代表中國所造成的。要是這兩個國家承認了同一個政府，我們今天可能就不會有這個問題了。這也表示，一個自由民主的台灣也可能擁有一個從來沒有實現過的前途——例如，如果英美這兩大國都在《舊金山和平和約》前就承認中華人民共和國。但這樣的「如果」只是種智力激盪。重要的是當時英美之間確實存在著歧見，造成當時的情勢一直持續到今天。

讓事情變得更糟的，是當時中華民國和國民黨都宣稱，台灣領土是中國的唯一代表。中華民國宣稱，台灣是中華民國的一部分；中華人民共和國則否認中華民國還繼續存在，因此把台灣視為是它的一個省。台北則把中華人民共和國視為非法政權，並且到今天還維持這樣荒謬的立場。雙方都把他們的主張建立在《舊金山和平和約》和其他各項文件，即「開羅宣言」和「波茨坦宣言」之上，而這些事實上都不能對台灣主權的歸屬提供法理基礎。此外，到一九四九年時，國民黨已經被毛澤東領導的中國共產黨趕出大陸，轉進台灣。這樣的挫敗，也引發在法律上中華民國是否還存在的質疑。中華人民共和國到底是個繼承正統的新政府，或者只是一個所謂的「後續」政權，如果是後者，那麼，接手的政府領土主權訴求是否仍然有效（根據中國共產黨的說法，肯定有效）。有人會爭辯說，中華民國唯有在和有邦交國家維持正式關係的情況下才會繼續存在；不過，即使邦交國數目減少到零，也不表示中華人民共和國對台灣的主權要求就會變得沒效，更別提合不合法了。

所以，就是這種情況，造成了混亂的最佳配方。這兩個政權彼此不承認對方的存在，並且依賴各種文件來證明他們對台灣主權的訴求，但這些文件裡，沒有哪一件是能夠在法律上用來支持這項訴求的。不論好壞，台灣就這樣處於法律不確定的狀態中。鑒於這個問題的複雜性，各方都陸續提出事實和反事實的論點，以及其中一方展現的強大國力，我們也許就可以了解，為什麼本來就已經被搞得昏頭轉向的國際社會終於宣布放棄，不再想搞清楚這究竟是怎麼一回事，同時也順水推舟地接受北京在這個問題上的說辭。條約裡有法律約束力的文字，也許可以提供必要的清楚規定，就如最近幾年有些條約已經對各國在南海的行為作了完美的規範，但碰到北京作出主權訴求時，這些事實經常還嫌不夠。北京一直被困在所謂的「第一島鏈」後面，現在，它想要拿下這道島鏈中的一塊土地。中國共產黨也渴望合法「再統一」一個理想化（如果不是神話）的中國。北京這樣做還有一項好處：解決它身邊一個惱人的問題——在「大中國」境內竟然存在著一個自由民主政體，而且不斷對其獨裁統治的吸引力和合法性造成威脅。

第二個歷史事件是各國在一九七〇年代以美國為中心所作的一連串決定。總結來說，就是決定和中華民國斷交，轉而和中華人民共和國建立外交關係，這是根據各種考量而作出的決定，包括越戰和蘇聯。有趣的是，承認中華人民共和國的奠基工作，早在尼克森和季辛吉訪問中國之前就已完成。最早在一九六五年，一些非營利團體，像美中關係全國會議（National Conference on U.S.-China relations），美國公誼服務委員會（American Friends Service Committee），以及美中關係全國委員會（National Committee on U.S.-China Relations）都針對這個議題舉行了一系列會議，大部分都由「洛克菲勒兄弟基金會」（Rockefeller Brothers Fund）和福特基金會出資。這些努力說服學者去相信承認北京的好處[17]，接著，連國會也被說服了。

「雙重承認」曾經存在過嗎？

終止和台北的外交關係，雖然其本身是一項重大發展，但更重要的是，這總結了一項仍持續進行、但今日已不受注意的爭辯，那就是如何去進行這項承認。雖然華府和世界其他國家最後都選擇承認中華人民共和國，並且在「一個中國」的原則下去作各種變通，但這本來很有可能在一種極其不同的架構下去進行，就是對於「兩個中國」的雙重承認，也就是同時給予台灣海峽兩邊外交地位，這一定會對台海衝突的本質產生持久性的影響（早在一九六三年十二月，在情勢已經明朗，中華人民共和國並不會像很多官員預期的那樣崩潰後，詹森總統任內的遠東事務助理國務卿羅傑．希爾斯曼〔Roger Hilsman〕提出了「兩個中國」這個想法。[18]）我們無從知道北京當時是否同意這種模式，但是必須注意，中國當時的國際地位比現在弱很多，也許沒有多少選擇。一向反對任何「兩個中國」說法的毛澤東當時也已經死了。有很好的理由去相信，蔣介石也會拒絕接受，但到了一九七五年四月，他已經離開這個世界，他的兩位繼承人，先是嚴家淦，接著是他的兒子蔣經國，則可能傾向接受，這很像美國在一九八〇年代施壓，強迫小蔣帶著台灣走上自由化之路[19]。就如這類問題的絕對權威專家，喬治城大學（Georgetown University）歷史學教授唐耐心（Nancy Bernkopf Tucker）在她的大作《海峽對話》（*Strait Talk*）中寫道：「到了一九七〇年代中期，（台灣）領導人已經了解到，斷交已經是無法避免的，不過，他們卻拒絕討論此事，並且認為拖延就是最好的回答……後來，批評者說，如果願意改變，台灣當時也許可以談判出一個更好，或至少比較不麻煩的前途。[20]」但她也指出，要促成這種事情發生，雙方必須要有互信，但那樣的互信當時根本就不存在。

到了一九七七年，美國的「總統審議二十四號備忘錄」（Presidential Review Memorandum 24）提出和北京建立外交關係的四個選項，在這四項當中的頭兩項分別是：一、和中華人民共和國建立全面的外交關係，並且斷絕與中華民國的所有正式關係；二、和中華人民共和國建立全面外交關係，同時維持與中華民國的外交和軍事關係。結果，華府選擇第一個選項，和台灣所有的官方關係全部斷絕。

根據已經解密的「美國外交關係檔案」（FRUS：Foreign Relations of the U. S.）的會議紀錄，雙重承認的選項一直存續到一九七七年夏天。不過，不像雙重承認（選項二）那樣將會同時給與中華民國和中華人民共和國很明確的地位，相反的，單一承認（選項一）卻留給我們「一個中國」原則或政策，因為相當模糊，所以任由北京解釋和濫用。到後來，就變得很難說出北京的「一個中國」政策，和其他國家的「一個中國」政策之間有什麼差別，儘管這些國家的立場不是「知道」（took note of），就是「承認」（acknowledged）北京認定只有「一個中國」，而且台灣是中國的一部分。只要定義明確就會有助於解決問題，但相反的，台灣「問題」的最大特性就是有各種不同的解釋和很大的不確定性。甚至連美國對台灣的安全「保證」也無法完全清楚表示，反而呈現出「戰略模糊」（strategic ambiguity）的狀態。

當然，我們以後見之明來批評在七十年和三十六年前所作的決定，並不公平。我們無法肯定知道，如果當年作出不一樣的決定，情勢發展是不是會更好。不管怎樣，我們今天所面對的問題，就是當時作的決定所造成的，而且，毫無疑問的，這些決定還是出自於善意的個人。

雖然台灣人現在可以在自己的國家裡自由談論政治，但他們卻不敢在海外這麼作，尤其是當他們的觀點不符合外國政府和金融業的認知時。這是我們在下一章中要討論的主題。

---

1 Wu, Cho-liu, *Orphan of Asia* (New York: Columbia University Press, 2006).

2 見 Cole, J. Michael Cole, *Officially Unofficial: Confessions of a Journalist in Taiwan* (CreateSpace, 2014).

3 見 Shambaugh, David, *China Goes Global: The Partial Power* (New York: Oxford University Press, 2013), pp. 227-35.

4 Buchanan, Allen, *Justice, Legitimacy, and Self-Determination: Moral Foundations for International Law* (Oxford: Oxford University Press, 2004).

5 Ignatieff, Michael, *Blood and Belonging: Journeys into the New Nationalism* (Toronto: Viking, 1993).

6 Miller, Benjamin, "The state-to-nation balance in power," in John A. Hall and Siniša Maleševi , eds, Nationalism and War (New

York: Cambridge University Press, 2013), p. 91.

7 Bernstein, Richard, *China 1945: Mao's Revolution and America's Fateful Choice* (New York: Alfred A. Knopf, 2014), p. 51.

8 Paine, S.C.M., The Sino-Japanese War of 1894-1895: Perceptions, Power, and Primacy (New York: Cambridge University Press, 2003), p. 6.

9 Judis, John B., "Foreign Funding of Think Tanks Is Corrupting Our Democracy," *New Republic*, September 9, 2014. http://www.newrepublic.com/article/119371/think-tanks-foreign-contributions

10 Mann, James, *The China Fantasy: How Our Leaders Explain Away Chinese Repression* (New York: Viking, 2007), pp. 61-2.

11 如果想要找一本對那個時代最傑出的研究專書，請看 Engerman, David C., *Know Your Enemy: The Rise and Fall of America's Soviet Experts* (New York: Oxford University Press, 2009).

12 Engerman, p. 336.

13 https://www.youtube.com/watch?v=2FGxKzgC8VQ

14 White, Hugh, *The China Choice: Why We Should Share Power* (London: Oxford University Press, 2013). 懷特一開始並不是亞洲問題專家，最後在二〇一四年來到台灣進行他的第一次訪問，並且承認，這個地方讓他留下深刻印象。不過，他在後來的一些文章中，還是提出類似的主張。儘管對台灣問題的看法有一些盲點，但本書還是被《金融時報》（*Financial Times*）選為二〇一三年最佳書籍之一。

15 請參閱林佳龍、李明峻和羅致政合編的《解開台灣主權密碼》（*Unlocking the Secret of Taiwan's Sovereignty*），台北：台灣智庫，二〇〇八年。

16 作者在二〇一五年六月五日和曾教授往來的電子郵件內容。

17 感謝２０４９計畫研究所執行長石明凱（Mark Stokes）讓我注意到這個問題。

18 Cohen, Warren I, *America's Response to China: A History of Sino-American Relations*, 5th ed. (New York: Columbia University Press, 2010), p. 211. 事實上，這種「兩個中國」的實質政策，最初在艾森豪政府時就已經開始出現。

19 家博（Bruce Jacobs）在他的著作 *Democratizing Taiwan*（台灣民主化，Leiden: Brill, 2012）中很明白指出，蔣經國並沒有帶領台灣展開「民主化」，而是自由化。

20 Bernkopf Tucker, Nancy, *United States-Taiwan Relations and the Crisis with China* (Cambridge: Harvard University Press, 2009), p. 89.

第二章 陳水扁：「麻煩製造者」，馬英九：「和平製造者」

「過去幾年來……在和平與安定的兩岸關係之下，台灣海峽已經成為和平與繁榮的大道。」二〇一三年四月，馬英九總統在台北會見來自美國智庫「國家亞洲研究局」（U.S. National Bureau of Asian Research）的代表團時這麼說。

就在幾年前，台灣海峽還經常被形容成是潛在的衝突點或是「火藥庫」。現在，台灣海峽——感謝馬總統和北京改善關係的政策，毫無疑問的——已經是「和平大道」，這樣的形容對全世界的戰略家和官員來說，聽起來就像音樂一樣美妙，尤其是這些人正忙於應付各式各樣的緊急狀況：從恐怖主義、全球暖化、經濟危機，到大規模毀滅性武器的擴散。馬總統在進入第二任任期的第一年內（事實上，他更早前就開始這樣說了）宣稱，他已經成功地改變了兩岸關係的動力，而在這之前的幾十年當中，這股動力一直處於危險邊緣，在冷戰初期，甚至還一度變得極其危險，差點在剛誕生的中華人民共和國和美國之間引發核子大戰。

自從馬英九在二〇〇八年當選總統以來，和平這兩個字就一直被掛在他嘴邊。如果你從馬政府（以及很多外國政府）要你看的角度去看，沒錯，台灣海峽兩岸的關係確實大幅改善了。從二〇〇八年以來，海峽兩岸共簽署了多達二十一項協議，觸及了從打擊犯罪到投資各種層面的問題，其中包括被廣為宣傳的「兩岸經濟合作架構協議」。兩岸直航也已實現，可以從台灣直飛中國大陸的幾個城市，不用再很麻煩的跑到香港去轉機了。觀光也大有起色：在二〇一四年，有多達四百萬名中國觀光客來到台灣。幾千名大陸學生目前在台灣的多家大學就讀，這對目前因學校太多而招不到學生的台灣大學院校來說，是很大的幫助。兩岸的高級官員——先是半官方的兩岸談判團體的人員，接著是內閣級別的代表——已經可以進行直接對話，現在更幾乎成了例行工作。最重要的是，貿易和經濟往來，包括銀行業在內，已經穩定開放。

表面上，從二〇〇八年以來，台灣和中國的關係經歷了極不尋常的變化，不到十年前，這是令人無法相信的，更別提中國內戰結束，蔣介石的國民黨被迫逃到台灣來之後的那五十年間了。

眼前的和平並非真實和平

不過，儘管有以上種種發展，我們所經歷的這一切，根本就連接近和平也稱不上。任何夠格的政治學家都會很願意告訴你，沒有戰爭（北京從來沒有放棄過動武的念頭，即便它和台北之間的談判進行得很順利）並不代表沒有「衝突」。我們所看到從二〇〇八年以來的兩岸關係和緩，不過是發生在表面的層次，很少觸及——如果有的話——真正的政治問題。請不要誤會我的意思：像這樣的關係和緩早已存在，並且也真的在各個層級降低了緊張關係。但是，基本問題並沒有改變，事實上，根據最近的發展，包括台灣和中國都顯示出這樣的和解年代不過是一段簡短（以及並非一定是不受歡迎的）的空窗期。

我們高興的太早了。台北和北京交流的腔調已經改變，根據馬總統和兩岸官員的說法，和平已經來臨。事實上，馬總統過度強化了這項訊息，因為海外有一批包容他的支持者，而且，北京政權可以從這些發展獲得很多好處。二〇〇九年六月，多倫多大學榮譽退休校監和當時還擔任多倫多參議員的利德蕙（Vivienne Poy），在滑鐵盧大學作專題演講時就凸顯了此一問題。她的演講題目為「中國的香港與澳門後殖民轉變：對台灣海峽兩岸和加拿大—中華人民共和國關係的意義」（Post-Colonial Transformations in China's Hong Kong and Macau: Implications for Cross-Taiwan-Strait and Canada-PRC Links），但在演講中，利德蕙幾乎沒有談到台灣[1]。事實上，在通篇演講中，台灣只占了三行文字，提到從馬在前一年大選中獲勝以來，「中國的兩岸關係」已經「大幅改善」。顯然，在她看來，光是一年的時間就足以讓她作出這樣的結論：六十多年來的敵對狀態已經被推翻。此外，在香港出生的利德蕙用來支持其論點所舉的例子，其實很值得質疑：「中國移動」宣布要收購台灣第三大行動通訊公司「遠傳電信」一二%的股權。另一項「重大」發展是，北京「給予」台灣在「世界衛生大會」（WHA；World Health Assembly）觀察員的地位，但須使用「中華台北」（Chinese Taipei）這個飽受質疑的名稱。在整篇演講裡，另外唯一提到台灣的時候，是在接近結尾的部分，利德蕙說，台灣可以充當進入中國的一個「門戶」。

我們忍不住質疑，利德蕙是否覺得根本沒有必要在她的演講中提到台灣海峽，除非她的用意是要說明台海關係現在已經好轉了很多，所以值得我們注意。她的整篇演講都在責備渥太華過於專注人權問題，因而傷害到加拿大和中國之間的良好經濟關係。但是，再一次的，對此我們真的應該感到驚訝，因為和利德蕙一起合編、並把她的演講收錄在書中的那位編輯，就在書中的〈前言〉裡寫道，只要更加了解中國，就可以幫助加拿大「走出因為過度強調目前仍然普遍存在於中國社會的社會和人權問題而造成的外交政策死角」。

當然，抱持這種態度的不只是利德蕙一個人。外國媒體、學者和知識分子很快就去擁抱台灣海峽發生的這項改變，並且正面看待。外國新聞記者和學者所寫的每本書和文章，幾乎被迫一開始都要強調這個主題：自從二〇〇八年以來，台灣和中國的關係已經「大幅」和「顯著」地獲得改善。很少有人願意用正確的內容來佐證這些評論。「和平」或關係「明顯」獲得改善，成了新的口號。完全沒有人注意到，台灣島內的所有跡象顯示，台灣出現了更為團結的民族主義，或者，中國還在持續擴大對台灣的軍事威脅，並且加強它對台灣島內的間諜活動——根本就沒有兩岸關係「顯著」改善的跡象。

更妙的是，和平已經降臨的這種想法，竟然讓國民黨、中國當局、外國媒體和官員，把民進黨和馬總統前任的陳水扁總統，形容成是「反中」和「麻煩製造者」。不消說，在台灣的選舉中，這種說法被運用到極致，尤其是在華府和其他外國首都和官員交換意見時，因為這些官員很希望台灣海峽能夠降低緊張情勢。

雖然有充分的理由去批評陳水扁領導的民進黨，但馬是「和平製造者」，陳是「麻煩製造者」這樣的觀點，大多是出自迷思和錯誤的假說，而如果目標受眾對此不再抱著懷疑的態度，或是因為太忙而不願意去注意歷史細節，那麼，這些迷思和錯誤的假設就會變本加厲。或者，如果上述的受眾會因為台灣海峽安定而獲得經濟上的好處，不管這樣的安定有多麼人工和短暫。像這樣的認知對國民黨的系統有利，但會對民進黨帶來很大的困難，迫使它必多處於不斷向抱持高度懷疑的全球對話者解釋的立場。另外一個額外的影響是，在台灣，所有反對國民黨和其政策的人，都會被歸類在民進黨的大傘下，並且經常會被冠上「反中」、

「親台獨」和「不理性」等字眼。在前一章已討論過的、缺乏有關於台灣的一些細微知識的情況下，國民黨、北京和他們的海外友人們都會獲得很大的好處。媒體幾乎阻隔了台灣政治主要的部分，公民社會和所謂的第三勢力完全無法出聲。結果，任何人只要反對國民黨，就一定要加入民進黨，否則，就會被別人「操弄」。後面對此會有更多討論。

陳水扁的錯誤與困局

當然，就如同我們剛剛看到的，民進黨在這方面並非完全沒有可被指責之處。陳水扁政府確實做過導致台灣海峽緊張的事，並且疏遠它在華府的主要盟友。例如，它堅持使用代表台灣國家地位的象徵，或者，它的一些官員有時會讓外國的外交官大為驚訝，因為他們會公開宣傳本應保密的會議，這造成了外國政府的憤怒，而且不滿的情緒持續至今，這是我在二〇一四年年底和某個西方國家的官員對談時發現的。陳水扁總統在第二任任期快要開始時爭取台灣內部更「強硬派」的支持，結果造成排他性（族群）民族主義出現，這同時也破壞了台灣內部和台灣海峽對岸的關係。

不過，這個故事有另外一面。例如——這一點很少被提到——陳總統真的有維持他在第一任任期內向美國作出的承諾，他沒有宣布獨立，也沒有尋求修改憲法。小三通也開始了，他的政府還多次向北京遞出橄欖枝，這些舉動如果獲得北京相對的回應，可能就會造成像在馬英九任內那樣的自由化。但北京拒絕對話，立場反而更加強硬，迫使陳總統最多也只能作到這個地步。

另一件破壞陳總統形象的事情，就是他努力想要強化台灣在全球的聲勢，但當時的國際背景對他的這種努力卻極其不利——而且，在這件事上，他的顧問們辜負了他的期望。如果我們從民族自決的角度來看民進黨當時採取的行動，並沒有什麼是會被視為是不法的。畢竟在世界很多地區，民族自決是可以被接受的原則，而且，自從柏林圍牆倒塌後，有多個國家正是根據這個原則建立起來的。但對陳總統來說，不幸的是，他這樣的努力正巧碰上了中國以經濟大國的姿態「竄起」之時，這肯定會破壞國際社會對於台灣民族主義的支持。甚至，更不幸的是，至少在一開始是如此，陳總統竟然決定在一個全球各地出現都出現危機的時刻裡發出一些噪音。基於我們只能猜測的一些原因，陳的顧問們居然沒有向他簡報，二〇〇一年九月十一日，蓋達組織發動恐怖攻擊，接著就是在同一年年底美國入侵阿富汗，以及在二〇〇三年入侵伊拉克，這些事件都對美國外交政策產生重大影響。

在九一一之後不久，美國布希總統對台灣的語氣就出現重大改變，從他上台之初的「盡全力防衛台灣」，變成在和中國國家主席胡錦濤會談時公開指責陳總統。

另外還有幾件事，在二〇〇二年八月，陳總統針對李登輝總統的「兩國論」提出他自己的版本，據報導，他事前並未徵詢過華府，並且呼籲立法院修改公投法來進行修憲[2]。這些「炸彈」破壞了和華府的關係，也注定了陳總統的命運，並且從此被認為這就是他作事魯莽的「證據」。不過，如果不是有這些背景，我們其實並沒有太多的證據把這些政治行動視為魯莽。畢竟，「兩國論」大大反映出台灣海峽的真實狀況，就是台灣（或中華民國）已經以一個主權實體的身分存在，而要如何舉行全國性的公民投票，這是一個國家的政府應該作的事（我們也必須去注意台灣海峽兩岸各自偏好的用語所代表的意義。「一個中國」是一種**原則**或**政策**，「兩國論」則只是**理論**，不具備法律地位。至少，如果從以色列—巴勒斯坦問題來說，「兩國論」反而會是一種更有合法地位的提議）。但是，現實背景才是最重要的，當時距離凱達恐怖組織攻擊美國不到一年，因此陳總統作出那樣的評論會被認為並不合適。華府一點也不想聽到這些，根據《台灣關係法》，美國是台灣最主要的安全保護國，負有某些「責任」，所以，它不希望台灣海峽情勢出現惡化。布希政府因此壓制陳總統，還站在北京那一邊，向台北施加強大壓力，要它不要修改公投法。

陳總統因此成了「麻煩製造者」，而且這個綽號就這麼固定下來，學者和官員經常拿來使用，幾乎成了反射動作。二〇一一年，我有一次訪問保羅・伍弗維茲（Paul Wolfowitz），請這位布希政府的前國防部副部長解釋，為什麼他認為陳總統是「麻煩製造者」，因為他剛剛用這個綽號來形容這位台灣前總統。伍弗維茲是美國在二〇〇三年進攻伊拉克的主要策劃人之一，因為陷入了像伊拉克這樣進退不得的困境，使得美國更忌諱台灣海峽出現高度緊張情勢。他想了幾秒，然後承認，這個綽號對陳總統來說也許不夠公平。「我們應該可以表現得更體諒一點，」他說，「但那時我們正忙著打一場小小的戰爭。[3]」

悲哀的是，對陳總統和他在民進黨的繼任者來說，政治經常不是在講求公平的。陳總統雖然有很多缺點，但他並沒有幹下像其他國家領袖那種無法原諒的滔天大罪（這兒指的並不是貪腐）。但其他國家領袖卻會被當成偉大的民族領袖，陳卻被視為危險的「麻煩製造者」，因為他很可能引爆一場戰爭，把美國軍隊也捲了進來，偏偏當時美軍正忙著對付其他緊急事件，其中最重要的就是「全球反恐作戰」了。

當然，這些事件的另一面，就是造成台灣海峽緊張的真正原因，以及能決定要發動軍事行動的唯一國家就是中國。但是，在台灣海峽這種怪異的政治環境裡，一個表達出想要成為獨立國家渴望的民主政體，並企圖把過時的法律訴諸公投，以符合國際標準的國家領導人，被視為是「麻煩製造者」；而一個揚言要根據建立在可疑道德基礎之上的法條（中國在二〇〇五年通過的《反分裂國家法》）來發動軍事入侵的獨裁政權，卻被視為是平等的理智夥伴，其目標也被視為合法。在這個固步自封的地區裡，只要提議讓台灣成為一個獨立國家，或是拒絕接受在「一個中國」的條件下和中華人民共和國統一，都會被視為是「不理性」的行為——在某些圈子裡，這是種犯罪行為，而在一些學術圈裡，這種作法則會斷送個人的前途。

所以，這就是二〇〇八年馬英九對決民進黨的謝長廷時的狀況，而民進黨當時正處於崩潰邊緣，主要是因為陳水扁家人和其他政府官員被指涉及貪腐。國民黨重新執政的舞台已經架好了，馬也已經替自己寫好劇本。他將會全力反陳，完全不同於他的前任。他將會「修補」和美國之間的關係（台美關係在民進黨執政時期受到傷害），並且利用九二共識讓台灣和中國的關係回到「正軌」，他並且會開放與中國的貿易往來，以「復甦」停滯已久的經濟。陳總統被視為很不負責任，馬將成為「理性」之聲。陳是「麻煩製造者」。馬則是「和平製造者」。這樣的遠景很有吸引力，在二〇〇八年五月二十日就職的馬總統，就是如此乘風破浪，意氣風發。

北京也是如此。馬打開了大門，北京也相對地敞開它的大門，不像它之前那樣將陳總統拒於門外。

完全拋棄前任政策的馬英九

跟歷史上的其他總統不一樣的是，馬一上台就保證要表現得跟他的前任完全不一樣。不管是在柯林頓之後的小布希，或是小布希之後的歐巴馬，他們上任後，都還會延續前任的一些作法，但馬卻要讓自己表現得跟他前任的陳水扁完全不一樣——「清廉」、「理性」，願意和北京合作。不過，美國總統的作法跟馬不一樣，美國總統候選人在競選時雖然保證要跟他們的前任完全不同，但他們上台後卻會維持政策的連續性，而不是完全拋棄前任的政策，馬總統上台後卻大幅改變了台灣的政治方向。國民黨牢牢掌控政府的行政和立法部門，讓馬有足夠的權力去這樣作。我們在前面看到了，馬總統有個優勢，就是北京願意和他合作，這表示他能夠在兩岸關係上實施的種種改變，是他前任的陳水扁和李登輝總統作不到的，即使他們兩人願意如此也是一樣。

此外，馬政府很正確地解讀出國際情勢，並且了解到世人對台灣海峽安定和可預測性的渴望。在馬競選總統時，美國軍隊剛對伊拉克派出大批部隊，而在幾年前被認為已被打敗的阿富汗神學士，此時又捲土重來。一直到好幾年後，美國方才能從這兩個戰場脫身——但馬上又出現新的挑戰，不安的情勢又把美國拖下水，這些新挑戰包括：伊拉克和敘利亞出現的伊斯蘭國恐怖團體，或是在非洲西北部馬格里布地區的凱達恐怖團體。北韓情勢以及接著發生的全球金融危機，也對全球安定產生影響，這讓華府和其他地區的決策者必須去處理這些挑戰。關於後面的問題，北京的合作被視為很重要；各方認為，作為平壤的主要盟友，北京可以約束北韓領導人不要作出魯莽行動，北京也可以幫助脫序的全球經濟回到正軌。馬因此保證，台灣不會出手阻攔。為了作到這一點，他採取了建立在兩大支柱上的策略。第一，他會降低主權問題的重要性，也就是採取「務實」路線，像是在台灣應該用什麼名稱來參加國際性組織的問題上妥協，以降低兩岸緊張。第二，他會在台灣海峽展開親善行動，增加兩岸民間交流，希望增加彼此了解。

如果雙方有深入的了解，台灣海峽就會出現和平，也可以解決各種問題，因為長期存在的衝突，其實不過是誤會造成的；馬是否真的這樣相信，外人不得而知。然而，國際社會不管這些，他們只喜歡他們親眼看到的，並且選擇相信。台灣和中國之間的衝突源自更基本也更複雜的問題：雙方在信念和政治體制之間出現無法和解的歧見，而造成族群的衝突，則未被注意到。

對外國政府來說，和平，或和平的假象，就已經夠好了。為了確保這些成就，馬也成功地從經濟復甦的角度來和對岸進行親善，這對大部分台灣人來說都很有吸引力。

確保這個過程持續進行因此成為外國政府的優先事項。美國國家安全會議認定，馬如果連任，他在第二任任期裡將會更為努力促進海峽兩岸的安定和加強兩岸關係，但如果親台獨的民進黨再度取得政權，這種事就不會出現，國安會於是毫不遲疑地干預台灣民主。最好例子是，在二〇一一年九月，民進黨總統候選人蔡英文在美國訪問時，一位白宮高級官員向《金融時報》（*Financial Times*）發表對蔡英文選情很有傷害力的談話。「她（蔡英文）讓我們明確懷疑她是否有意願且有能力，維持近年來此區域所享有的兩岸穩定關係，」這位不具名的官員向《金融時報》如是說[4]。一些學者和美國在台協會前任官員也暗示（有的是直接表明），他們比較偏愛國民黨，這是因為自從第二次世界大戰以來，美國歷任政府和國民黨長期以來的良好關係，以及如果台灣和中國維持良好關係，對某些政治圈來說將會有利可圖，基於意識形態的關係，這只有國民黨辦得到（不管是好是壞，如果由民進黨取得政權，那就代表台灣會和中國一刀兩斷）。

對於和平的過度宣傳模糊了事實真相

前一章有提到，台灣海峽的和平假象——如同馬總統很喜歡說的，目前的兩岸關係是六十年來最穩定也最和平的，這種說法在海外經常被提到——會產生台灣最為人所擔心的一件事（戰爭爆發的危險性）好像已經解除這樣的效果，因此使得這件事變成「有報導的價值」。在發生衝突的危險性似乎已經消失了的幾個月後，那些本來就想要關掉一些駐外辦事處好節省經費的外國媒體，通常因此會認為，台灣就是他們開始節省經費和人力的地方。來自台灣的報導因此受到影響，相關報導的頻率降低，越來越少外國媒體報導台灣的政治，改而聚焦在股票市場和財經新聞。不令人意外的是，在那段時間裡，在台灣唯一真正成長的外國媒體是「彭博新聞社」（Bloomberg News），它在台灣成立一家全新的辦事處，有電視攝影棚設備，就位於台北信義區，靠近台北一〇一。學術論文、年度報告和會議，也傳達出和平已在台灣海峽欣欣向榮，結果，台灣越來越少被人提及。台灣海峽看來已風平浪靜。它不再是一處潛在的衝突點，會把美國部隊拉進來和剛崛起的中國直接衝突。

少數幾個人（包括本書作者在內）指正說，發生在台灣海峽的遠遠不能算是和平，但這些聲音遭到大家蔑視。儘管兩岸關係出現緩和，儘管馬總統不斷強調台灣的中國傳統，但就自我認同和對與中國統一的支持程度來說，其趨勢卻朝相反的方向發展。因此，很明顯的，在台灣海峽開始的那個過程，並不一定可以把它解釋成是台灣的一種模糊認同感，而這種認同感將會造成統一。事實上，情況正好相反，台灣的民族主義的感情不但沒有下跌，反而更為高漲，但是它卻不像中國民族主義般地大聲和法西斯，這也許可以解釋它為什麼它沒有被注意到；它明顯被台灣海峽另一邊喧囂得多的大合唱給淹沒了。

但到了這時候，偏見已經深植在制度之中。台灣海峽根本沒有和平可言，事實上，經過一段空窗期後，衝突反而更有可能發生，因為對北京的「善意」並沒有帶來相對的好處，但有誰膽敢這樣說，馬上就會被冠上所有罪名：好戰者、「反中人士」、美帝國主義支持者、中央情報局情報員、民進黨宣傳員或是美國出售武器給台灣的獲利者[5]。換言之，如果你想要努力讓大家注意到台灣社會的活力，並且證明反對跟中國統一的人，不但不是「一小撮人」，事實上還占了大多數的話，你馬上就會被指責帶有邪惡的動機。事實上，作出這種指責的人其實是反對和平的，因此也是不理性的——事實上是很卑鄙的。另外一個很諷刺的事實是，在西方，剩下少數幾個仍可能用來替台灣發聲的平台，經常和美國政治的右派有關係。我因此很「榮幸」地在《國家利益》（*The National Interest*）上刊登了一系列文章，這是個很有名的美國刊物，名列「右翼觀察」（www.rightwingwatch.org）網站上，這個網站持續追蹤宣傳極端保守價值觀的各種團體。經由這樣的連結，我現在也成了所謂的右翼人士，新保守派和極端保守派，得到這樣的頭銜並不是因為我支持這樣的價值觀（事實上，我是個驕傲的自由派），而只是因為我為捍衛民主而發聲，我支持民族自決的權力，並且認為，台灣的二千三百萬人有權決定自己的未來。其他自由派刊物，像是《反擊》（*Counterpunch*）也加入發表文章，對呼籲防衛台灣的任何人發動攻擊。

兩岸關係自由化的需求讓馬的第一個任期輕鬆過關

從大部分標準來看，馬總統對北京的第一階段主動示好，是很輕鬆的工作。畢竟，其中大部分工作，都必須配合兩岸關係自由化來進行，在全球化時代裡，這不僅可以作到，更無法避免。在二〇〇八年時，兩個相互依賴的經濟體在幾個領域裡卻仍然還沒有向對方開放，真的很不合理，尤其已經有一百多萬台灣人，也就是所謂的**台商**，住在中國大陸，經營他們開設的工廠。兩岸關係裡的經濟領域開放是完全合理的，這也表示，此項動作不會遭到太大的抗拒，除了「深綠」陣營的那些人，因為他們先前就把這項動作視為是北京企圖把台灣對中國的依賴程度加到最大，以達到他們的政治目的。這有助於解釋，為什麼在二〇一〇年六月簽署「兩岸經濟合作架構協議」，並沒有引發會破壞這個協商過程的嚴重抗議，但四年後的「海峽兩岸服務貿易協議」（CSSTA；以下簡稱「服貿協議」）則引發極為嚴重的抗議，我們會在第七章對此深入討論。

就是這樣，台北和北京都選擇謹慎的作法，並且也都表示有意先從沒有爭議的部分著手，然後再觸及台灣地位這種比較有爭議的問題。在大部分情況下，兩岸政府都打安全牌，都在有可能成功的範圍內運作，也是當時能夠被台灣人民接受的範圍。這個過程也許缺乏透明度，在某些項目方面，可能還省略了一些協商和適度的審查，但整體來說，從一個協議產生十個協議，接著變成二十個，但台灣民眾並沒有看出有什麼不妥之處嚴重到需要去採取反對行動。雖然有很多批評者（大部分都是外國人或住在海外的台灣人）把這種未出現反抗的現象解讀為政治冷漠，或是被國民黨「洗腦」成功，但重要的是，我們必須再度指出，在馬總統第一任任期內完成的項目，都是沒有爭議性以及必須要完成的。

毫無疑問的，大部分台灣人都了解，北京並沒有放棄它的政治動機，但只要台北和北京達成的這些協議都還在「**兩國之間**」自然發展的範圍內，他們都很願意支持。還有，並不像很多批評者在過去幾年來所說的，說台灣人「缺乏行動」或「注意力不集中」，其實，今天的台灣人過得很充實，很清楚明白他們自己是誰。因此，即使台灣在國際社會裡只擁有非正式的地位——對於這一點，他們知道得很清楚——但在他們的腦海中，台灣（或是中華民國）早已是獨立國家。對他們來說，這並沒有什麼不自然或太過危險，因為簽署和實施的那些協議，都是兩個國家之間的正常發展。對他們而言，正常化就是，嗯，**正常的**。

在台北和北京簽署各種協議時，台灣沒有出現重大社會動亂，這更進一步鼓舞外國政府讚揚馬總統的努力。某些觀察家，包括馬的老師廣受尊敬的孔傑榮在內，甚至開始談到可能提名馬角逐諾貝爾和平獎。在此同時，民進黨和它那個小盟友「台灣團結聯盟」（台聯）的抗議和反對聲音則沒人聆聽，並且被認為，他們只是為了意識形態而去反對「和平」與進步——甚至，還被指責是在反對歷史力量。

政治性的協議依舊高度敏感

但在這一切的底下並非都很順利。貿易和打擊犯罪協議是一回事；帶有政治象徵的任何東西則馬上遭遇強烈的反對，從當時「海峽兩岸關係協會」會長陳雲林，在二〇〇八年十一月來台從事首次訪問時所發生的種種事情，就可以很清楚地看出來。這次訪問引發長達幾天的抗議，其中還爆發多起直接衝突，執法當局反應過度，光在台北就部署了近一萬名警力，而且民眾用揮舞象徵台灣主權的旗幟來對嗆陳雲林的訪問，這完全是合法的行為，但執法當局處置卻完全失當。馬政府監視和恐嚇那些準備抗議這次訪問的人，並且阻止民眾展示中華民國、甚至西藏的旗幟（警方否認有下達這樣的命令），馬政府這樣作，等於把這次訪問變成政治事件，民眾因此訴諸行動。陳雲林第一次訪台造成的長期效應不容忽視。即使在陳雲林返回大陸，事情已經平靜下來，但反抗的種子已經播下，馬政府被列為抗議目標。在二〇一四年春天的太陽花學運充當先鋒的多位年輕領袖，都是以野草莓學運學生的身分，在抗議陳雲林台灣行的行動中初試啼聲。這包括後來「黑色島國青年陣線」和「太陽花學運」領袖林飛帆。我訪問過的一位女性公民運動者，她在陳雲林到達的當天置身在抗議行列中，她後來被帶到警局，有個警察從她手中奪走西藏旗幟，造成她的一根手指受傷，幾年後，她在花蓮領導一群原住民年輕人，抗議中國人破壞他們的傳統。還有很多其他的人。他們不僅不會忘記，同樣重要的是，他們從他們的第一次抗議行動經驗中學到重要的經驗，而在二〇一四年把這樣的經驗運用得極其成功。

更重要的是，陳雲林這次訪問，很巧合地把一群剛出現的年輕學運分子，和在一九九〇年代初期爭取民主的野百合學運前輩們連結在一起。以前的這批學運領袖，現在很多都是教授和其他領域的專業人士，他們替太陽花學運提供了很多智慧的建議和決策思考，也為太陽花運動帶來合法性和深度，因而增加了學運對一般大眾的吸引力。

對馬英九政府的另一項打擊就是，事實上，在大部分情況下，馬政府並沒有針對兩岸關係制定日程。結果，台北變成處於被動狀態，使它在談判時必須針對中國的要求作出反應。幾年後，當北京開始對再度當選的馬失去耐心時，這樣的被動對他的政府造成大麻煩。到了這時候，馬這位「和平製造者」發現，時間不夠了。不會有第三任任期，他很顯然已無法交出可能會讓他獲得諾貝爾和平獎的那種協議——像是和北京的和平協定了。事實上，他距離達成那樣的協議極其遙遠，甚至無法讓「服貿協議」獲得通過，或是在兩岸互設辦事處。馬被迫要在民主責任和保住他的「和平製造者」地位間作選擇，他選擇了後者，因此出現全面失控的場面，造成社會動亂，政府大樓被攻占，鎮暴小組和水柱車出動。馬這位「和平製造者」已經把他所領導的政府帶到懸崖邊緣。台灣街頭出現長達幾週的戲劇化發展已經向全世界顯示，就在幾年前，還被讚揚是一個新時代的黎明的台灣海峽「和平」，其實不過是個假象罷了。

這原本只是順勢而為的簡單行動，而馬也真的在這方面出了一陣子鋒頭，但到最後，台灣民眾不允許他和中國的正常化關係超越他們所能接受的範圍。在跨越那條界線的那一刻，馬總統就已經破壞了和把他送上總統大位的選民之間的合約，而他們也毫不留情地想把他弄下台。諷刺的是，毀掉馬政府的，竟然不是他的中國政策，而是國際間沒有注意到的一連串國內爭議事件。在進入第二任任期不到兩年後，馬就喪失了信用，他的聲望下跌到只有九．二%，創下民選官員的紀錄。從那時起，馬就成了跛鴨總統，且因國民黨在二〇一四年十一月的九合一選舉中大敗，讓他丟掉了國民黨主席的位子，現在，他只能數著到二〇一六年五月還有多少日子，到時，他將在結束他的第二任任期下台。

鑒於以上這一切，為什麼國際社會還如此熱烈地相信台灣海峽的和平已經來到了呢？

---

1 這篇演講後來收錄在 *The China Challenge: Sino-Canadian Relations in the 21st Century*, Huhua Cao and Vivienne Poy, eds (Ottawa: University of Ottawa Press, 2011), pp. 126-132.

2 Described in Shirk, Susan L., *China: Fragile Superpower* (New York: Oxford University Press, 2007), p. 203.

3 Cole, J. Michael, "Wolfowitz praises Taiwan's democratic legacy," *Taipei Times*, Oct. 24, 2011.

4 Anna Fifield, Robin Kwong and Kathrin Hille, "US concerned about Taiwan candidate," *Financial Times*, September 15, 2011. 報導裡的那位國安會官員很可能是湯姆．多尼龍（Tom Donilon），他是歐巴馬的國家安全顧問。

5 這些話我都被罵過，後來並且又增加了一些。當我在《台北時報》服務時，批評者就據此斷定我的觀點是親綠的，因為我的老板是「綠營」的。二〇一四年年初，我加入小英教育基金會（Thinking Taiwan Foundation）後，這同一批批評者又開始宣稱，我之所以拒絕承認台灣海峽已經出現和平，也是因為我的老板的關係，好像蔡英文和民進黨想要台灣海峽發生戰爭似的。在這兩個例子裡，批評者會作出這樣的預測，就是因為他們認定，像我這樣的新聞記者和專欄作家沒有自由意志，這樣的指控不但錯誤，對我也是種侮辱。

第三章　用誰的條件制定和平？

台灣的民主——在華語世界裡，它是以一個很獨特的社會存在著——有著很高的難度。世界各地的人都很喜歡購買它的產品，其中很多人甚至不知道，讓他們的手機、平板電腦、電腦和其他電子設備得以運作的很多零組件中，很多都是由台灣設計或製造的。但如果談到它的政治，或更糟的，它的困境，他們就完全沒有興趣了。有些人甚至會很不禮貌的掉頭走掉。這個國家從來沒有威脅過任何人（至少，從蔣介石放棄了從毛澤東的共產黨手中收復中國「大陸」的幻想之後），它在工業化、現代化、自由化和民主化方面的成就令人稱讚，所以，對這個國家抱持敵意是很奇怪的。

這有部分原因可以歸因於無知。畢竟，如果大家都認為「他們都是中國人」，那麼，為什麼這些討厭的小台灣人要惹出這樣的麻煩呢？其他人則附和「歷史的終結」（end of history）理論，他們會問說，台灣人為什麼還要抱怨？他們不是早已民主化了嗎？隨著中國經濟的快速發展，其他人會感到很奇怪，為什麼台灣人不能閉嘴，並且跟上這股潮流。台灣人為什麼不願意這樣作，為什麼他們要抗拒統一的壓力，這些都將在本書中大量、詳細地加以討論。但對一般外國人來說，這不過是基於一點點的自戀罷了。

當然，稍有常識的人都知道，台灣之所以會有今天的困境，是由很複雜的發展所造成的。自由、民主的台灣不斷在提醒我們，我們在處理和獨裁中國的貿易關係時，一直採取著雙重標準，而且這樣的經濟關係還一直在快速增加中。諾貝爾和平獎得主劉曉波目前還被關在牢裡；異議人士不斷失蹤和死在獄中；中國的言論自由持續惡化；新疆和西藏的少數民族受到迫害和被迫減少種族向心力；環境遭到毒害；北京支持很多外國專制政權，並採取到任何地方去取得天然資源時不問任何問題的政策；中國還威脅比他小的南海盟邦……但世界各國對此卻視而未見，並繼續和它作生意。甚至更該受到譴責的是，我們竟然允許中國的影響力進入我們的大學和媒體，我們只會自我審查和向後退縮，希望避免「觸怒」中國和傷害十四億中國人的感情，因此，我們取消放映敏感的電影，拒絕發放簽證給中國的「敵人」。我們擔心，如果疏離了中國，將會遭致不利的經濟後果。

漠視台灣民族自決願望的道德盲點

在這種背景下，很容易就可看出來，為什麼台灣處境會如此艱難。我們身體的每個細胞都在告訴我們，和台灣建立正常的外交關係，以及支持它的二千三百萬人民爭取在國際社會扮演正常的角色，是十分合乎邏輯的，事實上，還是可行的。但我們沒有這樣作。相反的，我們卻打擊台灣人民的願望，並因此參與了政府鎮壓其人民的行動。台灣也許已經很民主、成功、全球化，並且是世界第二十大的經濟體，但我們卻把它當作好像是個流氓國家——事實上還更糟，把它看成和北韓一樣。北韓用大規模毀滅性武器威脅它的鄰國，並且嚴格管制它的國民，好像把他們永久監禁一樣，但它至少和世界上大部分國家維持正常的外交關係，並且還是聯合國的會員國。甚至連巴勒斯坦也在聯合國擁有非會員國的觀察國地位。但是，如果你在全世界任何聯合國機構的入口處出示台灣護照，你會被禁止進人。

還有，只要台灣繼續以跟中華人民共和國分離的一個政治實體的地位存在，我們這些必須繞過各種限制來和台灣維持非官方關係的國家，就有可能會破壞和北京之間很有利益的關係。只要台灣繼續存在，只要它的人民拒絕成為中國人及放棄所有想要獨立建國的願望（他們已經享有**實質**國家的地位），台灣將強迫我們將視線從良心的鏡子上移開，以免我們會發現，我們對它有多不公平。

我們知道現在所做的是錯的，但我們還是這麼做，而且還責備台灣為什麼要讓我們良心不安。西方國家前去參戰，幫助一些新國家誕生，但這些國家的生存能力其實遠遠比不上台灣，然在提到後者時，我們卻因為台灣擁有相似的生存願望而去懲罰它。從所有這些事情看來，台灣是國際社會的道德盲點，而因為這些國家和那些決定其政策的人的貪婪和懦弱，使得這個盲點越變越大。

對美國來說，台灣也代表了某種難題。從道德上來說，台灣擁有美國人和政府組織認為他們應該擁有的一切——自由主義、民主、自由市場、「小蝦米對抗大鯨魚」等等。這也很像是美國外交政策和美國文化中那種善惡對立的觀點。換句話說，就是好人對抗壞人。

然而，還是有人只想很快把這些都掩蓋起來，目的就是要強化和中國的關係，特別是美國在全球舞台的影響力正在逐漸減弱的此刻。我們需要中國來確保健全的全球經濟、來對抗全球暖化和恐怖主義、來約束北韓——這份清單可以一直列下去，而這也正是美國國務院、白宮和國家安全會議一直站在屋頂上向我們大聲嚷嚷的[1]。這同時也反映出——當然，其中會有些變化——有些國家選擇以何種方式去和中國打交道……但是跳過台灣。對台灣來說，很不幸的，它阻擋在這種信念（但這現在應該已經沒有人相信了）之前：如果我們和中國結合在一起，並且表現出善意（像維持軍事對軍事關係，邀請它的海軍參加年度「環太平洋軍事演習」），它就會變成一個「負責任的利益夥伴」，並且會回報一些好處給我們。用不著說，沒有人會如此善待台灣，因為這樣做將會破壞了上面提到的所有努力。因此，不僅國際社會費盡心力要把中國納進體制內，我們還被這樣的過程所綁架（「這是在和中國建立友好關係中的正面氣氛」，一位前美國官員如此說。），而這也是北京一再想要的。因此，不令人驚訝的是，在本書完成時，我們正處於從一九八〇年代末以來，美國政府沒有通知國會要出售武器給台灣的最長一段時間（走筆至此，這項紀錄是三年九個月。[2]）軍售速度變慢造成的心理衝擊，在小布希政府前主管東亞與太平洋事務的副助理國務卿薛瑞福（Randall Schriver），在二〇一四年四月向參議院外交關係委員會作證時的證辭中描述得很清楚：「長時間沒有向國會通知要出售武器給台灣，可能會被看成是向中國立場妥協，並且是對正式宣布的可能反應，而人民解放軍則繼續發展和部署武力，意圖強制和（或）協助對台灣使用武力。」薛瑞福如此說[3]。

為了和中國交往而不惜犧牲幾乎其他一切（肯定包括台灣在內），這也源於此一信念：如果我們幫助中國，讓它的中產階級變得更富裕（即使中國經常違反人權，但美國還是給與中國貿易最惠國地位，又幫助它進入世界貿易組織），那麼，中國將會踏上民主化之路，關於這一點，陳捷（Jie Chen）在他的著作《沒有民主的中產階級》（*A Middle Class Without Democracy*）中講得很清楚，但我必須要說，這完全是謬論，是迷思，由一些大企業和個人所推動。而他們之所以這樣作，腦中只有唯一的一個目的：進軍廣大的中國市場，讓自己和他們的股東也跟著富裕起來[4]。

《台灣關係法》為美國帶來的難題

台灣繼續存在，以及這可能對美中關係造成的破壞性衝擊，也把華府逼到《台灣關係法》和「六項保證」（Six Assurances）的牆角，如果台灣很適時地消失，那麼，這些規定和責任就不復存在。《台灣關係法》如此規定：

美國的政策如下：

一、維持及促進美國人民與台灣之人民間廣泛、密切及友好的商務、文化及其他各種關係；並且維持及促進美國人民與中國大陸人民及其他西太平洋地區人民間的同種關係；

二、表明西太平洋地區的和平及安定符合美國的政治、安全及經濟利益，而且是國際關切的事務；

三、表明美國決定和「中華人民共和國」建立外交關係之舉，是基於台灣的前途將以和平方式決定這一期望；

四、任何企圖以非和平方式來決定台灣的前途之舉——包括使用經濟抵制及禁運手段在內，將被視為對西太平洋地區和平及安定的威脅，而為美國所嚴重關切；

五、提供防禦性武器給台灣人民；

六、維持美國的能力，以抵抗任何訴諸武力、或使用其他方式高壓手段，而危及台灣人民安全及社會經濟制度的行動。

它又規定：

本法律的任何條款不得違反美國對人權的關切，尤其是對於台灣地區一千八百萬名居民人權的關切。茲此重申維護及促進所有臺灣人民的人權是美國的目標[5]。

基於很明顯的原因，《台灣關係法》的很多規定，在今天已經變得很棘手。用不著說，華府的官員急於看到，他們在解釋《台灣關係法》的某些文字時，是如何把和中國建立起親密關係當成是符合自由原則的。「維護及促進所有臺灣人民的人權」和「和平方式」可以被操弄、用來解釋任何事情，或是當中國使用各種方式把它的意志強加在台灣人民頭上時。

對於《台灣關係法》的起草人，以及現在的政府官員來說，這個法案的意圖是很清楚的，或者說應該很清楚。

然而，也有許多人在尋求解決這個法案所包含的責任的方法，為了要配合他們感到棘手的那些部分。

這就很容易明白了，為什麼台灣海峽在二〇〇八年和二〇一五年之間的持續和平，會讓多位官員和學者鼓吹廢除《台灣關係法》。廢除很好啊，他們會這麼說，並且還會慶祝終於除掉了美中關係之間的一根重要的眼中刺。

在發現向中國妥協並沒有產生如預期中的好處之後——中國在東海和南海的好戰表現，以及在南海建立人工島礁，終於讓國際社會發現這一點——這也許已對西方國家的中國戰略潑了一盆冷水，但這好像還是無法大幅改變國際社會對台灣的態度。儘管，就如前主管全球事務的美國副國務卿羅伯・曼寧（Robert Manning）在《國家利益》雜誌上所寫的：「這些麻煩的出現，已經轉移了政策觀察家的注意力，讓他們不再去注意一個核心假設，而這個核心假設正在瓦解中，但它也已經對於兩黨的中國政策指引了很長一段時間，一共橫跨八任總統任期，從尼克森一直到歐巴馬。[6]」儘管在一些國家的首都裡，像是華府、東京和坎培拉，都已經出現「關鍵」和強烈的訊號，但和台灣打交道的主要策略卻不可能改變太多。這是因為如何跟中國打交道的主要策略，可能會持續以尋求大量平衡作為中心。我認為，美國和中國最近的緊張，雖然不太可能會導致像美國和前蘇聯之間冷戰集團圍堵和對抗那樣的狀況，不過，在美國和某些國際社會成員在和台灣打交道時（作為圍堵策略的一部分），這是我們唯一可以見到的、可能會出現的重大改變。

國際社會習慣將台灣地位視為中美關係的附屬問題

因此，最近的發展也許會使外國觀察家轉而去注意，和一個正在崛起中、並且越來越有自信的中國打交道時的困難，但他們並不會因此就在台灣問題上作出重大的態度轉變，台灣仍然會繼續被視為是麻煩和不方便處理的東西。會這樣的原因，大體上就是大小比例的問題。台灣有二千三百萬人口；中國則有將近十四億人，約占這個星球總人口的五分之一。台灣是亞洲太平洋地區的眾多成員中的一個；中國則是這個地區正在壯大中的霸權，它的行動會造成極大的動盪不安，而它的年度國防花費僅次於美國，在二〇一四年大約為二千一百六十億美元（官方數字），並且還在快速成長中。最後，雖然台灣的國內生產總值在二〇一四年達到一兆零二百二十億美元，中國——那時已經是世界第二大的經濟體——則高達十七兆六千三百億美元，並且還在快速成長中（同一年的人均國內生產總值，台灣為四萬三千六百美元，遠高於中國的一萬二千九百美元，但對於習慣以總額來看待它的貿易夥伴的國家來說，這並沒有什麼意義）。

基於這些因素，台灣不僅將會被繼續視為是一大麻煩，還會被歸類到中美關係的附屬地位，學術界大部分都會這麼做。然而，薛瑞福向國會作證時說：「把台灣看成是美中關係中的一個附帶問題，而不是把它看成是一個有能力和意願去協助解決國際社會所面臨的眾多共同挑戰的合法政權，我們將會有很大的可能會付出代價。」

因此，不管台灣海峽會發生什麼樣的「和平」，只要在中國持續聲稱對這個島嶼擁有主權的情況下，都將受到這些偏見的重大影響。所以，只要台灣被歸在中國之下，而非被當作一個平等的實體，真正的「和平」就很難達成。

這就是危險會出現的地方，結果不是強迫台灣人投降（那就是，按照中國的條件達成「和平」），就是緊張情勢持續增加，最後有可能進入最終解決手段——換言之，就是動用武力。因此，應該不意外的是，對大部分台灣人民來說，維持「現狀」是他們較能接受（或是「壞處最少」）的存在狀態，因為這一方面提供了擁有實質國家的好處，另一方面則同時延後作出中國逼迫他們去作的痛苦決定，而國際社會要他們作出這樣決定的壓力，也會越來越大。

台灣擁有主權國家的所有特徵

事實上，從各方面來看，台灣已經是個主權國家，並且還是民主國家，這使得問題更趨複雜，也是為什麼解決這個問題會如此複雜的主因之一。儘管北京堅稱，台灣只是它的一個「分離省分」，但歷史並不是這麼說的。例如，台灣從來都不是中華人民共和國的一部分，當中華民國在一九一二年於中國成立時，台灣當時是日本帝國的一部分。雖然今天的修正主義者會向我們說些不一樣的，但事實上，即使在一八九五年中日甲午戰爭結束後，台灣被併入日本帝國之前，中國對台灣的控制最多也只能說是很薄弱的。貿易和其他交流雖然如常進行，但這座島嶼一直被視為邊陲地區。

不過，雖然歷史可以對台灣地位提供一些法理意義，但更重要的是，事實上，在過去幾十年裡，台灣已經發展出他們自己的生活方式、政治制度和認同感。此外，即使它的地位還很模糊（它只和二十一個國家建立外交關係），台灣（中華民國）已經享有實質主權，並且擁有根據國際習慣法規定的相同法律地位。雖然中華民國憲法——在一九四七年制定，並在國民黨逃離中國大陸後，在台灣實施——仍然宣稱對中國大部分領土享有主權，但現在的台灣擁有明確定義的邊界，包括台灣本島和周邊一些小島。這就是人們在想到台灣時所認定的台灣，也是大多數台灣人稱之為家和國家的一塊土地。除了使台灣成為一個主權國家的所有特點之外，它還擁有一九三三年《蒙特維多公約》（Montevideo Convention）第一條規定的一個國家作為國際法人所應具備的資格：固定的居民、一定界限的領土、有效統治的政府、以及與他國交往的能力。此外，台灣還擁有受到承認的貨幣；國際承認的護照；一支常備軍隊；定期舉行選舉；並且加入多個國際機構（不過，經常要被迫使用一些很有創意的名稱，以免激怒北京）。台灣因此擁有很有特性的一種認同感，像一個正常國家那般運作，儘管它在國際間的地位有時會很不方便。這肯定不只是一個省分的特性——這已經是一個國家，就是這麼回事。

因此，未來和中國的任何政治結盟所使用的文字，應該要能夠反映此一事實。「重新統一」（reunification）是中國最喜歡用的字眼，但這顯然會造成誤導，因為雙方從來就不是對方的一部分，從來沒有統一過，所以也無法再統一。同樣的道理也適用於「分離」和「分裂」，因為這個個體不是另一個個體的一部分，當然就無法從另一個個體分離出去。獨立則是用來形容台灣目前地位的正確用語，不過，「現狀」這兩個字則只是一種比較方便使用的委婉說法。因此，涉及到台灣和中國的任何政治結盟，都應該被稱為統一，或是，如果是經由強迫或武力達成，那就應該稱之為併吞。

以上所說的這一切，對於和中華人民共和國統一所代表的意義，國際社會往往忽視不管，因為他們所知有限，甚至無法分辨其中的不同（因此，對國際社會大部分人、包括媒體和學者來說，他們就是看不出來「重新統一」這四個字有什麼問題）。但對台灣人來說，這卻是問題的核心：他們是主權國家的公民，不是一個省的居民，不管北京向他們拋出多少好處——像是，中國最近宣布，如果統一了，台灣人民進入中國大陸時，就不需要再申請入境許可（台胞證）。但台灣人已經很習慣自己國家帶來的好處——從可以選出他們自己的官員，國家可以代表他們到國外談判，到一些看來似乎無關緊要的小事情，像是，在海外旅行時，不會被當成「危險」人士（或是享受免簽證入境），這些都是以中國公民的身份辦不到的。[7]

「重新統一」對台灣有什麼好處？

現在，應該可以很清楚地看出，為什麼國家認同——就是大部分台灣人都認為，他們是一個名叫台灣或中華民國的國家的公民——會成為和中國終極統一的絆腳石。有個問題應該要被提出，但卻很少有人去提的，那就是，台灣如果成為中華人民共和國的一部分，**台灣人可以從中獲得什麼好處？**[8]只要一開始就認定台灣是主權國家，那麼，以北京為中心（不是以台北為中心）的任何統一，台灣都將會有所損失——其中包括再也無法和外國建立外交關係，也可能再也無法保有自己的軍隊。即使是在最寬厚的提議之下（像歐盟式的安排目前是不可能的，因為它是由很多國家組成的共同體），類似於加拿大實驗性的聯邦制度，台灣也會喪失它獨立行動的能力，而且中央所作的決定，並不會完全考慮到台灣省民的利益。還有，就如我們將在後面幾章更詳細討論的，和一個獨裁國家政治結盟，無可避免地將會導致自由和開放遭到侵蝕，在一九九七年回歸中國的香港，已經變成最明顯的例子。此外，即使在最好的條件下，政治結盟將無法被大多數台灣人民所接受，在這時候，如果不出動軍隊鎮壓，勢必也要出動警察強勢維安，如此一來一定會造成普遍違反人權的情況，並會限制台灣全島的自由，即使只是暫時性的。

在這兒，關鍵在於分離的省或領土一般是尋求脫離中央，以便獲得一些實質的好處，並且把他們的能力擴張到最大（這經常涉及被壓迫的少數民族），可以去規劃他們自己的道路，這通常是在中央已被證明沒有意願或沒有能力去這麼作的情況下。科索伏、東帝汶、和最近的烏克蘭的克里米亞和東巴斯（Donbas）地區，這些都是這類分離主義的最佳例子（前兩者後來成為獨立國家，克里米亞則「選擇」和俄羅斯結盟，東巴斯則尋求在烏克蘭內部自治）。

台灣早已經是上述這些地區努力想要達成的榜樣，不過，北京卻經常想破壞台北的自由，因此盡全力限制台灣在國際社會中的作為。但我們必須知道，和中國統一並不能解決這些問題：台灣目前無法和主要的經濟體簽署自由貿易協定，也不能加入聯合國機構，因為這些行動都遭到中國的干預和阻撓；成為中華人民共和國的一部分後，這些國際機構會員國的大門反而會永遠關閉。因此，因為有北京干預，台灣的地位也許並不理想，但它仍然享有作為一個國家的所有特性，而這正是全世界的分離主義者運動所渴望的。

和中國統一後，唯一的好處是從此不用擔心人民解放軍入侵的威脅，也不必再擔心大筆金錢轉移，不過我們後面會討論到，這一點其實還不確定。也有一些人堅稱，政治結盟也有助於貨品的往來，但在全球化時代裡，這些其實是可以經由兩國或更多國家之間簽署自由貿易協定來達成，歐盟就是個例子。

那些學者、政府官員和博學之士在主張台灣應該和中國達成某種政治協議時，其實很少去考慮，像這樣的協議——或是任何協議——會對台灣的生活方式和機構造成什麼樣的衝擊。對他們來說，統一也許不是什麼了不起的事，但這是因為他們沒有去想過，這對台灣人來說，代表著他們會失去本來所擁有的一些東西，看著他們如此辛苦奮鬥建立起來的自由民主，被一個現在成為中央的外來政權慢慢削弱。更糟的是，這些學者當中的很多位，像是前面提到的休．懷特，以及葛拉瑟（Charles Glaser）和金萊爾（Lyle Goldstein）等人，他們一直主張，台灣應該「讓」給中國，因為他們不是認為，由於雙方的國力極為懸殊，所以這是無法避免和無法克服的；就是認為這麼作應該可以改善中國和國際社會的關係（因此，台灣就是個「討厭鬼」），所以，就沒有必要去問**台灣的二千三百萬人到底想要什麼**[9]。我不相信這種錯誤的想法是太過疏忽的結果，不過，以懷特的情況來說，事實上，他在發表這樣的論點前從沒有到過台灣，因此對於台灣居民的道德考量很少；相反的，他是從一個冰冷的國際政治現實主義觀點來看台灣問題，而這樣的觀點把國家和他們的人民都視為商品。這種思考方向的謬論，將是我們在下一章討論的主題。或者，如果這幾位先生能夠事先禮貌地向別人請教一下的話，他們很可能早就知道答案是什麼了。

因此，我們可以看出，很難想像台灣海峽的和平會是按照台灣的條件去達成的。結果，不管和平是如何達成的，如果以北京的條件為主，這將會造成台灣方面的某些損失。因為這顯然不會被大多數台灣人所接受，所以，他們最好的策略就是拖延時間，堅守維持「現狀」，直到中國方面的條件出現重大變化，讓兩國之間可以達成地位平等的和平為止。當然，並不能保證這樣的變化會在中國發生，而且，即使是出現了一個已經民主化的中國——目前看來，這個期望還十分遙遠——台灣的最大希望還是守住路線，使盡全力拖延，最好能夠無限期拖下去，讓它的人民被迫投降的那個日子永遠不會來到。毫無疑問的，條件可能會改變，越來越多的台灣人將會改變態度，同意和中國政治結盟，如果這樣的決定是經由民主方式達成的，國際社會應該予以尊重。但從習近平領導下的中國所採行的路線、中國在對待少數民族問題上（台灣也是其中之一），以及中國民族主義的日益高漲來看，在可預見的將來，發生的可能性極低。

在對抗中國的侵犯時，台灣最大的資產，正好也是它和對手最為不同之處，就是：台灣的民主。

1 見 Jeffrey A. Bader, *Obama and China's Rise: An Insider's Account of America's Asia Strategy* (Washington: Brookings Institution Press, 2012)，可以很清楚看出在歐巴馬第一任任期內，美國政府在與中國打交道時展現的樂觀氣氛。

2 見 Shirley A. Kan, "Taiwan: Major U.S. Arms Sales Since 1990," Congressional Research Service, August 29, 2014. http://www.fas.org/sgp/crs/weapons/RL30957.pdf

3 Testimony of Randall G. Schriver, April 3, 2014. http://www.foreign.senate.gov/imo/media/doc/Schriver_Testimony.pdf

4 Chen, Jie, *A Middle Class Without Democracy: Economic Growth and the Prospects for Democratization in China* (New York: Oxford University Press, 2013). 根據多次訪問和抽樣調查的結果，陳捷在書中第二十七—八頁寫道：「中產階級對民主的支持度很低，可能會造成這個階級對現在的專制政權採取支持的行動，同時反對民主變革。」

5 美國在台協會網站，http://www.ait.org.tw/en/taiwan-relations-act.html。二〇一五年六月二日存取。

6 Manning, Robert A., "America's 'China Consensus' Implodes," *The National Interest*, May 21, 2015. http://nationalinterest.org/feature/americas-china-consensus-implodes-12938

7 在全世界很多國家的執法、移民、關稅和情報機構使用的系統裡，中華民國和中華人民共和國的國民是被歸類在不同的類別裡。

8 見 Cole, J. Michael, "What Would Taiwan Actually Gain from Reunification with China?" *The National Interest*, May 19, 2015. http://nationalinterest.org/feature/what-would-taiwan-actually-gain-reunification-china-12916. 文章裡的標題是華府的編輯所下的，這是我們先前討論的，「re-unification」（重新統一）這個名辭遭到誤用的最佳例子。

9 見 Cole, J. Michael Cole, "The Question That Is Never Asked: What Do the Taiwanese Want?" *The Diplomat*, May 13, 2015. http://thediplomat.com/2015/05/the-question-that-is-never-asked-what-do-the-taiwanese-want/

第二部

台灣的民主防火牆

第四章　民主鐘擺

經常有人這麼說，台灣的最大資產是民主，至少那些支持台灣繼續以自由國家的身分生存下去的人是這麼說的。這麼說的原因有幾個，其一是台灣的民主使得它和台灣海峽對面的鄰國有所不同；在對岸，自從中華人民共和國在一九四九年成立以來，獨裁和高壓一直是它的唯一統治手段。看到這樣強烈的對比，即使對台灣了解不多的人無疑也會知道，這兩個社會之間存在著基本上不相容的地方。民主之所以是台灣最大資產的第二個原因是：這具有意識形態上的吸引力。例如，在美國國會裡，沒有人在發言支持台灣時，不會提到台灣的民主就是他們認為應該在政治和軍事上支持台灣的主因之一。儘管美國在海外捍衛（或輸出）民主是有選擇性的，但過去幾十年來，這無疑是令人感動和高貴的決策例子，這樣的決策跨越了國防工業只想從雙方關係中獲取利益的狹隘考量。甚至對那些不像美國那麼公開支持台灣的其他國家來說，台灣的民主通常也是大家所共有的價值觀，受到極大的尊重。

甚至，也許更重要的，是民主是人們已知「壞處最少」的政府形式。民主也許不守規矩，比較沒有效率，比不上在新加坡這樣的軟性獨裁政權和更為限制人民行動的中國政權統治下的指導經濟；但是，給予人民在國家的政治決策上有一些發言權，這提供了固定的出口或是洩壓閥，而這在獨裁體制裡是不存在的。因此，民主制度能夠更有效地吸收和轉移正在高漲中的不滿情緒，比起獨裁和專制政權更有效（也更和平）。獨裁和專制政權沒有制度化的出口，這表示不滿情緒無法被導向別處，最後終將造成發生暴動——政府被推翻，政變（*coups d'état*），被罷黜的政權最後終將在暴動中走向末日。這就是為什麼，儘管表面上看來安定，但由管制越來越嚴格和偏執的中國所實施的整個制度，的確仍有崩潰的可能。

台灣的民主也許並不完美，但像這樣的制度崩潰可能性卻小了很多。鎮壓可以爭取一點時間，但無法解決問題，只會累積壓力。民主可以爭取並留下足夠的空間，如此一來，人民的不滿情緒就可以經由懲罰性但卻和平的手段——那就是，定期舉行選舉——來宣洩。如果一個政府表現得很差，那它在下次選舉中一定會大敗，不管是立法機構或總統大選。而在前後兩次選舉之間，民主可以提供空間給民眾來表達不滿和抗議，這也有驅散怒氣的功能。

民主實驗型塑了台灣人的自我認同

此外，在像台灣這樣一個歷史和種族組成都如此複雜的社會裡，民主代表一定會從某個方向往另一個方向激烈擺動，在這其中，某個少數族群突然遭遇重大挫折幾乎是不可能的。這裡面存在著內部檢查和平衡機制，因此，政府機構的立場是偏向中間的。在專制政權裡，上頭的一個決定，幾乎可以在一夕間對個人地位造成重大改變，而改變這種情勢的方法很少、甚至完全沒有——這可能因而引發暴動反抗。在同樣情況下，台灣的民主卻可以應付中國帶來的生存威脅，因為沒有一位台北的領導人可以片面決定台灣和中國關係的前途而不用付出代價。這就是為什麼，例如，我一直在反駁「綠營」中很多人所說的，馬英九總統會把台灣「出賣」給中國。不管馬總統有多麼想要這樣做，他根本就無法做到，因為他周圍的整個政府機制——更別提整個公民社會——將會反對他，迫使他改變方向。在民主之下，制衡功能已經制度化了，首先是以定期選舉的方式出現，接著，就是公民社會參與這個國家的政治決定。大部分情況下，公民社會的介入干預，都是出現在前後兩次選舉之間，以及當公民社會已經等不及要在下次定期選舉之前，就懲罰作錯事的官員或政府。

經過近三十年的民主實驗之後，我們也許可以這麼說，因為採行了調節政治和爭論的方式，終於形成了台灣本身的認同。換句話說，作為一個台灣人，就**意謂**著不能脫離國家層級的生活經驗，關於這一點，我並不認同家博（Bruce Jacobs）在《民主化台灣》（*Democratizing Taiwan*）裡所說的：「儘管台灣的民主發展和台灣認同的發展有密切關係，但這兩個過程在概念上依舊截然不同。[1]」雖然早在民主化之前，台灣的認同和意識就已發展完成和存在，並且，從一九八〇年代末期，民主已經變成自我認同固有的一部分，因此，如被要求說出他們有何獨特之處時，台灣人無疑一定會提到他們的民主制度。同等重要的是，台灣民主是島內自行發展出來的，而非被人強加到頭上的；雖然這麼說也可以成立：美國在一九八〇年代初對蔣經國總統施加壓力，確實迫使他採取了國家自由化的第一步，然後促成政治制度上的逐漸民主化。

因為這一切，所以我們可以說台灣的民主就像一道防火牆，是面對外來干預的一道防線。

但如此主張的那些人經常只說到這兒為止，其中很多人在緬懷歷史時也作出結論，認為隨著柏林圍牆倒塌、蘇聯解體，以及全球各地民主浪潮的出現，因此，歷史已經來到它的終極發展階段。歷史已經「結束」了。不過，在這些事件發生之後，一開始只是歌舞昇平了幾年，接著，非洲和巴爾幹再度出現「種族」戰爭，更別蓋凱達恐怖組織的興起，以及多種「顏色革命」和「××之春」運動的發生，這些事件造成各種不同的結果，但並不是每種結果都有利於民主。此外，事態很快就變得很清楚了，民主並不是一種一旦達到就會永久持續的狀態。相反的，民主存在於一道光譜之上，一端是很難達到的理想，另一端則是失敗。成為民主體制，定期舉行選舉，選出新的領導人，並且還有反對黨存在，但這還不夠，民主的品質也同樣重要。

台灣民主的結構性問題

如果用這個標準來看，台灣的表現並不算太好。不僅是因為中國竭盡全力破壞和分裂台灣的民主——我們將在下一章討論這個題目——還有，根據對這個題目的學術研究來看，台灣正進入一個年輕民主政體「成功或失敗」的關鍵期，而所謂的年輕，是指很多進入民主體制已達二十五到三十年的這個階段，很多剛出現的民主政體就會在這個階段失敗或不復存在[2]。誠如高龍江（John Garver）在他的著作《台灣的民主：經濟與政治挑戰》（*Taiwan's Democracy: Economic and Political Challenges*）言中所說：「人們不應該把台灣的民主視為理所當然。在安定的民主環境中成長和生活的人們，很容易就會忘記，歷史上充滿了很多後來被證明沒有能力去面對挑戰的民主政體。[3]」此外，台灣達到這個階段時，正好碰上全球民主生病之時，在這段期間裡，甚至連「成熟」和已經很穩定的民主模範國家，像是美國、加拿大、英國和澳洲都正遭遇挫敗，而且進一步受到一些很有吸引力的替代模式的挑戰，例如所謂的「北京共識」，或是已故的李光耀所提出的「亞洲價值觀」，這些經常被拿來掩飾高壓政治。

台灣的幾個民主缺點是源於結構性的問題，其中很多是獨裁時代的遺續，其餘的則是民主無法完全消除的混亂的自由亂象。台灣作為一個國家的前途，及其對抗中國影響力的能力，將大部分取決於它的政治人物和民選代表如何解決目前困擾其民主的很多問題的能力。光簡單說聲台灣是民主國家，這是不夠的。事實上，如果沒有適當的定義這種說法及其對規範政治與爭論的意義，這種說法實際上是沒有意義的。

所以，首先讓我們定義這個名辭，在這之後，我們就可以試圖定出台灣在這個民主光譜上的地位。關於民主的**最低限度要求**（*minimalist*），或是「狹窄」（narrow）定義，作出最佳總結的、也許就是熊彼特（Joseph Schumpeter）了，他把民主形容成是一種制度，「用來達成政治決定，在這其中，個人可以經由相互爭取人民選票的方式來取得這樣的決策權力。」[4] 一般來說，當人們想到民主時，這些話就會出現在他們的腦海裡。選舉是定期舉行的，全民皆可投票（沒有限制），這個制度還允許各種政黨存在，包括反對黨在內。

但這樣的定義還不夠。一九五三年，羅伯．道爾（Robert Dahl）提出「多元政體」（*polyarchy*）這個名辭，代表「多數」和「治理」之意，用來定義現代全民投票的代議民主。「多元政體的重要特點，」道爾寫道，就是組成政治組織「來影響或反對現在的政府」，以及「有組織的利益團體」[5]。我們可以看出，道爾的定義已經擴大了遊戲範圍，加入了有組織的利益團體或是公民社會，這表示，那些退出制度化政治體系的代理人也是民主的一分子，也有他們扮演的角色。當然，所有這些都要依賴最基本程度的自由，像是言論、集會和出版的自由，根據拉里・戴蒙（Larry Diamond）的觀察，這些都落在民主的最低定義裡，但很少被列入考慮[6]。

這些民主的定義全都是在他們的核心裡假定，政治人物、組織和公民社會都在「定期舉行選舉」這個範圍內發揮它們的功能。不過，隨著道爾把有組織的利益團體和一些對自由的規範也包括進來，讓我們警覺到，一個健康的民主不能只有在選舉期間才被認為是健康的。換句話說，民主的品質不能只由它是否有在選舉**期間**遵守規定來判定，也應該包括前後兩次選舉**之間**的表現。這就是民主定義開始被擴大之處，像是喬納森・謝爾（Jonathan Schell）的「擴展自由」（enlarged freedom），就是指「參與政治生活的能力，經由這類行為，像是投票、示威、或甚至反抗政府，」而進入了爭論的領域[7]。如果極權代表政治光譜的一端，那麼，「擴展自由」的極端主義定義將會引發民粹派（populism）的興起，以及在它之外的無政府狀態。兩次選舉之間的民主品質，以及如果政府機構在這些期間不遵守規定的話，這就是我們要在第七章裡討論的主題。

現在，且讓我們自己先來關切一下民主的最低限度定義，我們可以根據民眾的期待，把台灣在哪個政治光譜定位上。由中央研究院政治學研究所研究員以及台灣大學政治系教授朱雲漢及台灣大學政治系教授張佑宗合著的《亞洲人如何看民主》（*How Asians View Democracy*）中觀察到，台灣人在回覆「亞洲民主動態調查」（Asian Barometer Survey）時，其中「壓倒性多數」的觀點都是正面的。（容我在這裡簡單地提醒讀者們，這樣的調查應該被當成是一種用來評估民眾意見不完美的科學性工具，而且這種調查採用的方法、取樣方式、以及提問問題的文字，完全依照作者的偏見來進行。我還要再補充一下，朱雲漢和張佑君對民主的分類，其實也受到其他學者的質疑。然而，據我所知，「東亞民主動態調查」是向台灣受訪人提出這些問題的唯一一次調查。）還有，對於「民主的意義是什麼」這個問題，台灣受訪人的答覆和亞洲其他地區的答覆「大致相似」。朱和張寫道，受訪人當中最大比例的人認為，民主是「自由與民主」和「政治權力、機構和過程」這兩者之一或兩者皆是，這和「標準的西方對自由民主的了解」是一致的——換句話說，就是我們在前面討論過的最低限度定義。台灣人對民主的定義的第二高看法（二四．一％）是，他們認為民主就是「全民主權」、「人民權力」或「會照顧人民想法的政府」。「民治和民享」則名列第三，占了一七．一％。根據他們的調查，把民粹觀點列為優先選項的台灣受訪者比例，高於亞洲其他地區，而把民主按照自由民主路線（最低程度）來定義的比例，則低於大部分新興民主政體[8]。換句話說，根據調查結果，台灣人民普遍比亞洲地區其他地方的人民更支持有些「擴張」的民主定義。

對曾對台灣政治作過第一手觀察的人來說，這已經相當明確了，台灣民主是高度不完美的，而且十分不穩固（一直沒有完全建立起穩固的民主，因為民主化是一種不斷前進和後退的緩慢過程）。缺點也很多，包括源自於獨裁統治時代的各種失衡狀況、兩個主要族群之間的高度兩極化、政治癱瘓、倉促和不完整的憲法改革、被迫終止的轉型正義、貪污、「黑金」政治、不負責任的媒體，以及大企業扮演的角色，所有這一切還因為中國因素而更行惡化，我們將會在下一章討論。台灣一路走來十分辛苦，但無法肯定它會無限期如此，尤其當它的生存權正受到中國的挑戰時。還有，破壞台灣民主的那些問題，已經造成越來越多人民對於整個制度的幻滅，這也同時破壞了大眾的信心，並且鼓勵改而採取更「激進」的手段。

從很多方面來看，台灣今天的民主，讓人想起戴蒙在一九九〇年代初描述的新民主政體，他認為其中有很多是「相當『非自由』的」。「是的，」他如此寫道：「他們有競爭性的選舉，甚至真正不確定哪個政黨會贏得政權，或甚至政權交替，但對大部分人民來說，民主是一種淺薄或甚至看不見的現象。」

他繼續寫道：

很多（或是大部分）公民實際經歷的是各種令人哀傷的統治方式：警察濫用力量，極權的寡頭政治，無能和漠不關心的官僚，貪腐和高高在上的司法制度，以及可被收買的統治菁英；他們蔑視法治，不關心任何人，只關心自己……雖然有選舉，但參選的都是貪腐、侍從主義（clientelistic）的政黨，他們只會在表面上說要替人民謀福利。有議會和地方政府，但他們並不代表或回應廣大選民[9]。

國民黨的列寧主義根源，使其不願放棄獨裁所帶來的好處

台灣目前的民主當然沒有這麼可怕，但在上面這一段文字中描述的諸多問題，對我們這些密切觀察台灣政治的人來說，應該很熟悉。由於具有列寧主義的根源，國民黨從來就沒打算要在一個多元環境中以政黨的身分運作。雖然為了生存，國民黨被迫改變，並且也民主化了整個制度；然而，國民黨以一個專制政權的方式治理這個國家長達四十年（或者，如果我們把它在中國的時間也包括進去，那就將近八十年了），它還是不願意放棄它在獨裁統治下所累積的所有好處。這包括驚人的財富、和商界深遠的來往關係、間接控制或實質影響媒體、和軍方與安全單位的特權關係，以及用不民主的手段對付國內異議人士。金錢關係仍然是國民黨改革的一個重大阻礙，因為它作為一個政治實體的生存與競爭，都是直接跟商界有

關係，商界則依賴它來獲得重大利益，而且，如果無法滿足商界的要求，他們可以對黨造成重大的傷害，而這裡所謂的商界要求，越來越偏重在他們和中國作生意的能力。

在這種情況下，國民黨很像是戴蒙筆下的「侍從主義」政黨，這已經變得十分明顯，因為一些和大企業關係十分密切的國民黨立法委員和談判人員，已經開始參與和中國簽定各種經濟合約，包括後來在二〇一四年三月引爆太陽花學運的「服貿協議」。此外，國民黨雖然不願意民主，但卻轉型成一個機器，企圖確保自身永久存在，方法就是在地方基層建立起廣大的網絡，招募「本土」台灣人，利用它的財富和與商界的關係來創造彼此的互依關係。這有助於解釋為什麼一個遭到眾人辱罵、採用鐵腕統治台灣四十年的政黨，在民主化後，竟然還能夠在自由與公平的選舉中獲勝——而且，在二〇〇〇年和二〇〇八年之間被民進黨趕下台後，居然還能夠捲土重來。國民黨進行了改造，而且改造得很不錯，但因為它參與了民主遊戲，也因此扭曲了民主的理想。

缺乏執政經驗的民進黨吸收前代作法

因此，一點也不意外的是，當陳水扁在二〇〇〇年贏得總統大選後，從街頭發展出來的民進黨完全沒有執政經驗，最後只好採用前朝留下的諸多作法。事實上，這裡面有很多諷刺之處，民進黨雖然自稱是民主和進步的政黨，卻也擁有一個列寧主義的組織結構，包括一個中央常務委員會在內。

結果，雖然民進黨的創黨元老原本打算在取得政權後，達到轉型台灣政治的目標，但到最後，民進黨卻很快變成跟國民黨一樣的選舉機器：致力要讓自己永遠存在，並且需要依賴工商界，即使民進黨永遠也別想擁有像國民黨跟工商界那樣密切的關係。這也表示，民進黨有必要和有影響力而且通常很有錢的宗教團體發展關係，像是慈濟、支持統一的佛光山，甚至是保守的基督教教會，像是靈糧堂。靈糧堂的背後支持者是宏達國際電子股分有限公司董事長王雪紅。

執政的結果顯示民進黨慢慢喪失了它作為一個進步政黨的本質，也放棄了它作為台灣民主改革力量的原始意識形態。它的黨員成了政治人物，而在這個過程中，他們切斷和人民的連結，在政治史上，這樣的轉變，對民進黨來說並非不常見。

結果，等到二〇一四年春天，公民社會決定採取行動時，很多失望的公民運動者就把國民黨和民進黨排在相同的地位。公民團體「公民 1985」在二〇一三年國慶日當天在立法院旁舉行大會時，會場就象徵性地同時升起國民黨和民進黨的旗幟。在目前制度下，這兩個在選舉中真的相互競爭的唯二政黨，都是讓民眾感到不滿且無法區分的政治象徵。如此評估這兩個政黨是否公平值得討論，但這樣的不滿和憤怒，無疑是很多台灣人所共有的。在我密切觀察全台灣的公民運動發展的這兩年中，我經常見到一些年輕的公民運動者，他們原本打算在二〇一六年投票的。但到後來，其中大多數，有的很溫和，有些則很憤怒，他們告訴我說，他們已經決定不投票了，因為兩黨一樣「爛」。其他人則說，他們決定投給無黨籍的獨立候選人，或是「第三勢力」候選人。

年輕和受過良好教育的公民運動者，無疑是他們那個世代最具政治意識的一群人，卻對台灣的政黨政治變得如此失望，這件事情對台灣民主來說，是很不好的徵兆。對於其中很多年輕人來說，這種情況導致他們只能失望地接受，並且認為政治不是他們所能控制的；他們的命運以及他們國家的命運，是受到無法阻擋的力量所左右的。當然，這樣的感覺就正好落入中國宣傳的「歷史無法避免」的圈套中了。

公民社會以民主作為制裁政府的手段

如同朱雲漢和張佑宗所寫的，新成立的民主政權表現不佳，「也許會讓人對整個民主產生懷疑[10]」。不幸的是，這兩位作者所採用的「東亞民主動態調查」，據我所知，並非唯一調查台灣民主動態的調查，但它只調查到陳水扁時代結束為止，因此也就沒有調查到高度不受人民歡迎的馬英九政府——尤其是馬的第二任任期——對民主認知所造成的影響。最近的一些事件也許會破壞了民主的名聲和它的吸引力（中國共產黨已經使用這些事件來貶抑民主，認為它不是可行的制度），很可能有人會認為，馬英九的治理方式已經比他的前任更為獨裁——從二〇一二年以來，在很多走上街頭的公民運動者間，這樣的觀點很流行——這也許會鼓勵台灣人更注意民主的品質，以及採取必要的行動（據某些人表示，也許會是激烈的行動[11]）。

此外，在討論對於民主的意義的調查結果時，兩位作者發現，只有六．三％的受訪者表示，「社會平等和公平」是用來描述民主的最合適說法。鑒於在馬總統任期內因發生多起爭議事件，像是陸軍義務役士官洪仲丘在二〇一三年七月死亡，或苗栗縣縣民被強迫搬遷和民宅被強制拆毀，因而出現民眾示威遊行，公民運動持續不斷，以及社會緊張氣氛升高等等；極有可能是朱和張的發現，若不是錯誤地反映了台灣人民把「社會平等和公平」看成是民主定義一部分的這樣的信念，就是在馬英九政府治理下，像違反人權這些因素又再度發生了。

雖然台灣在二〇一四年春天出現民主可能「崩潰」的警訊，但在那年十一月二十九日九合一選舉的結果，國民黨因為執政成績太差而遭到嚴懲，失去了國內多數縣市的執政機會，被視為是一種緩解現象，這也許代表了人民再度恢復了對民主的信心，知道可以用民主方式來懲罰和制衡無能的政府。柯文哲打敗國民黨的連勝文當選台北市長，因為連勝文被很多人視為是現有制度種種錯誤的化身，他的落選，也有助於冷卻民眾對當前政府的憤怒。柯文哲是外科醫師，是台大醫院創傷部主任，他以無黨籍身分參選，和公民運動有密切關係。此外，柯市長一上任後，馬上對貪腐展開正面攻擊，主要是針對前市府作業不透明的情況，特別是在工程投標方面，這幾乎成了他前任市府的標準作業方式——甚至還有人希望把這種作業方式擴大到全國。柯文哲當選，以及國民黨在縣市長選舉中大敗，可以部分解釋，為什麼公民社會——在太陽花學運占領立法院期間，他們貢獻了最大心力——在僅僅幾個月後似乎就分崩離析了：馬總統在辭去黨主席後，成了跛鴨總統，並且沒有立場再去實施不受民眾歡迎的政策。在沒有問題可以聚焦的狀況下，公民社會只好回到它先前的多元屬性，並開始內鬥（第七章會對此多作討論）。

總統和立法委員選舉在二〇一六年一月舉行，許多台灣人正在乖乖地等待二〇一五年過去。對很多人來說，這場選舉——民進黨總統候選人蔡英文顯然很樂於擁抱「第三勢力」並和他們合作——是讓人感到樂觀的原因之一；這也許就是民主證明自己有存在價值的最後機會了。雖然蔡英文似乎真心承諾要讓她所領導的這個黨翻轉過來，但是疑慮還是持續存在著。民進黨在前任主席蘇貞昌領導下，度過了災難性的兩年歲月，蘇因此被指責，在公民運動的風潮中徹底「坐失良機」。政黨改革其實很困難，部分原因是因為必須和黨內各個派系和利益團體協商，再加上黨內的政治恐龍和保守派拒絕退居幕後，或是讓位給一代的領袖。

用不著說，健康的政黨是健康的民主不可或缺的成分之一。

一如敢言敢衝的公民運動者和曾任中央研究院研究員的黃國昌，在考慮代表「時代力量」（NPP）出來競選立法委員時所言，「必須要斬落幾個人頭之後」，民眾才會再度信任民進黨。在目前，對於黨是否有執政能力，以及黨要如何去讓民眾相信它有執政能力的真正挑戰在於：不只要看在二〇一四年十一月底贏得壓倒性勝利的那些民進黨縣市長們的表現如何，同時還要觀察在處理都市開發和貪腐問題上，他們是不是真的表現得比前任更有效率和公正。

二〇一四年十二月二十五日，在台南市議會議長選舉中，四名民進黨的市議員在收受鉅額賄款後，竟然投票給國民黨的候選人李全教，此一爭議事件對民進黨的形象已經造成傷害，幸好，蔡英文主席決定立即開除那四名黨籍市議員，以緩和可能造成的長期影響。剛在二〇一四年年底當選的多位市議員，馬上又急著爭取參加二〇一六年的立法委員，這也破壞了公職人員的專業性，在民眾心目中留下很壞的印象，因為選民絕對有權要求他們選出的人，能夠做完全部的任期。

另外，在陳水扁總統第二任任期快結束時傳出的陳氏家族涉及貪腐的指控，顯然仍持續糾纏著民進黨。一個在取得政權後保證要和過去貪腐完全切割的政黨，最後卻被發現並沒有比它的前任更好，這對民眾對民進黨信任度的長期影響，是不可以輕忽的，而且也加深了民眾對政治人物的疑慮。

當然，所有這些問題都將繼續困擾國民黨，它的恐龍大老和保守人士所占的比例更高，更別提馬總統和立法院長王金平之間的長期鬥爭，這顯示黨內持續強烈反對進一步「台灣化」，但如果國民黨想要在台灣維持它的重要性和勝選，這很可能是無法避免的。不過，所有事情都是公平的，如果兩個陣營都沒有改革，對於擁有更多財富和資源的國民黨而言比較有利，在對付任何對手時，將讓國民黨擁有近乎無法超越的優勢；相較之下，民進黨就會被視為是比較好的政黨，而享盡這方面的所有優勢，並被認為比較是有誠意改革的一方，如此一來，它將會對國民黨造成很大的威脅，最後，國民黨無法可想，只好自己也進行改革，就如同它在一九八〇年代初被逼到牆角，退無可退一樣。

難怪國民黨內有人開始呼籲要走溫和路線和改革；這些人能否在對抗黨內保守勢力時占上風，大部分取決於國民黨能否看出它的統治工具已經遭到重大威脅。當然，這要看是不是由理性勢力（所謂的理性勢力就是指這些人願意回應大眾的期望）來指引黨往那個方向前進。

高度兩極化的政治，使轉型正義與和解難以達成

造成對主要政黨的懷疑日益高漲的另一個因素，就是台灣政治中存在的高度兩極化。國

民黨和民進黨，以及他們的一些盟友小黨，在過去幾年來採取的焦土政治，已經大大傷害了台灣的民主。不僅毒害了政治環境，也使得合作變得幾近不可能，並且讓台灣繼續處於分裂之中——「藍」對抗「綠」，「外省人」對抗「台灣人」。這樣的分裂，一直被台灣的二元媒體環境不負責任地加以強化——談話性節目、報紙和電視台都各自選擇偏向某一邊——因而使得和解和轉型正義都無法完全達成。這已經形成了癱瘓，一如陳水扁時代的立法院，國民黨一再阻擋國防和購買外國武器來協助防衛這個國家所需要的預算。結果，為了政治（政黨）上的原因，竟然不去優先考慮確保台灣有能力來保衛自己和對抗外來侵略，一直到今天，這種愚蠢的行為還是持續在傷害台灣，讓台灣浪費了將近十年的光陰。民進黨陣營也使用類似的阻擋戰術，阻止實施國民黨所支持的政策。經常可以看到，雙方並沒有進行真誠的談判，反而在立法院會場大打出手，以及上演阻擋立法程序的鬧劇。雙方合作的意願原本就很低，更別提什麼合作空間了。因此，整個國家陷入癱瘓，而這也是造成大家對台灣的民主失去信心的因素之一，這會讓民眾連想到立法院會場的「混亂」，或是去推測，政治人物的所作所為背後都有隱藏的動機。

這種分裂也對北京有幫助，讓它在企圖統一台灣的過程中，永遠不需去面對一個團結一致的台灣，台灣人自己就已經完成分裂中國敵人的工作。如同我們將在第七章討論的，長期「族群」和政治的兩極化情況，讓民眾的不滿情緒越來越高漲，這是公民社會再度挺身而出的主要因素，也導致了新型態公民民族主義的出現，宣告一個荒唐的垂死世代的結束。

作為第四權，台灣傳統媒體徹底失職

關於台灣的媒體狀態，還有幾件事必須討論，這是我一直很掛心的，因為我在台灣的這十年當中，在這個領域裡工作了很長一段時間。前面說過，一個自由媒體的存在，是民主最低限度的標準之一。大致上來說，台灣的媒體可以被認為是自由的，而且，根據像美國「自由之家」這樣的組織所作的年度調查來看，它還是亞洲最自由的媒體之一。雖然台灣也走上大型媒體被大企業併購的世界潮流，但在台灣並沒有出現新聞檢查的重大問題，至少沒有像在中國大陸和新加坡所見到的那種情況，香港的新聞檢查情況也逐漸增加。但被旺旺中時集團掌控的媒體也許是個例外，而這也是為什麼該集團董事長蔡衍明在二〇一二年意圖買下壹傳媒在台灣業務時會引發集體抗議，以及為什麼最近幾年裡，該集團的大批編輯和記者會相繼辭職了。

台灣媒體的主要問題在於，淪為高度的煽色腥，並且經常未能扮演好媒體的主要角色：監督政府和報導真相。在台灣，很少會有調查性報導，相反的，我們看到大量的瑣碎報導——越煽情越好，最大目的是要爭取閱聽人數和閱聽率。名流高官的性醜聞、食安醜聞，以及行車記錄器的車禍畫面等等，占掉電視新聞很多播放時間。但很難看到什麼有價值的新聞，像是可能會引發台灣海峽兩岸漣漪的中國重大政治事件等等。

台灣的新聞記者大多超時工作，他們經常都很年輕（很多都是女性），因此，當編輯作出不合理的要求時，他們往往無法挺身反抗。此外，記者不僅被要求要跑出獨家新聞，更被要求多產，因此等於鼓勵記者抄近路，結果很多訊息就因此而沒有確實查證。消息來源經常是匿名的，有時候則是記者捏造的，許多消息和所謂的官員談話都是如此。工作量超重的記者經常別無選擇，只能和其他同行「共享」新聞，依賴其他記者提供訊息——有時候還得向競爭對手打聽——然後寫進自己的報導裡。因為被要求所有事情都要報導，所有報導也就無法深入。政府官員或公司代表有時會舉行記者會，提供一些訊息，其他的往往就很少了。如果某家媒體報導了某件事，其他所有媒體一定要跟進報導。常見的作法是把最初的文章拿來改寫而沒有進行正確性的查證，結果，這會造成所謂的回饋迴路（feedback loop）：即使只是很微小的事件，也會被每家媒體報導，結果就很難從眾多新聞中看出哪些新聞重要，哪些只是被製造出來的噪音。更糟的是，這種什麼都要報導的新聞競賽，意謂著某件錯誤的新聞報導，或是百分之百造假的新聞（這經常會發生），在經過一再複製之後，最後也變成真的了。

因為這個體系裡有這麼多造假事件，因此台灣的傳統媒體不再被信任，不被認為可以提供台灣發展訊息的有效來源。已經不可能分辨出什麼是真實的新聞，什麼又不是，而雖然也有真正負責任的媒體存在，也作出真實的報導，卻被其他媒體給淹沒了。

幾位聲名狼藉的政治人物，像是國民黨籍的立委員蔡正元，也對這個問題很有「貢獻」，因為他經常散布謊言和不實消息破壞對手名聲。這樣的手法在二〇一二年總統大選競選活動中達到新的下限，在內閣官員協助下，國民黨偽造了一些文件，涉及民進黨候選人蔡英文在宇昌生技中的角色。二〇一四年十一月九合一選舉時，國民黨籍的台北市長候選人連勝文也持續這種不光彩的傳統，針對獨立候選人柯文哲抹黑和造謠，把那次選舉變成台灣近來最骯髒的一次。有很多跡象顯示，在二〇一六年總統選舉的最後階段，這樣的卑劣手段會再度出現，因為蔡英文聲勢再度領先，國民黨將會竭盡全力對蔡英文和她的家人作出各種荒謬古怪的不實指控。

悲哀的是，這種作法卻被媒體推波助瀾，它們鉅細靡地報導政治人物所提供的每一則爆料，不管這些指控看起來有多不可信。像蔡正元，如果不是因為台灣罷免公投通過的門檻如此之高（一點也不意外的是，國民黨一直反對修改憲法降低這個門檻），他可能在二〇一五年年初就被罷免公投給罷免掉了。然而，他不但沒被罷免，還繼續在媒體和電視上露臉，這說明了台灣當前的情況。前立法委員邱毅，則是政治人物把誹謗他人當成藝術來展現的另一個例子。很悲哀的是，像他們這些人只要一開口，所說的指控馬上就會被電視播出，並且成為每個談話性節目熱烈討論的話題，遭到他們指控的那些人反而因此不能忽視這些指控。

結果，政治人物被迫要替自己辯護，經常還是作「反證」。最後，出現在媒體上的這些政治人物和名嘴不但沒有討論他們的政見，反而是進行痛苦的爆料與反爆料循環……一直到下一波新的循環出現。

這種情形怎麼可能讓一般大眾獲得正確的新聞，以及讓台灣社會進步，對此，我一直想不通。

台灣媒體的情況變成這樣子，使得在台灣設有據點的一些美國國防工業的大公司，像是知名的「雷神公司」（Raytheon Corp），都規定公司員工不要和記者交談。他們早已經被害慘了。更嚇人的是，一些外國通訊社，因為他們在台灣沒有足夠資源，所以經常被迫去翻譯此地中文媒體的新聞報導。好幾次，他們所翻譯的新聞報導本身根本就錯了，但是，這些錯誤的報導傳到國外之後，反而就變成真的了，就算後來作出更正，所造成的傷害也已經無法回復了。

台灣媒體的特色是煽情和造假，這也相對地激化了社會的兩極化，民進黨和國民黨之間都在進行零和戰鬥，在國防這個議題上，記者和他們的閱聽大眾都很喜歡爆料和揭發每一次意外和每一件間諜案，好用來打擊軍方。似乎沒有人關心，這種行為是否會打擊軍中士氣，並且會傷害到軍方招募新兵的工作。

台灣的媒體全都根據他們的意識形態和政治陣營來決定自己的立場，因此強化了政治分裂，把政治性的談話性節目變成純娛樂，或者，更糟的是，變成了宣傳工作，讓來賓進行情緒性的高談闊論。這些節目不但沒有打算發揮制衡和監督政府的功能，反而各自選邊，並且很少——如果有的話——提供中立的立場以進行真正的辯論，或是提出新的見解（這絕對不可能）。另外還有個影響，我也受害者之一，就是各家媒體有各自的政治立場，結果就會影響到這一行中的每個人。如果某人服務於「親民進黨」的《自由時報》，像我就在「親民進黨」的《台北時報》服務了七年半，那麼，不管他（或她）寫了什麼，總是會被認為不是在支持民進黨，就是在抨擊國民黨或中國。我們這些努力追求公平和中立言論的人，就會遭受同行的詆毀，好像我們沒有自由意志，只是把老板餵給我們的宣傳資料拿來報導的機器人而已。這些批評者不但沒有根據我所撰寫的報導本身的價值來評論，還經常詆毀我（他們通常沒有看我的專欄），說我在《台北時報》工作，根據他們的觀點，這家報紙是由民進黨控制和資助的（這兩項指控皆非事實）。甚至當我批評民進黨（我經常這樣作），或表示我很贊同國民黨的某項政策時，他們還是同樣批評我；在這種情況下，評批者通常都會認定我這麼作背後一定有不良動機：可能在散布不實消息，或是企圖迎合當局，為個人找更好的出路。有幾次，我真的跟《台北時報》的管理階層發生衝突，因為我批評了民進黨，並且隱約感覺到，「某人」一直在旁看著，等著看我出錯。

無可避免的，這種偏執的心態終於在二〇一一年八月引爆，有人指控我在《華爾街日報》發表的一篇討論中國間諜在台灣活動的文章，是故意選在華府即將宣布出售武器給台灣的幾個星期前，代表《自由時報》來「破壞」馬總統的名聲[12]。國民黨依照這種邏輯舉行記者會，當時擔任國民黨鞭的趙麗雲，在記者會上命令我向全國道歉並披露消息來源，否則我就要接受調查並被驅逐出境[13]。雖然政府並沒有根據趙麗雲的威脅採取行動，但這證實了大家都知道的一件事情，那就是記者是可以被呼來喚去的，而且還會被出賣和丟掉工作。事實上，《自由時報》是在《華爾街日報》刊出我的文章之後才發現這件事情，我寫文章給《華爾街日報》，但沒人理會這個事實。他們推測背後有陰謀論和政治動機。讓人感到傷心的是，他們通常就是這麼認定的，因而傷害到我們這些還堅守新聞理想、絕不在正義上妥協的人。這種現象到現在還是對我造成影響，因為我加入了蔡英文所成立的一個基金會，批評者因此認定我是在替民進黨工作，我是他們的宣傳人員之一，並且認為，我所寫的每一篇文章都是受雇於她的基金會的結果。他們完全不管我其實被賦與完全的編輯自由，而且從一開始就明白表示，我絕對不扮演宣傳人員的角色，而且我和諾丁漢大學的中國政策研究所有很密切的關係，而這個研究所是受到中國大量的金錢資助的。這是牽連犯罪，他們唯一的目的，就是要破壞像我這樣的人的名聲，像我這種總是與大眾背道而馳的人。

這不僅發生在台灣而已。一個很明確的例子，在蔡英文成為二〇一六年總統大選的民進黨候選人的幾個星期之後，一個我已經投稿了好幾年的一家外國雜誌的編輯，特別在我的文章的最上頭加上免責聲明，指出我目前受僱於蔡英文的智庫：小英教育基金會。這段聲明第一次出現在我的一篇有關於蔡英文的競選活動的文章裡，但一天之後，這段聲明就不見了。當我跟該雜誌的一名編輯連絡上時，對方告訴我，直到這場選舉結束之前，我的文章的最上頭都會刊出這項免責聲明，並且會把我的文章移到另一個區塊，而那個區塊只會出現在雜誌網站首頁的下方。所有這些美其名是為了增加透明度。然而，在我腦海中，我深信，這項決定一定是國民黨或中國的某個高層人士向這家雜誌社投訴的結果。有趣的是，當國民黨的祕書長，或國民黨文傳會主任在這家雜誌上刊登文章時，卻沒有套用同樣的規定；同樣的，當中國共產黨一位知名的宣傳專家也這樣作時，這家雜誌社也沒有對他作出跟對我一樣的處理，而中國這位宣傳人員服務的那所大學最出名的事情就是，因為某些教授拒絕遵守北京路線而被該所大學開除。

我作事一向透明，而且一定會說明我和某人及某些組織的關係，尤其是如果有發生利益衝突的可能性時。但這應該公平處理，而非只針對雙方陣營的某一方（就如我們在第一章裡看到的，媒體經常忘了提很多高級中國事務分析家的兼職）。用不著說，台灣新聞界中的很多問題，已經讓台灣新聞系所的很多年輕學生感到失望，因為他們都很清楚，在他們當上記者的那一刻，就必須放棄對新聞的理想。好蘋果都被爛蘋果取代，目前的制度卻讓我們分辨不出好蘋果和壞蘋果間的差異。在已經過度飽和的媒體市場裡，廣告收益的壓力，只會讓這種情況更加惡化，並且確保最近幾年冒出頭來的一些比較小規模的新媒體——它們大部分都是因為對傳統媒體失望才挺身而出——將會在經營困難的狀況下繼續存活。

結果，台灣的媒體在告知民眾讓他們據此作出明智決定的這項工作上失敗了。失去功能的台灣媒體，對台灣的民主品質造成了無可否認的破壞性影響。就算政府介入干預，也不會產生效果，只會引發有關新聞檢查的各種問題。直到民眾開始要求真正的媒體改革，並且採取抵制或抗議行動，例如，在二〇一二年反對收購壹周刊，直到這時，才會出現我們需要的改變。在那個時刻來臨之前，傳統媒體將會繼續破壞、且無法強化台灣的民主。難怪台灣的年輕人越來越依賴社群和新媒體來獲取資訊，但很明顯的，這些管道本身有著可信度和品質管制上的疑慮。

憲改與國會減半，讓現行制度難以真正反映民意

其他更結構性的問題，則和改革停滯不前有關，此一過程經常成為上面提到的高度兩極化的受害者。另外，台灣無法修訂出新憲法來正確地反映出它目前的需求和現實，這也綁架了改革的過程。就如陳水扁總統二〇〇五年九月在「新興民主的憲政改造：國際視

野與臺灣觀點國際研討會」（International Conference on Constitutional Reengineering in New Democracies）開幕上說的，「目前憲法的設計不僅充滿矛盾和對立，它的實際施行也是極度缺乏效率。」但這樣作，將會被北京視為是宣戰。

因此，改革最多只能緩慢進行，並且經常變得政治化。結果，目前的制度就變得好像科學怪人一樣的怪物，既限制了政府的效率，也破壞了人們對於民主的信任，甚至即使民主和政府遇到的那些問題其實沒有關係。根據朱雲漢和張佑宗的說法，隨之而來的「開發不足的憲政主義」，指的就是在第三波民主之中，「台灣的民主轉型經常被引證成是一個很獨特的案例：一個准列寧主義政黨，不僅在獨裁政權崩潰後生存下來，而且還利用這個危機取得對它有利的優勢。[14]」

除此之外，在一九九〇年和一九九七年之間進行的憲法修正出現「片面指定」的缺失：李總統設計了一套半總統制，給了內閣和立法院相當大的自治權，但也確定總統可以以黨主席的身分同時控制行政和立法兩權。還有，就如朱和張觀察到的，這次修憲「修得很糟糕，沒有預料到會出現府院分裂的局面」，而這卻正是台灣在二〇〇〇年所出現的情況：民進黨僅僅以三九．三%的選票奪下總統寶座，但卻因為在立法院是少數黨而嚴重受挫。

因為缺乏平等的遊戲空間，因此也造成除了國民黨和民進黨之外，比較小的政黨——包括在二〇一四年太陽花運動後出現的新的「第三勢力」——面對極高的門檻，因而限制了他們在統治階層扮演政黨的角色。曾經有人提到要把立法院從「混合名額多數制」（MMM；mixed-member majoritarian systems）轉型到「混合名額比例制」（MMP；mixed-member proportional systems），就像德國那樣，但到目前為止，一直沒有朝那方面進展的跡象，部分原因是因為這樣作的話，將對小黨有利，並將威脅到國民黨一直以來對立法院的控制。此外，過去幾年來勢力龐大的企業利益與主要政黨之間發展出來的堅強關係（前面提過，民進黨為了生存，也模仿國民黨的作法），這表示小黨將處於不利情勢，因為它們將無法取得必要的資源來和其他政黨競爭。

拉里・戴蒙在二〇一四年四月召開的一次會議上評論台灣的選舉政治時，毫不留情地說，這「真的是很糟糕的選舉制度[15]」。

之所以出現這種情況，大部分是因為「台灣本身陷入極其不幸的機構重整，在二〇〇四年修憲時，這種情況不但沒有好轉，反而變得更糟」，當時，立法院的席次從二百二十五席減半，成為一百一十三席，並在立法院的選舉中採取兩票制。這種「漸進式改革」受到人民很大的支持，並導致廢除國民大會，這等於呼應了任雪麗（Shelley Rigger）所形容的，對「過度擴張」和「蓄意阻撓」的立法院的支持度已經垂直下降[16]。

但在戴蒙看來，這是錯誤的。

「台灣過去採用的單記非讓渡投票制（single non-transferrable vote system）是一大災難，

所以，任何變動幾乎都會是一種進步，」他說。但在二〇一四年採用的新制度並沒有改善這種情況。

「台灣採取一種高度一黨多數選舉制，大多數席次都是單一選區、贏者全拿的席次，」戴蒙說。「民進黨為什麼會同意這個，我到現在仍然想不通，因為這可以預測得到，一開始這對他們很不利。」

「結果，國民黨贏得大部分席次——意外，意外，」他說。但他接著又說，政治學者一直預測會發生這種情況。

他說，把立法院席次減半，這項決定「真的很糟糕」。台灣現在「卡在很不理想的政治結構裡，而且會造成政治兩極化。」

「現在的情況是，和它在社會上獲得的支持度比起來，民進黨在國會的代表度顯然偏低。」結果，「有一個超大的多數黨，和一個立法委員人數很多的民進黨，坦白說，民進黨已經被迫採取戲劇性的阻撓戰術。」

戴蒙的建議之一就是，台灣應該改回原來的立法院席次，這將可創造出必要的「運作空間，可以容納替代性的政治聲音和更流暢的政治結盟。」

強化民主體質，將有助於台灣力抗兼併

當然，我們在台灣民主中找到的很多問題，在別的地方也存在，甚至在更為成熟和穩定的民主政體裡也有。例如，台灣的兩個主要政黨完全掌控了本地的政治，使得新的政治力量很難冒出頭，這種現象長久以來也存在於美國和其他國家，而且在大部分情況下，這種現象也會對這些國家的民主品質造成傷害。但有一件事，讓台灣不同於其他那些生病的民主政體：台灣有著一個獨裁政權的巨人鄰居，而且這個巨人鄰居始終揚言要併吞台灣，必要時還會採取武力。因此，雖然民主危機會在像加拿大、澳洲，或是美國這樣的國家造成各種麻煩，但這樣的麻煩並不會危及這些國家的生存。但是，對台灣來說，民主崩盤將會危及台灣作為主權國家的生存能力。因此，制度的每一次改進，促成合作和團結的每一次改革，都會強化這個小島的能力，讓它能夠獨力站起來，對抗外來的干預。

我們在本章一開始就提到，台灣的民主是力抗中國的一道防火牆。這道防火牆越健全，防禦能力也就越強。反之，防火牆如果出現漏洞，中國將會趁虛而入。不論是在雙方關係緊張或和平時期，中國從來就沒有停止過腐蝕、打擊和破壞台灣民主機制的行動。事實上，馬英九政府在位八年期間出現的兩岸和緩，已經替北京省下了不少工作，因為馬政府幾乎把台灣社會的所有行業都對中國開放——中國的金錢和影響力都湧入台灣，中國的情報人員也運

用各種身分掩護，來台進行活動。

---

1 Jacobs, *Democratizing Taiwan*, p. 6.

2 見 Scott Mainwaring and Matthew Shugart, "Juan Linz, Presidentialism, and Democracy: A critical appraisal," Working Paper #200, Kellogg Institute, July 1993.

3 Garver, John W., in *Taiwan's Democracy: Economic and Political Challenges*, Garver, Robert Ash and Penelope B. Prime, eds. (London: Routledge, 2011), p. 5.

4 Schumpeter, Joseph, *Capitalism, Socialism, and Democracy*, 2nd ed. (New York: Harper, 1947), p. 269.

5 Dahl, Robert A., *On Democracy* (New Haven: Yale University Press, 1998), p. 90.

6 Diamond, Larry, "Defining and Developing Democracy," in The Democratic Sourcebook, Robert A. Dahl, Ian Shapiro and José Antonio Cheibub, eds. (Cambridge: MIT Press, 2003), p. 32.

7 Schell, Jonathan, *The Unconquerable World: Power, Nonviolence, and the Will of the People* (New York: Henry Holt, 2003), p. 238.

8 Chu, Yun-han and Chang Yu-tzung, "How Citizens View Taiwan' s New Democracy," in *How East Asians View Democracy*, Chu, Larry Diamond, Andrew J. Nathan and Doh Chull Shin, eds. (New York: Columbia University Press, 2008), pp. 91-2. 朱雲漢也是

蔣經國基金會執行長。

9 Diamond, Larry, *The Spirit of Democracy: The Struggle to Build Free Societies Throughout the World* (New York: Henry Holt, 2008), p. 292.

10 Chu and Chang, p. 95.

11 在被問到拿過去政權和現在（陳水扁）政權作個比較時，一二・六%的受訪者認為，過去的政權「十分獨裁」，四九・四%的受訪者則認為「有點獨裁」，相較之下，一・三%和一三%的受訪者則分別認為，陳水扁政權「十分獨裁」和「有點獨裁」。據我所知，並沒有比較馬英九政權和他的前任政權的調查。

12 Cole, J. Michael, "Taiwan is Losing the Spying Game," *Wall Street Journal*, August 30, 2011. http://www.wsj.com/articles/SB10001424053111904199404576538070155692258

13 我有在我的書中討論這整件事，*Officially Unofficial: Confessions of a Journalist in Taiwan* (CreateSpace, 2014).

14 Chu and Chang, p. 89.

15 https://www.youtube.com/watch?v=2FGxKzgC8VQ

16 Rigger, Shelley, "The Politics of Constitutional Reform in Taiwan," in Taiwan's Democracy, p. 45.

第五章　中國對台灣民主的攻擊

經常有人這麼說，台灣的民主——被形容為是「華人」的第一個民主——是中國共產黨的眼中刺。中國共產黨之所以能夠繼續當政，有很大部分是依賴某種形式的一黨專制持續存在。不消說，一個民主的替代品就存在於地理和文化上距離中國如此近的地方，對北京來說肯定是種威脅，這固然是千真萬確的，但中國共產黨如此努力想要破壞和打擊它，顯然不只是回應一個已知的威脅而已。

真正的原因很簡單：中國不需要外國的民主實例來認識民主的好處，他們也不需要利用台灣來讓自己接觸到民主。在一九七八到二〇〇三年之間，總共有七十萬零二百名中國學生和學者，在全世界一〇八個國家和地區學習和研究[1]。根據中國教育部的統計資料，光是在二〇一四年一年，就有四十五萬九千八百名中國學生在海外就讀。從一九七八年以來，總共有三百五十萬中國人在海外受教育，這樣的數字只會繼續增加，因為中國人變得越來越富有，流動性也越來越強。而且，從長期趨勢來看，這些前往外國接受教育的中國人當中，絕大部分都是選擇西方民主國家，其中又以美國最受歡迎。因此，即便台灣明天就消失不見了，或是它的政治制度發生重大改變了，一般中國老百姓接觸到民主制度和理念的機會也不會就此消失。還有，我們將在後面一章裡更深入討論，台灣並不是一種目標，它以民主政體的身分存在，也不是為中國民主化過程中的需要。如果中國想要民主，他們可以自行發展；他們有足夠的人才來進行這件事。有人說，中國需要有人「教導」它去認識民主，不管是由西方國家或他們的台灣同胞來著手，我覺得這種說法根本就是在侮辱中國人。

此外，各種研究顯示，中國留學生在海外接觸到民主之後，並沒有因此產生要求中國更加民主的欲望；事實上，因為這是要看個人對民主的定義是什麼而定，所以，情況似乎正好相反[2]。「在海外生活，對於受訪者對中國民主化的支持會產生負面效果，他們住在美國的時間越久，對西方民主的了解越多，反而會懷疑中國是否應該立即追求民主化。」韓冬臨和陳定定最近對這個題目作過研究，他們在摘要中如此寫道。不過，我們應該記住，很多中國學者是支持中國共產黨不在中國推動民主化的。例如，陳定定先生來自澳門大學，這家學術機構最近幾年聲名狼藉，因為它命令拒絕遵守北京路線的教授們封口（事實上，就是把他們開除）[3]。

在討論中國人對民主的態度的另一項調查中，美國杜克大學（Duke University）政治系副教授史天健寫道，雖然「很多用來強化亞洲舊的和新的民主政體相同的民主價值觀，也在中國大為流傳，」但它們的作用卻是「激發民眾支持不民主的政權」。還有，很多中國的受訪者把民主聯想成「人民是國家的主人」，以及「當局會傾聽民眾的意見」。史寫道，這兩種反應：「不僅和社會主義民主的教條相符，也和固有的孔子慈愛的獨裁理念相符，因為它們都不要求實施競爭性的多元政治。[4]」換句話說，只要人民對「民主」的定義不會威脅到中國共產黨對中國政治體系的獨裁掌控，中國就會容忍這樣的理念，當然，這樣的定義並不是我們所理解和在台灣實施的那一種，更別提西方的制度了。

如果中國共產黨如此敵視西方自由民主的「污染」，那麼，這將會比阻止中國年輕人前往海外，並接觸到這些理念更為困難得多——這兒指的海外也包括台灣，因為最近幾年來，有越來越多的中國人前往台灣求學。假設上面討論態度的調查正確，如果接觸到西方式民主並不會產生要求在中國實施這種制度的欲望，而且，事實上也許反而強化了「反西方」情緒，那麼，我們就可以指出，跟他的西方友人一樣，馬總統竟然相信和中國交往，將會有助於中國創造出一個支持中國民主化的中產階級；這如果不是馬總統太天真，就是有不良動機，企圖利用促成在中國民主化的承諾為掩護，實則是要達成另外一些比較不那麼高貴的目標。

台灣民主對於中國的威脅，主要在技術層次

因此，中國面對的台灣民主問題，主要並不是意識形態問題，相反的是**技術性**問題。這也是為什麼「防火牆」是用來描述台灣民主很重要的三個字。中國共產黨之所以十分痛恨台灣的民主，是因這套系統會管制政治決策和爭論，其核心則是相互競爭的多元政治體制，這使得中國更難從台灣取得它想要的東西，而它想要的就是統一。中國共產黨早已經習慣全體一致的政治決策方式，並且是從上而下來實施各種政策，根本不用聽取民間社會的意見，因此在和台灣打交道時就碰到阻礙，因為作為談判對手的台灣政府必須回應島上的民意。除了選舉時可能會遭到懲罰（因此會產生這樣的恐懼感），並會造成政策倒退或甚至進行修正，台灣的民主制度還會留下空間給公民社會採取行動，尤其是當一個政府已被認為是在欺騙人民時，就像太陽花運動在二〇一四年發動時就明白表示，他們反對「服貿協議」。

還有，台灣的民主不只允許公民社會在決策上扮演某種角色；當公民社會覺得被迫要上街頭抗議，或甚至必須採取激烈行動時，執法機構允許的抗議活動行動範圍，就構成了對抗議活動的一種限制，但這樣的機制在中國這樣的獨裁社會裡根本不存在。換言之，台灣對他們民主的定義，包括允許公民社會採取行動對抗政府，但不會出動軍隊或鎮暴警察採取激烈手段來維持公共秩序，就像一九八九年六月在天安門廣場四周發生的那種情況，更遑論西藏

和新疆的半占領部隊所經常採取的行動了。事實上，在二〇一四年三月二十三日到二十四日晚間，政府過度使用警力驅散進入行政院的學生，台灣社會對此的反應是恐懼的，在這次強制驅離中，共造成幾十名抗議民眾受傷，台灣社會對這件事的反應，說明了台灣社會對允許使用武力來對付抗議人士的容忍度很低，甚至還低於西方民主國家的標準。

結果，台灣政府就是不能把他們的意志強加在社會之上，即便他們已經控制了行政權，並在立法院享有多數席位。馬政府很快就明白，當政府對台灣民主表現出輕視態度時，就要付出慘重代價，一方面是在選舉時，就如二〇一四年十一月二十九日的那場選舉，另一方面就是島內壓力大增，迫使政府要更貼近民眾的期待。在太陽花占領立法院期間，國民黨內部差點發生叛變，後來，馬英九辭去黨主席，並被認為是個完全不適任的國家領導人，這應該足以提醒那些還在嚮往獨裁統治的政治人物激怒民眾的嚴重後果為何。過去一年裡，國民黨內部的分裂越來越大，在我看來，這和太陽花占領立法院有直接關係，不管馬總統如何努力淡化太陽花學運對國內政治的長期影響。民主會把政黨推向中間，並淘汰掉比較激進的勢力。以台灣的背景來說，就表示強硬路線的政黨，或是「深綠」政黨，他們是支持立即獨立和「反中」政策的，但他們不是重要的政治勢力，將會一直被擱在邊緣；同樣的情況也適用於同樣屬於強硬路線的「深藍」政黨，他們支持立即和中華人民共和國統一，並在過去幾年裡一直和中國共產黨合作。在這兩者之間的「溫和」區域裡，「淺綠」和「淺藍」勢力互動，才是真正的權力運作中心。

因此，健全的民主會實施管制和平衡，因此就能阻止像獨裁國家中的黨突然出現的重大變動。政策的改變因而是逐漸形成，而且，如果這樣的改變被認為太超過時，還會馬上叫停。這就是為什麼台灣的領導人無法突然宣布和中國統一，甚至是簽署「和平協議」。這也是為什麼一個領導人不能宣布法理獨立——這是北京最害怕的惡夢。

對中國共產黨來說，台灣民主是個問題的第二個原因就是，台灣民主越健全，存在於這兩個社會之間的矛盾就會越大。因此，只要民主繼續在台灣運作，想要根據中國的條件（而且，這是擺在桌上的唯一條件）來達成統一的最終目標，將會極其困難。還有，台灣民主越健全，中國距離達成它的目標將會變得更為遙遠，因為這會讓原本可被台灣接受的統一條件變得更複雜。換句話說，民主的表現如何——從政府機構可以發揮良好功能，一直到當政府表現得不如人意時，公民社會有直接採取抗議行動的能力——會影響到對民主的法理性認知。民主越是被認為具有更多法理地位，就越難說服人民，某種替代制度是值得接受的，尤其是那種人民權力和自由都受到限制的制度。

綜上所述，這就是為什麼，北京過去幾年如此努力破壞和腐化台灣民主的原因了。雖然在這方面已經有些進展，但根據中國自己的評估，進展還是「太慢」了，尤其是在習近平於二〇一二年出任國家領導人之後。受到中國越來越高漲的民族主義情緒的支持，以及受到中國需要向更偉大目標（例如，成為一個區域強權，如果不是全球性強權的話）前進的想法影響，習主席已經表明，台灣「問題」不能繼續傳給未來世代。雖然在他之前的其他領導人也說過類似的話，但我們有很好的理由去相信，被認為是自鄧小平以來（如果不是自毛澤東以來的話）最有權力的中國領導人習主席，真的會比他的前任更沒耐心，從中國最近在東海和南海的活動來看，這已經變得極其明顯。因此，從二〇一二年起，中國就一直在加速破壞台灣的民主機制，中國共產黨官員和台灣政府以外支持統一的勢力更是不斷加強合作，這些支持統一的台灣民間勢力，包括犯罪幫派、商人和有影響力的地方人士。這很像是陸恭蕙在她的書中提到的那種「地下陣線」，指的是在一九九七年香港回歸之前，中國共產黨在香港的地下活動。

這也表示，中國將會比較喜歡和拉攏那些支持統一的政治人物，這些人的觀念完全和現在的台灣人脫離，尤其是年輕人。

北京能否贏得台灣民心的主要變數

經過八年的和解和善意，北京已經明白，它並沒有從台灣得到太多它所想要的。政治會談仍未登場，而且不可能在馬政府剩餘的任期內舉行。更糟的是，不管接下馬總統位置的人是誰，這個人可能不會再和中國妥協，也可能沒有能力去履行和中國共產黨達成、被視為是真正「進步」的那些協議。

習主席的缺乏耐心，也造成中國共產黨對於中國社會的每一面都加強掌控，中國已經頒布新版的《國家安全法》（以下稱「國安法」），保證要作更嚴厲的掌控（包括對台灣人）。情勢已然很糟的新聞自由，甚至會更受到侵蝕。執法機構已經開始壓制公民社會，教育體系也面臨極大的壓力。恐懼外國人和反西方情緒已經高漲，事實上還受到鼓勵，也加強對西藏和新疆的平定工作，以至於新疆特別自治區很有可能會醞釀成為像巴勒斯坦或黎巴嫩南部那樣的地區。香港最近的動亂，也導致北京對香港的立場更為強硬，而在全國各地掃除貪腐運動的掩飾下，習主席已經清除掉他所有的政敵。

所有這些事件發生的時候，正值北京企圖贏得台灣人的情感和理智之際。因為了解到中國和台灣社會發生的事情，正好呈現強烈對比，中國共產黨別無選擇，只好加緊努力表現出友好的一面。結果，新聞檢查宣傳、政治戰和統戰活動都加速了，北京甚至更努力爭取在台灣很有影響力的商界人士的支持。因為對經濟決定論深信不疑，即使這使用在西藏已經證明沒有效果，中國共產黨還是試著向一般的台灣百姓洗腦，推銷和中國加強經濟合作可以得到什麼物質上的好處。

所有這些告訴我們的是，北京能不能贏得台灣人民的情感和理智，決定於兩項主要的變數：台灣的民主品質以及中國的情勢。就在現在，中國的情勢，其特色是出現一個越來越高壓的制度，強化了和台灣的對比，也因此對台灣失去了統一的吸引力。在此同時，雖然仍還很脆弱，但台灣公民社會的「崛起」，以及它對政黨的影響，已經替台灣民主帶來新的氣息，這也破壞了對和中國統一的支持。換句話說，海峽兩岸的社會目前的趨勢，完全不是朝著北京所渴望的「和平」統一方向發展。雖然這方面的發展關係十分重大，但令人驚訝的是，台灣一般老百姓似乎對中國大陸和香港最近的情勢發展所知不多（請看下一章）。如果台灣民眾能夠多注意一點大陸和香港那兒發生了什麼事，這將對他們很有幫助，而台灣媒體也應該提供更多的報導（不過，這必須挑戰在大陸和香港所出現的更嚴格的新聞檢查）。

兩岸所有這些強烈對比，以及中國各地出現的貧富差距和危機，加上它的「周邊」（例如，香港，新疆和西藏）正在醞釀中的麻煩，中國共產黨看來不可能在近期內放鬆對內部的掌控。如果採取更高壓的手段，將會使得本來已經很低的統一吸引力更為降低，中國共產黨唯有希望兩岸社會之間的對比不會那麼明顯，作法就是破壞台灣的民主，讓台灣民主變得沒有效率，並且破壞台灣民眾對民主的好感。換句話說，中國對抗台灣的策略之一，就是讓台灣社會變得更像中國社會（在第十二章會對此問題作進一步討論），目前的作法就是如此，將來也會持續如此。

中國共產黨已經採取幾種方法來腐蝕台灣的民主，進而破壞台灣民主機制的能力，來達成它的兩個目的：一、加速統一過程（取得一些「快速結果」，像是協議、讓利等等）；二、破壞台灣民主的名聲，在它的「防火牆」上打破一個洞（這是「長期結果」，會產生持久性的影響）。

政治戰，宣傳和統戰工作

從比較傳統的觀點來看，中國想要滲透台灣社會，多半是以傳統的間諜手法來進行。重要軍事設施，像是雷達站、海軍和空軍基地，向美國採購的武器，以及台灣政府使用的通訊系統，這一直被中國間諜機構列在它的情蒐名單上。透過各種情蒐手段，收買各種資源和網路作戰，人民解放軍和中國政府單位就可以竊取到各種情報，因而對他們的意識形態對手取得優勢。

外界對於中國比較不了解的，就是它多面向的政治戰手段，這種手段並非是去竊取機密，而是透過隱密和公開的手法去說服對方。從比較寬鬆的定義來說，宣傳戰和統戰也是這個持續性政治戰的一部分，這牽涉到北京政府幾十個部會，中國共產黨多個部門，以及，幾百（如果不是幾千）個工商企業、組織、團體、慈善團體、基金會和個人。

中國人民解放軍總政治部聯絡部，是「一個連結政治、財政、軍事行動和情報作業的單位」，並且充當這些工作任務的先鋒[5]。不消說，台灣就是它的首要目標，就人民解放軍本身來說，在台北和北京之間關係加溫之際，它的活動反而增強而非萎縮。最近幾年，針對台灣發動的宣傳和政治戰行動，大都涉及個人或是和總政治部／聯絡部有關的前鋒組織，全部統稱為三戰：就是心理戰、輿論戰和法律戰。想要搞懂所有這一切是一大挑戰，因為中國的政戰機構包括一層又一層的部會組合和組織，其中很多還是從事合法商業活動的。很多都是在香港註冊登記，這對他們很有幫助，可以比較容易進入台灣市場，避開台灣有關限制「大陸」公司進入的嚴格規定（不過，在馬總統任內，這些規定已經逐漸鬆綁）。

中國有很多組織，像是「中國國際友好聯絡會」，積極推動和台灣相似的組織進行交流。表面上，這些組織或團體跟一些極其有錢的組織有關係，並接受對方資助，像是「中華能源基金委員會」，它是中國能源大企業「中國華信」旗下的組織，這些組織積極舉辦會議、研討會、論壇和各種「文化」活動，由一些學者和年輕人在其中充當親北京和以中國為中心的宣傳主力。中國華信的另一個旗下組織「中國文化院」，在過去幾年，已經舉辦過多場海峽兩岸論壇。這樣的盛會，加上主辦單位負擔旅費和提供讚助，吸引很多人參加，因此，台灣方面的出席者就會自我控制發言，以便在將來還能獲邀，或是未來舉辦相關活動時可以得到補助。文化、茶，文學、視覺藝術、電影和佛教全都可以提供政治戰的舞台，並且很容易就經由它們滲透進入台灣社會。

引人注意的是，中國華信在台北101大樓有一間辦公室，用「中國海洋燃油有限公司」（China Ocean Fuel Oil Co. Ltd.）的名義從事活動。一般相信，很多畫廊都是人民解放軍總政治部／聯絡部的馬前卒，本地有些寺廟和多家企業也是。這些組織當中，有些也和台灣的大學合作，有時候，台灣省政府也會參加。跟總政治部／聯絡部有關係的人士，也會在邀請台灣官員訪問中國大陸一事上扮演重要的角色，甚至還會邀請反對黨，也就是民進黨的重要人物，像是謝長廷。根據報導，他訪問大陸的整個行程都是由這些人士安排的，希望能達到最高的宣傳效果。曾經是民進黨總統候選人的謝長廷和他的隨員們，是否了解這一切，甚至也值得懷疑。

很多參與這些活動的個人，也都是中國現任或是前情報官員。其中一個例子就是汪澍，他是中國華藝廣播公司的首席執行官，這家公司在二〇一四年十月在福建省福州市成立一家名叫「促進文化整合和增加文化同」的沙龍。最有趣的是，汪澍也是總政治部「311基地」（61716部隊）的司令員，這個基地被認為是「直接針對台灣進行心理戰和宣傳的前哨站」。據「2049計畫研究所」的石明凱（Mark Stokes）指出，作為一個副團級機構，311基地「等同於六個以台灣為目標的傳統導彈旅（隸屬於人民解放軍二炮部隊的五二基地）所加起來的地位」。311基地由「華信培訓中心」管理，而「華信培訓中心」又是由「福建華信（CEFC）控股公司」提供資金，「福建華信控股」則是之前提到的資產高達三百億美元的「中國華信」的子公司。

同樣的調查也顯示出，參與這些活動的整個系統的複雜性和牽連之廣[6]。汪澍也被看到曾經和許嘉璐一起露面，許嘉璐和「中國國際友好聯絡會」（CAIFC）、「中國華信」、孔子學院都有關係，並且是「尼山世界文明論壇」的主席，而這個論壇和總政治部／聯絡部的幾個組織也有往來，其中也包括「中國華信」。許嘉璐也是「中華文化發展促進會」（CAPCC）會長，這個促進會很積極參與推動兩岸和平協議和「再統一」。所以說，許嘉璐「主導」了中國政治戰的整體策略。

「中華文化發展促進會」也和設在香港的「中國評論新聞」（中評社）有密切關係，「中國評論新聞」是總政治部／聯絡部對台進行政治戰和宣傳工作的工具。「中國評論新聞」也有記者駐在台灣。

另一位有趣的人物是辛旗，他經常被看到和台灣的談判人員、學者和前官員一起出席兩岸會議，至少從二〇一一年起，他就是人民解放軍總政治部／聯絡部副部長，他也是「中國國際友好聯絡會」副會長和「中華文化促進會」副會長。辛旗曾是推動和台灣和平協議談判與統一談判的領導人物。據史托克斯和蕭羅素指出，辛旗也提議台灣和中國組成「兩岸和平與發展委員會」，用來擴大非官方的海基會與海協會管道，並且強烈支持兩岸聯合捍衛中國的海洋利益。有趣的是，據甘浩森（Roy Kamphausen）、賴大衛（David Lai）和施道安

（Andrew Scobell）在《人民解放軍在國內與海外：中國軍隊戰力評估》（*The PLA at Home and Abroad: Assessing the Operational Capabilities of China's Military*）一書中指出的，根據報導，中國在二〇〇五年中國起草所謂的《反分裂國家法》時，辛旗扮演很重要的角色。

其他很多表面上看來和善的組織或團體，實際上也參與以上提到的種種對台工作。這樣的組織或團體很多，像是四川國際和平與發展研究中心、全國台灣研究會、中國友聯畫院、中華統一促進黨、中華愛國同心會、中國統一聯盟（統盟）、中國民主進步黨、兩岸統合學會、中華黃埔四海同心會、中國全民民主統一會、海峽兩岸統一促進會、台海兩岸和平發展研究會、台灣一國兩制研究協會、中國民間保衛釣魚台聯合會、中華政黨聯誼會。

在台灣，佛光山文教基金會，蔡衍明的旺旺中時報業集團和中華新住民黨，以及另外其他一些團體，都曾經和上面提到的一些組織合作，舉辦過很多促進中華文化的活動，並且特別強調台灣是中國的一部分，或是扮演其他連絡角色。

這些只是在對台三戰中扮演某種角色的眾多公司和組織中的少數幾個。想要把它們全都找出來，並且細數它們的活動，幾乎不可能的，只要想想，中國共產黨投注了多少心力在這些計畫上，以及台灣海峽兩岸的一些億萬富翁也投下多少資源在這些計畫上，就會知道想了解它的全貌有多困難了。二〇一五年五月，台灣的國家安全局透露，它的人員發現，共有一百多個中國單位在台灣從事非法活動，其中有些從事的是會威脅到國家安全的活動。我們可以推測，他們之中有些是從事「地下工作」，就是進行間諜活動或政治戰，吸收人員，或是充當移動金錢的管道。這些只是我們已經發現的，或是沒有作好合法掩護而曝露身分的。另外未被發現的，可能還有很多，很多。

第二軌道外交（track two diplomacy），經常涉及一些學術圈和大學，討論的是領土爭議問題，像是東海的釣魚台列島（日本稱為尖閣諸島），但這個二軌外交好像也被中國共產黨宣傳部和解放軍總政治部／聯絡部滲透進去了。在某些情況下，這已經被利用來提出呼籲，或向馬政府施壓，要求和北京合作防衛在東海和南海的「共同利益」，以及對抗「外來侵略」。據報導，學生也被政治戰和統戰機構當成目標。

根據最近的報導，中國銀行（Bank of China）可能也被用來移動金錢去資助犯罪活動。發生在義大利的一個案例，中國銀行被捲入一次「大規模洗錢調查」中[7]，由此凸顯出一個風險，就是像中國銀行這樣一家合法的機構，也有可能被指派到台灣去從事類似的違法活動，像是提供資金給中國的地下組織，讓他們可以繼續進行地下工作，吸收工作人員，或是付錢給吸收來的人員等等。馬英九總統最近幾年開放了很多大陸行業，銀行業正是其中之一。中國銀行很積極在台灣活動，它的台北分行在二〇一二年六月二十七日開幕，就座落在繁華的信義區。

這些活動，即使它們只構成「軟實力」，而且表面上也沒有那麼有火藥味（事實上，它們的目的就是要創造相反的印象），然而，它們的目的還是要破壞台灣的民主，其作法就是創造依賴，培養資源，鼓勵自我檢查，並且使用它們強大的資源來排擠其他聲音，因此使得台灣海峽兩岸在文化和認同的討論範圍，變得越來越狹窄。人民解放軍的情報官介入這整個過程，讓人們不用再懷疑，像這種活動的終極用心到底是什麼。

最近發生在澳洲參議員王振亞，以及加拿大安大略省公民、移民及國際貿易廳長陳國治身上的爭議事件，已經顯示得很明白了：中國政府將會毫不遲疑地透過他的海外僑民去影響外國政府。王振亞在二〇〇三年移民到澳洲，陳國治則是在一九六九年移民加拿大，他們兩人都對中國共產黨在一九八九年六月對天安門廣場抗議活動的處理方式表達強烈支持[8]。陳國治在中國共產黨經營的刊物上，把中國說成是「我的祖國」；陳國治也被認為已經吸收一些親北京的官員組成一個網絡，其中一些官員還被發現涉嫌對批評北京的一些中文報紙進行新聞審查[9]。用不著說，陳國治的雙重效忠態度代表了嚴重的利益衝突，因為他很明顯的是想要影響加拿大的貿易與移民政策，使其有利於中國，也許還會傷害到加拿大的民主。這也表示，親北京的代理人正在影響坎培拉和渥太華對台灣的政策。這樣的發展和在台灣的發展，是同時進行中的，這很容易就可以看得出來。

大企業

高知名度的台灣工商大亨向政府（以及社會）施壓，要求採取贊同放鬆台灣海峽兩岸貿易與經濟規定的政策，並不是在馬總統上台後才開始的，兩岸商業交流同樣也不是從二〇〇八年才開始。但是，中國政府操縱和利用台灣大商人影響政策和扭曲台灣民主的情形已經大幅增加了。

在當選幾個月之後，陳水扁總統就已經受到在大陸設廠的大商人的壓力，要他放鬆經濟政策，因為很多商業大亨認為這些政策過於嚴格。例如，台塑集團創辦人王永慶就在二〇〇〇年十二月痛罵陳總統緊守「戒急用忍」的大陸政策，沒有採取必要行動去改善兩岸經濟環境。王永慶要求陳總統作很多事，其中之一就是要求陳總統承認「一中」原則——對民進黨來說，這是不可行的。台積電董事長張忠謀和廣達電腦董事長林百里（在二〇一五年，林百里在台灣最有錢的人排行中名列第六），他們也參加了陳總統和王永慶的會議，表達相同的感受，並呼籲放寬限制[10]。

在同一時期，像奇美實業這一類的台灣企業，他們的老板則發言支持陳總統和民進黨，結果，他們都被歸入「綠」營，中國官員並且警告大陸的其他公司，不要購買他們的產品，結果造成這些公司蒙受重大損失。在二〇〇五年，就在奇美公司準備在中國大陸進行一項重大投資時，奇美創辦人許文龍向中國壓力屈服，發表退休聲明，他在聲明中說，「台灣和大陸屬於一個中國」[11]。

在中國大陸擁有營業據點和工廠的幾家台灣企業，在這幾年來已經學會隱藏他們的政治色彩，以避免和中國當局惹上麻煩。沒有這樣作的台灣企業，則經常會遭到地方執法單位為難、騷擾和發生不愉快。為了確保生意順利，他們經常被迫去散播中國共產黨的宣傳，即使他們一點也不相信那些宣傳話語，不過，這樣作的結果，還是會助長要求拉近台灣海峽兩岸關係的呼聲。台商組織也加入，試圖影響並協助推動國民黨的中國和經濟政策。雖然這些行動大部分都是正當的，但其中有些則是中國共產黨安排的，像是二〇一五年五月國民黨主席朱立倫訪中期間所發生的董淑貞事件，就是很清楚的例子。

在馬於二〇〇八年當選總統後，台灣企業變得越來越依賴中國大陸市場成長和生存，以大陸為基地的一些台灣大商人於是向台北的政府施加更多壓力，要求取消對於大陸的投資限制。他們需要進入中國大陸正在蓬勃發展的市場，一方面出售商品，一方面則要搭上中國大陸的供應鏈，因為中國已經成為「全世界的製造工廠」，台商為了要保持自己的競爭力，必須利用大陸的低廉勞工。中國大陸寬鬆的環保法規和工作條件的規定，也是吸引台商的要素。在二〇一〇年六月簽署的「海峽兩岸經濟合作架構協議」（ECFA），是兩岸的第一項重大經濟自由化協議，接下來還有另外幾項協議和針對特定產業的放寬法規。

經過一段時間後，幾項行業，像是觀光業，變得極其依賴中國大陸市場，因此轉而大力遊說，向政府施壓，要求進一步放寬每天准許進入台灣的大陸觀光客人數，最後並開放大陸自由行旅客。因為政府放寬管制而獲利的公司和行業中，有很多都和地方官員或國民黨有關係，這也是用來獎賞馬總統中國政策的支持者，以及懲罰反對者的一種方式。這創造出「勝利者」和「失敗者」，並且能夠進一步解釋，為什麼ＥＣＦＡ和後來達成的協議所產生的國內生產毛額（ＧＤＰ）成長，對於整個世代的財富只產生了很微小的影響。只有少數人發財，多數人並沒有獲利，其餘則被迫退出市場。

國民黨和中國共產黨連手，以及兩岸自由化產生的動力，為工商界創造出重大激勵，讓他們歡欣鼓舞。更助長這種氣勢的是，民進黨一向被認為在經濟上比較「弱勢」，而且，因為意識形態的關係，它也無法或不願去擴展兩岸關係到讓工商業界可以獲利的程度。

因此，在二〇〇八年和二〇一二年的總統大選中，很多高知名度的商業領袖跳出來，清楚表明他們支持國民黨候選人，並且威脅說，如果民進黨候選人當選，將會造成經濟大災難。雖然在對中國開放台灣市場方面，民進黨確實比較保守，但這種恐懼也太過頭了。不過，很可笑的是，這樣的說法還是一再在商界、媒體和各國首都被重複提及。

對民進黨更不利的是，台灣方面的兩岸高層談判人員中，有一些是在中國有商業利益的，或是他們的家人在大陸作生意，但很多觀察家似乎完全沒有看出裡面所存在的利益衝突。這樣的家族，最明顯的莫過於海峽交流基金會（海基會）的董事長江丙坤，他是馬政府時代的海峽兩岸問題的首席談判代表，他在中國大陸有一些商業利益，據反對黨說，基於這項事實，他就不應該擔任這項職位（江稱這些是「不負責任的誹謗中傷」）。

感到有機可乘，北京開始利用這些大亨，而國民黨也仰賴他們在經濟方面打擊民進黨的聲望，以達到宣傳目的。他們之中越來越多人開始支持親北京的立場，包括所謂「九二共識」，就是北京默認兩岸可以繼續談判的基礎。他們之中的很多人都改變立場，或是支持跟魔鬼打交道（浮士德交易），這些人包括前面提到的蔡衍明、鴻海科技集團董事長郭台銘、長榮海運董事長張榮發、國泰金融控股股份有限公司董事長蔡宏圖、遠東集團董事長徐旭東，以及另外很多人。

郭台銘二〇一五年時，是台灣第二最有錢的人，身家高達六十七億美元，親身介入台灣的選舉政治，經常在地方造勢大會上和國民黨籍候選人一起站台，並且保證，只要當地選民作出「正確」選擇，他就前往當地投資。大膽直言的郭台銘也企圖在太陽花運動占領立法院期間介入干預，這種怪異的舉動，不禁讓人懷疑，像他這樣跟中國關係密切的大商人究竟有什麼意圖。郭偶而也表達出對民主的不滿，但他表達的方式總是很奇怪，會讓人連想到中國共產黨對類似問題的看法。例如，在二〇一四年五月，他哀嘆：「公民運動已經浪費掉人才，和浪費國家資源，」他接著又說，「民主不會把食物放在桌上。」

在那一個月，郭也威脅要停止繳稅，如果「國家通訊委員會」不通過他的4G投資案的話。這個案子如果通過，將會引進中國華為所製造的通訊基地台，而華為跟人民解放軍有很深的關係，很多西方國家的安全機構——包括台灣的國安局——都對這家公司抱持懷疑態度。

在二〇一五年，郭台銘再度利用他的地位和財富來干預政治，這一次已經提升到大都市層級，他買下六家中文報紙頭版的半版廣告，就工程問題向台北市政府施壓，台北市長柯文哲把這項舉動解釋成是「企業的威脅」。同年六月，郭台銘高薪聘請前台北市警察局信義分局局長和他的妻子。柯文哲市長曾經公開斥責這位分局長，因為他沒有採取行動處理在台北101外面廣場上一再攻擊法輪功的一個支持統一的團體[12]。這讓人很難不把高薪聘請此人的作法，解釋為是在打柯文哲市長的臉。

另一位已經不當影響台灣民主機制的富裕企業家，就是遠雄建設董事長趙藤雄。他在二〇一三年哀嘆說，在過去十年當中，「社會正義」和公民運動已經遏制了台灣的經濟發展。換句話說，在他看來，健全的民主不利追逐金錢——所以，對有錢有勢者不利。趙本人很快就成了「社會正義」的受害者，因為公民運動者開始在台北大巨蛋工地抗議，這項工程早就很不受歡迎，而在遠雄開始砍掉兩條大馬路兩旁的樹木之後，引發了更大爭議。就跟在其他地方發生的一些爭議工程一樣，遠雄公司竟然採取暴力回應，並且表現得像是犯罪幫派那樣威脅公民社會。後來，趙藤雄面臨行賄指控，同時也成為台北市長柯文哲的攻擊目標，因為柯在檢討台北大巨蛋的招標過程時，發現裡面有不當之處，可能涉及貪腐。

採取親北京立場的台灣商業領袖名單裡，也包括了宏達電董事長王雪紅，她是前面提到過的王永慶的女兒。為了能夠進軍龐大的中國大陸手機市場，以及面對其他手機製造者越來越激烈的競爭，本來一直以身為台灣人為傲的王雪紅，開始自稱自己是中國人。王也被指控，允許中國當局使用宏達電手機監控中國大陸的異議分子。這些指控一直沒有獲得證實。

此外，王雪紅強烈的基督教信仰，也許也可能在她想要迎合中國政府的渴望裡扮演重要角色，因為，她的信望愛基金會（Faith-Hope-Love Foundation）如果想要繼續在貴州——中國最貧窮地區之一——從事活動，一定要得到中國的許可。貴州盛華職業學院（Forerunner College）是用王雪紅捐贈的二百八十一萬美元成立的，提供三年的免費或低學費教育給來自低收入家庭的學生。王雪紅的丈夫陳文琦屬於重生教會，並且是威盛電子董事長，而盛華職業學院則由威盛電子管理。王雪紅在二〇〇一年接受訪問時，形容威盛電子是「神的公司」。

除了提供住宿和教育，基金會的主要目標之一，就是傳播福音。ChristianVolunteering.org這個網站上就列出前往貴州盛華職業學院當志工的機會，並且形容這是「對基督徒來說很偉大的志業」。毫無疑問的，要學生改信基督教是這家學院努力的主要目標之一。以中國共產黨嚴格管制宗教和嚴厲打擊「地下教會」的作風來看，王雪紅竟然有能力在中國大陸設立這樣的學校，這就讓人不得不相信，這一定和她願意在某些方面作出交換有關。

大企業對台灣民主的負面影響是實質性的，因為高知名度的商業大亨可以使用他們龐大的資源和影響力，來將他們的利益擴展至最大，而當他們這樣作的時候，有時就會犧牲掉一些國家利益，並且會讓台灣人民在他們所享有的自由和國家主權上付出代價。既然已經知道金錢是中國共產黨用來把台灣更拉近它懷抱的工具，那麼，貿易協議、投資，和其他交易都不能單純視為只是交易而已，在牽扯到台灣海峽兩岸關係時，所有一切都是政治。因此，即使這些商業鉅子也許並不同意北京的意識形態，但他們還是經常會作出符合中國策略的決定，或是去影響台灣政府的決定。到最後，他們的行動將會縮減台灣的運作空間，以及限制台灣人民在決定他們前途時的選擇。

媒體

因為具有讓大眾得知消息的能力，並能充當監督當局的角色，所以，媒體也成為中國共產黨的一個戰場。因此，中國當局才會大力壓迫中國大陸的新聞業（和「謠言」），勒令關門、罰款和逮捕，中國共產黨這方面的行動十分成功，也因此成為在二〇〇八年北京奧運後，中國方面破壞承諾最顯著的例子。本來從事調查報導的記者被迫轉入地下，被驅逐出境的外國記者，或是無法再取得工作簽證的外國記者，人數方面近幾年來都有可觀的增加。北京也毫不猶疑地封鎖在中國大陸的外國新聞通訊社，以懲罰那些不遵守中共規定的外國通訊社，因此創造出對自我檢查很有利的環境。彭博新聞、路透和紐約時報，都是最近面對這種左右為難困境的主要外國新聞媒體。香港媒體也陷入困境，主要是因為香港的工商企業現在都很依賴中國，或是被中國企業併購，因此造成香港新聞媒體的自我檢查。正因為如此，英文《南華早報》（*South China Morning Post*）才會開除一些很有名的新聞記者和編輯。

中國國務院新聞辦公室充當新聞管理機構的角色，並且使用它的龐大力量來確保媒體不會偏離「正確」的路線。在和中國共產黨的宣傳部、中國新聞出版總署、國家新聞出版廣電總局，以及國務院工業和信息化部合作之下，新聞辦公室執行新聞檢查的工作，範圍遍及出版、廣播和網路，並且確保在觸碰敏感話題時，像是政府貪腐、環境災難、公共衛生、分離主義，當然也包括國防，媒體都會根據官方媒體提供的指導方針來報導（當一家媒體刊登或播出一些敏感的訊息時，就會由當局來進行審查，審查標準只有領導人知道，如果被認為報導不當，應該負責的記者或編輯就會遭到懲罰。）根據沈大偉的研究，中國有十家主要的媒體集團，他們都必須和中國共產黨維持良好的政治關係，以確保有良好收入，因此，他們必須遵守北京的新聞檢查規定，以及避開「危險」的話題。

當然，像這樣由國家來控制資訊的情況，和台灣「失控」的媒體環境，正好形成強烈對比。在台灣，幾乎任何事情都可以報導，甚至包括造假在內。雖然並不強烈鼓勵調查性報導，但是當這種情況發生時，以及當政治醜聞被揭發後，負責的記者、編輯和媒體都不會因為他們的行為，而被逮捕下獄、罰款或是媒體被勒令關門。還有，謝天謝地，他們也不會有被親北京的幫派分子暴力攻擊的危險；過去幾年中，在香港就有多位媒體大亨和編輯遭到這樣的攻擊。換句話說，台灣的媒體是「自由」的，雖然說，現在已經有會造成利益衝突的媒體集團出現，但這即使在「成熟」的民主裡，也有這種現象。

破壞台灣的民主機制是中國策略的一部分，所以，它也尋求腐蝕島上的新聞自由，以便控制訊息的傳播，和創造出對中國比較有利也比較能促進統一終極目標的環境。間接的，中國共產黨可以從在中國大陸有實質商業利益的媒體集團那兒獲利。其中最主要的就是蔡衍明的旺旺中時集團，這家媒體集團在台灣控制了印刷、廣播、電視台以及有線電視等多種媒體。該集團董事長蔡衍明是大中國區最有錢的富翁之一，並且是台灣排名第一的億萬富翁，他個人財富估計在八十三億美元，在中國大陸靠食品和飲料致富，目前在大陸擁有旅館和醫院，並且投資房地產。蔡控制下的媒體都採取親商和親北京的立場，因此，中時電子報、《時報周刊》和中天電視都會作高度的新聞自我檢查，在報導涉及兩岸關係的新聞時，都會謹守北京的路線。

還有，我們不會在《中國時報》的版面或中天電視的新聞播報裡，看到或聽到對北京的人權紀錄和對西藏與新疆高壓政策的批評。蔡先生在二〇〇八年取得中時報業集團後，已經造成該集團新聞報導品質的惡化，並且嚴重政治化，偏向國民黨和北京。某些分析家也指出，在取得中時報業集團後，蔡先生開始在北京受到貴賓級待遇。

中國高級官員已經訪問過中時集團的攝影棚，蔡先生同時還和中國共產黨控制的福建日報報業集團合作，推出《兩岸傳媒》，這是一家專門報導「海峽兩岸媒體與文化事務」的雜誌。

在一個已經因為疏於查證和造假而臭名遠播的媒體環境裡，蔡先生控制下的媒體集團更是自成一格。最近幾年來，已經有多位編輯和記者憤而辭職，或是提早退休，因為他們被迫具名撰寫不實的報導來攻擊那些批評馬政府的人，包括支持學運的前中研院研究員黃國昌，以及學運領袖陳為廷。後來，這樣的造假手法更成為正常的作業模式，尤其是在二〇一二年和二〇一三年，因為蔡先生企圖收購壹傳媒在台灣的業務，被批評者說這會創造一個由中國「黑手」在幕後操控的「媒體怪獸」，而引發越來越強烈的抗議行動之際；以及在二〇一四年太陽花學運占領立法院期間。另外，蔡先生還意圖收購中嘉網路和壹傳媒擁有的有線電視，蔡的打手因此對負責審核此一收購案的國家通訊傳播委員會（NCC）的官員施加強大壓力和謀殺他們的人格，這都嚴重妨害了民主程序。

用不著說，萬一蔡先生成功收購了壹傳媒，那麼，被中國共產黨視為眼中釘的《蘋果日報》可能就會遭遇跟《中國時報》或香港《南華早報》相同的命運。少數還在批評北京（和國民黨）的媒體之中的一家，將會被消滅掉了（這可以解釋，為什麼《自由時報》集團的一些高層似乎很希望這件收購案能夠成功，因為這很可能對《自由時報》的銷量有正面影響）。

中時報業集團除了在太陽花占領期間提供嚴厲批評學運學生的「報導」和評論，一項調查還發現，跟中時集團有關的一些公司可能還進行「電子戰」。例如，有人想要把描述鎮暴警察在二〇一四年三月二十三日到二十四日將學生逐出行政院時動作太過粗暴的文章貼到維基百科的網站上，但卻不斷遭到一位網路用戶的封鎖而無法上傳，追查這名用戶的 IP 位址後發現，這名用戶屬於中時旺旺集團旗下的一家通訊公司，這家公司在台灣和中國都有營業。

蔡先生還被指控允許所謂的「置入性行銷」——就是由大陸各個層級的地方政府製作好廣告，然後把這些廣告當成新聞刊出。在大部分情況下，置入性行銷的處理流程大概如下：中國大陸的某個地方政府付錢給台灣的新聞媒體，要求在某位中國省長、市長或代表團訪問台灣時，配合同時刊出「正面的新聞報導」。

用不著說，用這樣的方法來支持和中國的各種貿易或其他協議，這樣的誘惑是很強烈的，而自置入性行銷的運用在幾年前被揭發之後，這樣的機制現在應該已經變得更為完善。自從取消中國對台灣投資的限制之後，來自中國的廣告就大幅增加，新聞媒體在直接取得這樣的廣告後，就可以根據對方的需求，自行製作新聞和評論，連置入性行銷也不用了。

除了蔡先生，其他台灣的億萬富翁也尋求收購台灣的新聞媒體。前面提到的鴻達電董事長王雪紅，就是在二〇一一年收購香港TVB電視台的投資集團中的一分子。二〇一五年一月，TVB出售它在台灣事業的大部分股權：TVBS（無線衛星電視台）時，台灣三家投資公司——利茂投資有限公司，德恩投資股分有限公司和連信投資股分有限公司——聯手吃下這些股權。據說，這三家投資公司都和王雪紅有關係[13]。

跟王雪紅一樣，郭台銘和富邦集團董事長（也是台灣最有錢的人之一）蔡明忠，很久以來也一直想在台灣收購媒體。不用說，這些在中國大陸經商的大企業，如果成功收購了媒體，將對台灣的新聞自由產生重大影響，更會影響到一般大眾能否取得必要的資訊來作出明智決定。

此外，媒體為了想要拿到廣告收入和相關的好處，就必須在新聞報導上先進行自我審查，這就表示說，那些還在進行公正的調查性採訪，或是繼續批評中國或在台灣的親北京當局的媒體，將無法拿到廣告費，因此，在財政上會一直處於不穩定狀態，但大型的媒體集團則不會有這樣的問題。在馬政府時代，在發生重大政治事件後的第二天早上，只要比較一下台灣各大報紙的頭版，通常就可以了解這種情況：親北京和親國民黨的報紙都會由一些大公司刊登全版或半版的廣告，而支持民進黨或以台灣為中心的報紙，則整個頭版都是新聞報導和新聞照片。例如，二〇一三年八月十九日，《自由時報》和《蘋果日報》的頭版，全都用來報導前一天晚上的新聞事件：抗議群眾從總統府前的凱達格蘭大道出發，前去占領內政部，抗議政府一連串的強迫搬遷和拆除行動；相對的，《中國時報》和《聯合報》的頭版則是香奈兒（Chanel）的全版廣告。很快的，事態就變得很明顯了，大企業（中國的大企業或是很想要攻占中國大市場的大企業）可以拿不下廣告當成武器，用來懲罰那些因刊登引發爭議的新聞而造成麻煩的媒體。

自我審查的寶劍也沉重地懸吊在電影業的頭上，台灣電影公司和中國及香港電影公司之間的合作關係，反而對於應該製作何種題材的電影造成負面影響。跟新聞媒體一樣，製片和導演的作品，如果被認為是支持獨立或是碰觸到會讓北京皺起眉頭的題材，將會越來越被邊緣化，直接的影響則是他們很難再爭取到資金，也無法讓他們的影片在更大的市場中發行。

想要進軍廣大中國市場的動機也對台灣新聞自由造成一些傷害。例如，民視和三立電視據說都因此不再製作批評中國的新聞性節目。以三立電視台來說，它就停掉了一個談話性節目，因為主持人在節目公開批評中國共產黨，三立希望以此來換取它的娛樂性節目可以在中國大陸播出（這個談話性節目的主持人一直沒有證實，他的節目被停，是否和電視台老板想要進入中國市場有關）。

旺旺中時集團的情況則大為不同，因為它享有可以順利進入中國市場的優勢，這是台灣其他媒體只能夢想的。但它也因此不鼓勵它的記者去從事真相的報導，而只是要求他們報導「安全的新聞」（例如，商情、旅遊、人文趣味等等）和宣傳。其實台灣人民現在比以往更需要知道中國大陸的政治與社會發展。但能夠提供這種服務的媒體卻不願意這麼作。

根據「自由之家」二〇一五年的《新聞自由》（*Freedom of the Press*）報告，源自中國的網路攻擊，也對台灣的新聞自由構成嚴重威脅。例如，《蘋果日報》和其母公司壹傳媒的香港與台灣網站，在二〇一四年一再成為所謂「阻斷服務攻擊」（DDoS）的目標，造成這些網站在六月十八日「完全崩潰」[14]。很明顯的，在台灣海峽高度緊張的時刻，類似的攻擊很可能會被發動來對抗在台灣和海外的其他媒體。

另一項令人擔心的發展，可能會對已經遭到種種限制的台灣記者在報導中國大陸的新聞時產生負面影響，那就是跟中國在二〇一五年六月通過的新版《國安法》有關。這項新法載明在中國大陸、香港、澳門和台灣「所有中國人」的義務，這可能會對台灣新聞記和專欄作家造成很嚴重的法律問題，也就是當他們在報導被故意模糊定義的「國家安全」範圍內的各種話題的時候。例如，該法第八十一條規定「「違反本法和有關法律，不履行維護國家安全義務或者從事危害國家安全活動的，依法追究法律責任」。

根據「香港記者協會」（HKJA）最近指出，這項新法「涵蓋範圍過於廣泛，不符合由國際專家訂定並被廣泛引用的『約翰尼斯堡關於國家安全、言論自由和獲取信息自由原則』，易被濫用，侵擾人權。[15]」

「台灣新聞記者協會」也發表聲明指出，該法的治外法權漠視「中華民國台灣是主權獨立的國家，和中華人民共和國互不隸屬。[16]」如果付諸實施，中國的新《國安法》將會迫使任何經常前往中國工作的台灣人，避免撰寫可能會被認定是「違反」新《國安法》規定的題目。當然，任何提到台灣是獨立國家的說法，或是支持台灣獨立的活動，都被列入違反《國安法》，因為這已經構成「分裂主義」，是所謂的「三惡」之一（另外兩惡是「恐怖主義」和「宗教極端主義」）。

島內代理人

馬總統和中國足足打交道四年，在這段期間，他的政府終於能夠開放大部分（如果不是全部的話）的「低海拔」水果給北京，而這也是北京垂涎已久的。不過，很快的，在他的第二任任期開始，中國共產黨明顯失去了對他的耐心。時間已經很急迫，但馬卻一直無法啟動和中國的政治會談，而這樣的會談則是雙方交往的終極目標——至少，中國共產黨是如此看的。

在競選連任競選活動的末期，馬提出了和中國簽署「和平協議」的想法，這是嚴重失言，不但引發反彈，也提醒了馬和北京，像這樣的問題爭議度仍然過高，想要處理這種問題的時機還未來到。為了想要贏得總統和立法院選舉，馬和他的國民黨別無選擇，只能自己戳破這個試探性的氣球，「和平協議」就此被束諸高閣，不再提起。民主壓力再一次再度迫使政府作出修正。在中國，有些學者開始表達出他們對馬政府的失望，指責它「作事拖拖拉拉」，是一位沒有出櫃的支持台獨的總統——在台灣本土批評馬的人聽來，這樣的指控實在是有點怪，因為他們認為，他不過是北京的一個傀儡罷了（在我看來，他兩者都不是）。

展望他在任的最後四年，馬總統一定也知道，他已經沒有多少時間來完成他所想要的，就是希望奠定他是製造台灣海峽「和平」的政治家，或許還可和中國國家主席習近平舉行高峰會，甚至贏得諾貝爾和平獎。在現實情況裡，馬總統可能知道，他剩下的可能不到四年，因為在二〇一五年裡，很可能就會開始湧現二〇一六年總統大選前的競選活動，在那段時間裡，任何在政治上冒進的動作和太過偏離中間路線的舉動，都可能會傷害他的黨在大選中獲勝的機會。換句話說，台灣和中國關係的重大突破，似乎不可能在二〇一五年內發生，選舉壓力將迫使國民黨候選人緊緊抓住安全的「現狀」，也許甚至還會表現得比他們平常更加以「台灣為中心」的立場（馬自己就是這樣，他在選前都會強調台灣，但一旦上任後，就會再度回到中華民國，並且強調中華民國的中國根源）。

因此，在感覺到他的中國對手已經失去耐心後，馬開始暴衝。結果，他的第二任任期變得不被大眾信任，並且偏離民主程序。更糟的是，公民社會者開始關心起島內問題（例如媒體壟斷、強迫搬遷、裁減工廠工人、軍中死亡意外），最後並和那些反對馬的兩岸政策的勢力聯手，其中遭到最多反對的，就是「黑箱」作業的「服貿協議」。

在二〇一四年年初，這樣的勢力結合（我們將在第七章討論）幾乎讓政府停擺，並且破壞了馬（以及可以從中獲利的商界人士）要把北京想要的送到北京手中的機會。結果，太陽花運動讓「服貿協議」溺斃，在馬於二〇一六年下台之前都不可能實施。還有，這些事件也排除了後續的「服貿協議」的實施，可能造成在台灣和中國大陸開設辦事處的日程嚴重延後。太陽花運動嚴重削弱了馬的地位，讓他在自己的黨內陷於孤立，最後並且因為國民黨在當年的九合一選舉中大敗，而讓馬被迫辭去黨主席。

如果北京有稍微注意一下台灣到底發生了什麼事，以及注意到馬面對日益高漲的不滿聲浪的窘狀——只剩個位數的支持率，被人丟鞋，內閣閣員每天遭到抗議，內政部被占領——那麼，北京應該早在二〇一三年就發現，馬不再是他們想要的人，中國共產黨未來想要在政治上有所收獲，就決定於中國共產黨如何和目前存在於政府之外的力量合作。

而它確實就是這樣作了。因此，毫無疑問的，中國政治戰的加強，以及增加使用本章討論到的那些工具，正好就在馬失寵之後發生。北京過去從來沒有放棄和台灣政府的互動。它從來就沒有不這樣作過。但毫無疑問的，它現在已經被迫必須加強它在官方管道以外的活動了。

還好，北京早就已經有一張名單，上面都是它相信一定會伸出援手的個人。其中最主要、也最知名的公共人物，就是連戰：極度富有、投機主義和極度保守的前國民黨主席，他已經多次前往北京訪問，分別見過胡錦濤和習近平。連戰發揮過幾次功能。當馬總統還被視為是北京的夥伴時，中國共產黨利用連戰（這時他是國民黨的榮譽主席）向馬政府施壓，要求馬政府全力支持親北京政策。在這樣作的時候，一直跟馬關係並不熱絡的連戰，就表現得好像是國民黨內比較保守的一派，這也比較可以獲得中國的認同。因為這樣作的結果，馬就能讓他的政策顯得比較「溫和」。

其餘的強硬派人士，包括郝柏村和吳伯雄，也都扮演類似的角色，他們多次訪問中國，參加兩岸論壇。在這些論壇裡，北京對台灣「問題」的立場是唯一的聲音。更周邊的人物，像是新黨主席郁慕明和台灣新同盟會創會會長許歷農（中華民國前國防部總政治作戰部主任），以及一些比較不那麼重要的支持統一的人士，也都參與其中，並且前往在北京和中國官員會面。

當馬失去中國的歡心後，連戰這些人就成了北京利用的工具，讓北京可以繞過台灣政府當局，直接接觸台灣的基層。根據中央研究院社會學研究所副研究員吳介民的研究，連戰可能充當中國官員、中國資金和台灣基層之間的「中間人」。由連戰的兒子，前國民黨台北市長候選人連勝文在香港成立的一家基金會，根據金融界人士透露，據說和中國的「太子黨」有密切關係，猜測可能扮演著在台灣各地移動金錢、收買地方影響力的角色。

台灣的地方社區領袖和里長，一直是中國共產黨策略的主要目標，其作法是行賄和提供中國大陸旅遊的全部費用。作為回報，這些地方人士必須要設法影響選舉結果，方法是透過「集體投票」或買票（由中國出錢），或是向立法委員施壓，其中最重要的，就是要求支持投資中國的政策。值得注意的是，當中國國務院台灣事務辦公室主任張志軍在二〇一四年六月訪問台灣時，台灣的大陸委員會（主管兩岸交流的政府單位）竟然被排除在外，而由張志軍直接和台灣地方基層接觸。

在訪問台灣期間，張志軍多次要求不要台灣官員陪同，說他自己已經安排和地方人士會面。台灣方面同意了他的要求。據報導，張志軍會見的地方人士之一，就是在桃園會見郭雲輝，他是台灣村里長聯誼會會長。有趣的是，郭雲輝是連戰二〇一四年二月率領訪問北京的代表團成員之一，在那次訪問討論的主題之一，就是將來如何加強和台灣基層互動[17]。在張志軍訪台期間，據報導，郭雲輝也充當牽線人，安排中國官員和更多的地方人士會面，且一直向下接觸到鄉鎮層級。

也有一些報導指出，中國共產黨官員也在花蓮縣接觸當地的地方人士，他們在那兒也是使用類以的手法收買影響力。在那兒，中國共產黨受到花蓮縣長傅崑萁的大力幫助，傅縣長有「花蓮王」之稱，最近幾年來，他一直不曾掩飾他想要討好中國官員及投資者的心態。他的這種心態在二〇一四年八月達到最高點：傅縣長竟然向阿美族部落領袖施壓，要他們打破傳統，允許中國廣西壯族表演團體到阿美族馬太鞍部落及太巴塱部落（Tafalong）每年一度的 Ilisin 祭典儀式演出。對阿美族人來說，Ilisin 是極其神聖的儀式，絕不容許外人介入。當地阿美族部落的一位人士（我是在陳雲林首次訪台期間的一次抗議活動上第一次見到她）說，這整件事都是傅縣長一個人親自安排的。

還有一件事，在 Ilisin 的第一個晚上，部落的成員被要求在中國訪客面前表演舞蹈。Ilisin 是阿美族最重要的祭祀儀式（Ilisin 表示是儀式，Ilisin 則是表示「正在奉行祭儀期間」）。在祭儀期間只有定的部落成員可以參加（這項祭儀是在向阿美族守護神及祖先馬拉道致敬）。只有在很少見的情況下，才會有友好的部落人士在 Ilisin 的第一天前來拜會，並被當作貴賓招待。不過，除此之外，並不允許別人參加。

馬太鞍部落及太巴塱部落社區陷入分裂，不知道要如何對待這些訪客。雖然部落長老「並不真正知道這些人到底代表什麼，並且想要好好招待他們，因為他們都很天真，把這樣的表演看成『文化交流』」，但部落年輕人則想把這些中國人趕走，並且揚言，必要的話他們會採取直接行動。還好，有個名叫「馬太攻守聯盟」的小團體出面處理這個危機。最後，傅縣長向部落壓力讓步，並達成妥協。沒有中國人獲准參加這項儀式。

在台灣各地，越來越多的地方社區都遭遇中國的溫情攻勢，而且都是地方官員從旁協助的。比較貧窮和比較弱勢的社區，包括原住民部落，都是中國共產黨的主要目標，尤其是中國有能力花大錢來收買地方的影響力。像這樣的活動預料將會繼續進行，事實上，如果在二〇一六年一月選出的是一個在兩岸關係上比較不會快速自由化的政府，那麼，這樣的收買台灣地方影響力的活動，甚至還會加速進行。如果民進黨勝選，這種情況幾乎肯定會發生，甚至，如果綠營也同時在立法院獲得重大斬獲的話更是如此。

在這種情況下，很重要的一件事就是，當北京在台灣政府機構和傳統政黨中的夥伴越來越少時，它就越想要和地方階層的人士合作。台灣開放中國投資和觀光，以及放寬中國人在台灣各地旅遊的限制，已經使得這樣的互動不僅變得更容易，也是無法避免。

組織犯罪與黑道勢力

已經不記得是從什麼時候開始的，犯罪組織，或稱「三合會」，一直是中國當局用來搞定事情的工具。蔣介石和他的兒子蔣經國，在對抗共產黨的長期戰鬥中，經常仰賴幫派組織，像是上海的青幫，來侵蝕、騷擾和消滅他們的政敵。逃到台灣後，國民黨持續了這項傳統。最有名的例子就是在一九八四年十月，在美國加州德里市，劉宜良（筆名江南）被暗殺身亡。劉宜良是位記者，曾經寫過一本《蔣經國傳》。調查後發現，這件暗殺案和國民黨、軍方及竹聯幫這個幫派組織有直接關係[18]。

自從在北京取代了國民黨之後，中國共產黨也利用犯罪幫派的力量。過去幾年裡，他們之中的很多人開始在中國共產黨的統戰工作中扮演某種角色，並且善用中國祕密幫派和當年跟著國民黨逃到台灣的幫派之間的關係。中國三合會在台灣建立起據點後——這經常表示，要和當地的犯罪團體進行慘烈的戰鬥，台灣這些地方幫派叫作角頭，他們挺身而出對抗這些來自大陸的幫派——中國三合會一般都是從事跟犯罪組織有關的活動：走私槍枝、經營地下賭場、討債、賣淫、販毒、綁架勒贖（通常利用計程車行）等等。

就如美國新澤西州立羅格斯大學（Rutgers University）的陳國霖教授在他的著作《黑金：台灣的組織犯罪、商業和政治》（*Heijin: Organized Crime, Business, and Politics in Taiwan*）一書中說的，這些主要的三合會團體一點一滴地擴大組織，同時也發展出更多「合法」事業，像是營造和資源回收[19]。在這些轉型過程中，也同時出現幫派人物進入政界的情況；其中有多位成了立法委員，這給他們合法身分，不但獲得保障，並且肯定可以影響政府的政策。在那整個時期裡，犯罪組織成了地方基層的一部分，這種情況一直持續到今天，一些穿著黑色襯衫的人經常會出面威脅政治候選人和他們的支持者，拆毀政黨旗幟和布條，並且參與買票——這是在他們本身沒有參選的時候！

政府在一九九〇年代針對組織犯罪進行全國大掃黑，反而加速了這些黑幫的合法化速度；這不僅是因為傳統、街頭的犯罪活動威脅到整個犯罪組織，生意越來越差；也因為販毒和走私槍枝的利潤，遠遠比不上大工程，而黑幫經常只需要透過威脅和勒索就可以取得這些工程合約。

進入二十一世紀後，台灣主要的三合會已經開始追隨他們的香港和義大利同行的腳步；他們已經蛻變成商業組織，並以商業模式經營。第一代黑幫人士的子孫當中，有越來越多人到國外上商學院，學習各種需要的技巧，回國後用來經營各種賺錢的事業：營造工程、旅館，娛樂和其他行業。他們比起前輩們也沒有那麼強烈的意識形態。事實上，如果他們有什麼意識形態的話，那就是賺錢了。

結果，幾年前，當總部在英國的《詹氏情報評論》（*Jane's Intelligence Review*）請我對「四海幫」寫一篇長篇調查報導時，我很努力去找出更多有關於犯罪活動的資訊。一些低階的幫派成員經常被逮捕，罪名是經營賭場、應召站、或是販賣毒品和槍枝，但這些都屬輕罪。在我進行調查採訪時，一位服務於一家大報、已經採訪犯罪活動多年的台灣記者告訴我，這些被捉的小嘍嘍，或是他們的行為會引來不必要的注意而威脅到幫派本身的那些成員，經常會遭到暴力懲罰（被敲碎膝蓋之類的）。結果，我發現，我要找的四海幫其實很像是四海企業。事實上，四海幫的幫主甚至沒有犯罪前科！

幫派也慢慢退居到政治幕後。天道盟首任盟主羅福助曾經擔任過兩屆立法委員，但像他這樣的黑道人物已經越來越少。但是黑道人物一直藏身幕後，並且繼續對一些政治領袖有很大的影響力，這也使得貪腐一直是台灣政治的一個重大因素。

其中一個在台灣海峽兩岸政治扮演某種角色，以及充當中國共產黨代理人的幫派就是竹聯幫。特別是有一位人物，已經確保這種關係大為活躍，並繼續在台灣政治上發揮影響力。此人就是張安樂，綽號白狼。張安樂自稱是政治人物，強烈支持統一，曾經因為販毒罪名在堪薩斯州李文渥斯堡（Fort Leavenworth）的聯邦監獄服刑十年，並且間接涉及劉宜良被槍殺案。在美國執法單位大掃蕩時，另外有六名竹聯幫的成員分別在紐約、德州和加州被捕。張安樂在美國服刑期間還拿到兩個學士學位，後來假釋後回到台灣。一九九六年，他被指涉及一項工程圍標案，因此被迫從台灣逃到中國。[20]

在大陸期間，張安樂成立了「中華統一促進黨」。就如它的黨名所表示的，這個黨是在推動台灣和中國在「一國兩制」的模式下統一。據報導，二〇〇九年，西藏精神領袖達賴喇嘛在莫拉克颱風過後訪問台灣時，張安樂以遙控方式動員他在台灣的追隨者，抗議達賴喇嘛的台灣之行。各方也相信，在一些政治集會中，他對國民黨的候選人提供安全保護。同樣也在二〇〇九年，利用一家和黑社會有關的計程車行，張安樂也可能在幕後策劃了在桃園國際機場接走郭冠英的行動。郭冠英當時是中華民國行政院新聞局派駐多倫多台北經濟文化代表處的新聞組長，因為被發現他以范蘭欽為筆名發表了多篇侮辱台灣人的文章而遭到免職，後來還失去了公務員身分。從那時起，郭冠英就積極參與主張統一的新黨的活動，並且經常被發現出現在由中華統一促進黨或其他黑社會團體舉辦的集會上。

即使在二〇一三年回到台灣之前，張安樂就已經發展出和馬英九總統的關係。一般相信，馬總統的大姊馬以南曾參加由張安樂在深圳安排的一場募款會，幾年後，她又和張安樂一起現身由支持統一的人士在台北舉行的一場新五四群眾大會。據高安西指出，在胡石英位於北京的豪宅客廳裡，就掛著一幅有馬英九落款的書法。還有，張的副手李國榮，是位退役將領，曾經擔任中正國防幹部預備學校校長。

張似乎是從中國國務院台灣事務辦公室接收指令，並且推測由「太子黨」提供必要的金錢，好讓他收買影響力。

張安樂在逃亡十七年後，於二〇一三年六月回到台灣。因為他名列台灣的通緝要犯名單上，因此，他搭乘的飛機在台北松山機場落地後立即就被逮捕。在他回台的幾個小時前，幾百名支持者，其中很多人明顯就是黑道，身上有著各種刺青，這些人聚集在機場外面，等著歡迎他。在警察的護衛下，張安樂在胸前捧著一本他自己所寫、宣揚統一觀點的藍色文宣小冊子。被拘留幾個小時後，張安樂以一百萬元台幣交保。張安樂對《雪梨先鋒報》（*Sydney Morning Herald*）表示，擔保他回台的也包括幾位民進黨黨員，這顯示由張安樂、國台辦、和「太子黨」聯手編織的影響力網絡已經大為擴張。

恢復自由之後，張安樂迫不及待地投入政治。張安樂先前就已經否認他和竹聯幫還有任何關係，現在則說自己是政治人物，在台灣各地成立黨部（包括在台南，當地是支持台灣獨立的「中心」），並且出現在各個電視談話性節目裡，但他在節目中的表現並不好，甚至引來一同出席節目的新黨和親民黨來賓的憤怒，這些來賓還針對民主的運作向張安樂上了一課。（有些名嘴也指出，任何時候，只要張安樂一出現在攝影棚裡，身邊總是跟著一群外可疑的男子，這些可能就是二〇一三年時，在台北鬧區一家夜店裡，當張安樂在我旁邊一張桌子前坐下時，圍繞在他身邊的同一批人。）

我對張安樂返台時所捧的那本藍色文宣小冊子感到很好奇，於是在沒有事先約定的情況下就來到位於台北市民生東路的中華統一促進黨辦公室（幾個星期後，這間辦公室就搬到復興北路上，靠近南京東路路口）。張先生不在，一名六十多歲的男子招呼我進去，領著我穿過辦公室，來到後面，裡面有一位矮胖的男子，嘴裡咬著香菸，正在吞雲吐霧，兩腳還翹在桌上，他拿了幾本「和平統一，一國兩制」的文宣小冊子給我。接著我們進到進入後面辦公室前經過的那間會議室，裡頭擺設很簡單：一張桌子、一面很大的中華人民共和國國旗，以及一大塊的看板，上面貼著幾十張照片，都是張安樂和中國共產黨官員的合照（很明顯的，如果膽敢拍下現場的照片，那是相當危險的）。

隨著張安樂回到台灣，幫派政治如同洪水猛獸般跟著回來。張安樂和他的追隨著已經威脅過支持獨立的運動人士和台南市長賴清德，恐嚇和企圖收買一個推動向馬總統「丟鞋」抗議的組織，在二〇一四年十一月攻擊在國民黨候選人連勝文造勢大會會場外的抗議人士，並且分別在二〇一四年三月和四月太陽花運動占領立法院期間兩度出現在現場。第一次時，年輕的幫派分子在立法院外拿著刀和土製爆裂物威脅學運學生；第二次，四月一日，張安樂和幾百位口嚼檳榔的追隨者「路過」忠孝西路，靠近立法院，在這期間有幾個人遭到暴力攻擊。

每當中國官員——像是國台辦主任張志軍——前來台灣訪問時，不管這些官員走到哪裡，都會有幫派分子出現，威嚇在場的抗議人士，有時還會攻擊他們，警察通常就站在一旁看著，什麼也不作，結果造成了發動這次抗議張志軍訪台行動的台灣團結聯盟（台聯）立委和黑色島國青年陣線聯盟的年輕成員中，多人受到輕傷。類似事件也發生在二〇一五年五月底，國台辦主任張志軍和台灣陸委會主委夏立言在金門會談時。這些暴徒是否跟張安樂或竹聯幫有關，還有待觀察。但毫無疑問的是，他們必然和犯組犯罪織有關係，在意識形態上也傾向支持統一。

二〇一五年五月底，蔡英文和她的代表團動身前往美國展開重要訪問時，黑道人物也現身參加抗議蔡英文訪美。這些抗議者利用兩個計程車隊在桃園國際機場集結，並且揮舞旗幟和布條，要求蔡英文承認「九二共識」（有點好笑的是，在民進黨代表團回到台灣當天，同一群人也同樣聚集在機場，也同樣拉開抗議布條……不過，他們搞錯了航班：在清早六點就到機場，但民進黨代表團搭乘的班機在十六個小時後才降落，到了那時候，這些抗議者早就不見了。）因為張安樂已經宣布全力支持二〇一六年的國民黨總統候選人洪秀柱，而且，洪的意識形態似乎比馬總統更親北京，並被張安樂形容成是「十分勇敢的女性」，所以，用不著說，張安樂、他的追隨者和像竹聯幫這樣的團體已經決定好，在二〇一六年一月十六日之前準備要怎麼作了[21]。

在台灣，張安樂也跟張秀葉走得很近，張秀葉是親中國共產黨的中華愛國同心會創始人之一，而這個團體自從在一九九三年成立以來，一再被公開投訴有騷擾和暴力攻擊行為，並因此被取了「在台灣的共黨暴徒」的綽號。張秀葉在上海出生，後來嫁給台灣人，而在一九九三年搬來台灣。據報導，她在來到台灣之前，曾在一個「不知名的非政府組織」工作。來到台灣不久，她就和丈夫離婚了，兩人之間似乎育有兩名子女。

張秀葉的上司周慶峻也經常出現在台北１０１前的集會上，並且領導其他運動者在台北的其他場合對抗法輪功，包括國父紀念館。周慶峻在一九六一年逃離中國大陸，目前擔任中華愛國同心會會長，以及支持統一的中國民主進步黨主席。張安樂則是中國民主進步黨的「榮譽主席」。周慶峻也和中國共產黨內支持統一的組織——包括「中國和平統一促進會」——合作舉辦過多項論壇和會議。據報導，周獲邀參加在二〇一二年或二〇一三年舉辦的一場兩岸大型論壇。一般相信，這是透過國民黨前主席吳伯雄的幫忙，讓周參加這些活動的。周慶峻一直和朱正明有來往，而朱正明則是「世界關公文化促進會」的副會長，並且也是湖北省委統戰部海外中心主任。

就如本章稍早前討論的中國共產黨對台政治作戰的組織好像一層又一層的洋蔥，親北京的犯罪組織也形成環環相扣和利益重疊的複雜群組，很難窺其全貌，也許這就是本來的規劃，目的是要混淆敵方的反情報機構、執法單位和進行調查採訪的記者。例如，李國榮在張安樂政黨裡的角色就已經明白顯示出，這位前中華民國國軍將領，也是中國人民解放軍總政治部／聯絡部和其他政戰組織所要吸收的首要目標。

雖然張安樂的「網絡」也許是最顯著的，但另外可能還有一些犯罪組織的活動據點分散在不同行業。例如，這幾乎已經是公開的祕密：很多故意開設在全台各地軍事基地附近的私娼寮，就是由跟中國有關的犯罪組織所開設的，這無疑關係到國家安全問題。

還有，在台灣各地，很多按摩院和「髮廊」都是由黑幫所經營的。其中很多按摩小姐都是來自福建的年輕女性，由犯罪組織安排偷渡到台灣，其中有些可能跟中國共產黨有關係。

這些女性都住在店裡，或是住在工作場所附近，她們的自由都受到限制。雖然這些女性當中有很多純粹只是為了賺錢，但有些女性也許會被用來進行「額外」的行動，像是被當成「美人計」來誘惑一些官員或軍官。單純犯罪和政治工作之間的界限，確實是一條很細微的線，而這些事情每天都在我們眼前發生。

軍方

對台灣民主最直接的攻擊，是以威嚇的方式來進行。簡單來說，透過人民解放軍和第二炮兵部隊的增援和部署，經常舉行對台灣的模擬攻擊演習，以及在二〇〇五年通過像《反分裂國家法》這樣的國家法律，中國領導人企圖藉此來縮減台灣人民應該享有的民主選項，而這也適用於擁有民族自決合法權利的任何人，台灣無疑也包含其中。我們會在第十三章討論關於戰爭的威脅，而這樣的威脅將會對支持**法理**（de jure）獨立產生直接影響，因為，如果人民解放軍的入侵威脅不再是一個變數時，對法理獨立的支持就會相對高了很多。如果能夠把台灣人民公開支持獨立的人數減少到最低，那麼，北京將會在國際間創造出一種假象，讓很多觀察家作出如下結論：在台灣，支持獨立的只限於很少數的一群人，就如中國共產黨所說的那樣。

很自然的，戰爭的威脅也在選舉期間拿出來利用，目的是要在選民心中播下恐懼的種籽，這對跟北京走得很近的政黨有利，因為，這樣的政黨被認為比較不會在台灣海峽引發敵對氣氛。即使在決定採取這樣的威脅行動後，例如一九九五到九六年時，人民解放軍作出威脅，但卻產生反效果，反而讓他們不喜歡的候選人李登輝當選，但是，北京會再度作出這樣威脅的那種恐懼感——尤其是人民解放軍的戰力已經比二十年前改善不少——還是不能掉以輕心。在任何其他情況下，這將會被視為是對一個主權國家的民主程序的外來干預，因此是不合法的。不過，以台灣海峽的背景來看，像這樣的壓力已經成為正常敘述的一部分，是現實生活的一面。

總之，本章簡短描述的這整個「地下網絡」，可以充當準平行政府的角色，中國共產黨可以依賴它來完成政治目標。看得出來，北京加強這方面的努力的時間，是在馬總統第二任任期開始後，因為在那時，北京已經看得很清楚，民主壓力將使得馬和他的國民黨不可能完成北京想要的目標。如果二〇一六年的選舉產生的是一個比較偏向中間路線的政府和立法院，北京很有可能更會繼續依賴這些力量來腐蝕台灣的民主機制，希望能在台灣「問題」上獲得進展。事實上，因為這些力量都是在體制外運作，也就表示它們基本上都是非民主的。當然，結果之一就是不管誰被選入總統府和立法院，中央政府想要對抗越來越強大的中國影響力的能力都十分有限——除非，當然了，新的領導人大幅增加分配給國家安全項目的資源，以及推翻過去八年海峽兩岸的密切交往，但在目前，這是最不可能發生的。因此，雖然台灣的民主精靈已經逃出神燈，同樣的，中國「三戰」惡魔也逃出來了。

就如我們將在第十二章進一步詳細討論的，中國攻擊台灣的民主，主要並不是基於意識形態，而是因為它需要台灣變得更像它們自己，如此就可以讓統一變得更有可能。中國腐蝕台灣的民主，以便強迫台灣按照北京的條件來和中國統一，另外也希望因此可以避免使用武力來解決台灣「問題」。畢竟，使用武力來進行統一是最後手段，而且會對中國帶來極大的危險。

1 Tao Liqing, Margaret Berci and Wayne He, "Study Abroad," *New York Times* China Rises Companion. http://www.nytimes.com/ref/college/coll-china-education-003.html

2 Han Donglin and Chen Dingding, "Who supports democracy? Evidence from a survey of Chinese students and scholars in the United States," *Democratization* (Routlege, June 2015).

3 見 Chou, Bill（仇國平）, "Patriotic Generation - Political mission for tertiary institutions in Macau." http://hkcolumn.blogspot.tw/2015/01/bill-chou-patriotic-generation.html.

4 Shi, Tianjian, "Democratic Values Supporting an Authoritarian System," in *How East Asians View Democracy*, pp. 209-15. 用不著說，作為一個專制政權的公民，對於任何可能的競爭者的存在，都是抱持一種很偏執的態度，所以，在這樣的調查中，中國的受訪者都會避免作出支持政治多元論的回應，以免他們會被當局找麻煩。

5 見 Mark Stokes and Russell Hsiao, "The People's Liberation Army General Political Department: Political Warfare with Chinese Characteristics," Project 2014 Institute, October 14, 2013. http://www.project2049.net/documents/PLA_General_Political_Department_Liaison_Stokes_Hsiao.pdf

6 Cole, J. Michael Cole, "Unstoppable: China's Secret Plan to Subvert Taiwan," *The National Interest*, March 23, 2015. http://nationalinterest.org/feature/unstoppable-chinas-secret-plan-subvert-taiwan-12463

7 "Italian Prosecutors Seek to Indict Bank of China, 297 People," The Associated Press, June 20, 2015. http://abcnews.go.com/International/wireStory/italian-prosecutors-seek-indict-bank-china-297-people-31915694

8 Nylander, Johan, "Outrage In Australia After Senator Defends Tiananmen Massacre," *Forbes*, June 10, 2015. http://www.forbes.com/sites/jnylander/2015/06/10/outrage-in-australia-after-senator-defends-tiananmen-massacre/

9 Offman, Craig, "The Making of Michael Chan," *The Globe and Mail*, June 17, 2015. http://www.theglobeandmail.com/news/national/the-making-of-michael-chan/article24994796/

10 See Scott L. Kastner, *Political Conflict and Economic Interdependence Across the Taiwan Strait and Beyond* (Stanford: Stanford University Press, 2009), p. 68.

11 Kastner, p. 97.

12「李德威夫婦離開柯文哲　郭台銘聘到鴻海」，聯合新聞網，二〇一五年六月二十四日。http://udn.com/news/story/1/1012180-

13 「王雪紅四十六億買股，全面掌控ＴＶＢＳ」，蘋果日報，二〇一五年一月三十日。http://www.appledaily.com.tw/appledaily/article/headline/20150130/36359589/

14 《Freedom of the Press report, 2015. https://freedomhouse.org/report/freedom-press/2015/taiwan#.VX_AxhZD_zIhttps://freedomhouse.org/report/freedom-press/2015/taiwan#.VX_AxhZD_zI

15 Submission on new National Security Law of PRC in Relation to Human Rights Protection「三會就新國安法中的人權保障問題提交的聯合意見書」, June 2015. http://www.hkja.org.hk/site/portal/Site.aspx?id=A1-1354&lang=zh-TW

16 「台灣新聞記者協會反中國《國安法》聲明」，二〇一五年六月三日。http://atj.twbbs.org/tai-wan-xin-wen-ji-zhe-xie-hui-da-shi-ji/ji-xie-gong-gao2015/20150603jixieshengminggaotaiwanxinwenjizhexiehuifanzhongguoguoanfashengming

17 「郭雲輝建議走訪基層 張志軍聽進去了」蔡慧貞，風傳媒，二〇一四年六月二十六日 . http://www.storm.mg/article/22008

18 關於這整件案子，記載得最完整的是 David E. Kaplan 的 *Fires of the Dragon: Politics, Murder, and the Kuomintang* (New York: Scribner, 1992).

19 New York: M.E. Sharpe, 2003.

20 Garnaut, John, "China's rulers team up with notorious 'White Wolf' of Taiwan," *Sydney Morning Herald*, July 11, 2014. http://www.smh.com.au/world/chinas-rulers-team-up-with-notorious-white-wolf-of-taiwan-20140711-zt488.html

21 「誇柱柱姐有膽識　白狼張安樂：全心支持洪秀柱選總統」http://www.setn.com/News.aspx?NewsID=76837

第六章　香港：礦坑裡的金絲雀

從某些方面來看，那些擔心台灣未來能否繼續以享有實質主權地位的自由民主國家身分存在的台灣人，其實有個優勢：他們不僅知道中國共產黨可能會使用哪種已經通過考驗的策略來破壞台灣；也知道台灣如果成為中國的「特別行政區」，會是什麼情況。

對那些一直在注意國際情勢的人來說，很明顯的，在經過英國殖民統治一百五十多年（以及被日本占領四年）之後，在一九九七年回歸中國的香港，就是在預告在北京提議的「一國兩制」模式下、台灣可能的未來。有越來越多跡象顯示，「香港特別行政區」模式正在崩解之中，而北京對當地事務的介入，已經引發衝突和緊張，這對台灣來說是個警訊。如果北京不用尊重當地人民意願的方式來改善香港的情況，那麼，它在併吞台灣之後，表現甚至不可能更好，因為台灣的歷史、政治制度（我們必須記住，香港不像台灣，從來就不曾是一個民主政體），及其地理位置和「大陸」是分離的，這些因素使得台灣和獨裁中國的統一，甚至更為不可行。

早在一九八一年，北京就已大致提出台灣和中國「再統一」的提議內容：台灣特別行政區將享有高度自治，保有它的軍隊、社會經濟制度和生活方式，而且，北京不會干預台灣的當地事務。不過，北京很快就了解到，這項提議在台灣成功實施的機會很小，因此，中國共產黨轉而把注意力集中在香港身上。當時的假設是：如果香港回歸之後很成功，將有助於將來和台灣「再統一」。

香港最近的發展，包括學校課程中國化，普通話的地位高於廣東話，大批中國觀光團對社會造成的影響，新聞自由遭到鉗制，貧富差距擴大，資金外流，以及中央政府否決香港特首普選……以上種種都很明顯地顯示出，香港回歸雖然有很好的開始，但顯然無法一直維持順利。這也顯示出，將來中國在治理台灣特別行政區時，將會遭遇重大的挑戰，而且，這樣的政治聯盟將會侵蝕台灣人習以為常的自由。還有，北京在處理香港情勢時所表現的強硬態度，應該不會讓人再存有幻想，認為他們在處理台灣人的願望時會比較有彈性。儘管有種種跡象顯示，「一國兩制」在香港特別行政區裡已經行不通了，習近平還是在二〇一四年重申，同樣的模式會應用在統一後的台灣。

任何人如果依舊相信，回歸並沒有對香港造成壞的影響，那麼，這個人不是住在別的星球，就是他所接收的資訊只來自中國共產黨的宣傳部，或是宣傳部在香港的代理人。香港人對於眼前情勢的不滿情緒越來越高漲，終於在二〇一四年的雨傘運動中爆發出來，癱瘓了香港部分地區。雨傘運動很像同年稍早在台灣爆發的太陽花運動，參加者也大都是年輕學生，他們拒絕接受自己的前途繼續由極度不透明、高度貪腐的勢力來決定；而且，這些勢力所支持的意識形態，對年輕人沒有任何吸引力。

香港回歸帶給台灣的啟示

鑒於上述種種，再加上我們可以從香港特別行政區經驗得到的教訓，令人感到震驚的是，一般台灣人竟然鮮少去注意在香港發生的事情。雖然這有一部分要怪不負責任的媒體，就如我們所見到的，它們寧願去報導車禍和性醜聞，也不願報導正經事；但台灣人對香港缺乏興趣，還有更深層的原因。對大多數台灣人來說，在香港發生的事情跟他們沒有多大關係，因為他們很情楚——儘管北京的說法正好相反——香港特別行政區是另一個不同的國家裡的一部分。這種情況在每年的六月四日最為明顯；在那一天，只有幾百人聚集在台北的自由廣場，進行一連串的演講和音樂會，這和幾萬人在香港參加六四燭光紀念晚會形成強烈對比。

當年天安門廣場的學生領袖之一，後來被迫逃離中國、目前住在台灣的吾爾開希指出，台灣出席人數如此令人失望，並非政治冷感，而是一般台灣人認為，這些事情都是發生在外國土地上的，這是我們可以從台灣人腦海中獲得的明確訊號，在這件事上，無疑並不存在認同的問題。不過，雖然這樣的邏輯很難反駁，但台灣人應該謹記在心的是，北京並不是這樣看事情的，這表示，在中國境內發生的事情，對台灣都有直接影響。因此，台灣人在這方面欠缺想像力，將會是個危險的盲點。

基本上，香港作為中華人民共和國一部分的經驗，可以提供台灣兩項極其重要的啟示。第一，在香港回歸前被中國共產黨大加利用的「地下」勢力，在回歸之後，還是繼續被用來加強掌控香港特別行政區的每個層面，並借此來操弄整個制度，以迎合北京的中央政府的利益。只要我們能辨識出這些技巧，就可以了解北京一直在台灣各地積極培植的那些地下勢力，就如我們在前一章所討論的。第二項啟示就是，從香港的例子就可以看出，如果萬一將來台灣被中國併吞的話，會有什麼樣的未來在等著台灣。如果能從香港特別行政區看出任何啟示的話，那就是，北京先前保證，台灣的生活方式和政治制度的完整，都將在「一國兩制」的模式下獲得保障，這其實不用當真，就如同過去北京作過的任何承諾。

從很多方面來看，今天的台灣很像是一九七七年到一九八九年之間的香港，陸恭蕙（Christine Loh）在她的著作《地下陣線》（*Underground Front*）中，對香港在那段期間的情況有所描述，她說，當時中國共產黨的焦點在「取回」和「塑造」這塊殖民地[1]。因此，在一九九七年之前，中國共產黨在香港的活動都是透過一些由中國控制的組織來資助，包括中國銀行香港分行，而新華社香港分社則充當中國國務院港澳事務辦公室的香港連絡處，負責在當地接收和付出這些資金。據推測，最初在二〇一三年提議、準備在將來成立的台灣和中國之間的交流辦事處，將扮演類似的角色。中國方面的辦事處表面上將屬於半官方的海峽兩岸關係協會（簡稱海協會），但實際上是由國台辦所控制。但是，在太陽花學運占領立法院之後，兩岸互設辦事處和「服貿協議」都一起被擱置，因此，在台灣沒有辦事處的情況下，中國國台辦在表面上只能依賴中國的其他單位來完成這些功能。

大約在同一段時期，鄧小平說，統戰工作應該專注於如何使香港居民「愛祖國」。從某些方面來看，這很像是北京最近努力想要贏得台灣人民的「內心和意志」，方法則是對台灣發動宣傳、統戰和政治戰。在那段時期，中國共產黨也開始爭取親近北京的領袖在未來治理香港。一般來說，這包括在經濟上的一些甜頭，各方都相信，對董建華就是如此。董建華所經營的船務公司，當時財務吃緊，在北京出手後才免於破產，這得要感謝中國銀行提供的一筆信用貸款。

在一九八三年到一九八九年擔任新華社香港分社主任的許家屯，因為同情天安門廣場的抗議學生而逃到洛杉磯，最後被逐出中國共產黨，他在任內也安排了多位香港人士前往北京訪問，希望培養他們成為香港特別行政區的未來領導人。這兩種作法也在今天繼續實施，一團又一團的台灣政治人物和工商領袖也在進行類似的北京之旅，和中國家主席胡錦濤及習近平見面。

不管是當時還是現在，北京都尋求和資本家形成政治結盟，或是所謂的「政治吸收經濟」。這種合作過程，被政治學者盧兆興稱之為恩庇侍從（Patron-Client）的多元關係[2]，這表示，這種關係會同時創造出勝利者和失敗者：那些和北京合作的，都是富商巨賈，或是未來在決策或諮詢過程中將會扮演某種角色的人物，例如，讓他們出任中國人民政治協商會議（政協）委員。就如陸恭蕙所說的，統戰工作在這方面札根很深，「讓被選中的那群人慢慢習慣，身為統一之後機制裡的一員所獲得的甜美果實，如此一來，他們就會覺得有維持這種利益的必要」。

在此同時，那些拒絕和中國共產黨合作的，則被邊緣化，最後並且會在物質生活上遭遇重大損失。統戰工作也會排除和攻擊這些被視為「不愛國」的個人。

我們也已經見到了，幾乎一模一樣的程序已經針對台灣菁英和工商領袖展開了，唯一的差別只有，根據法律台灣人還不可以出任政協委員（不過，有些逃到大陸的台灣人，卻已經這樣作了）。

宣傳機構與人員滲入當地

在香港回歸之前和之後，中國的宣傳機構使用各種手段來完成它們在香港的目標。包括一再發布訊息向香港居民保證，回歸之後，他們的自由、生活方式和生活水準，都不會受到影響，同時在國際間大打模糊戰，攻擊個人，對批評者掛上標籤和對他們妖魔化（例如，指控他們「反中」），以及縮小爭論範圍（例如，在報導或評論中一再傳調，「只有一小群人反對回歸……」）。那些一直在注意兩岸政治發展的人，對這些手段一定感到很熟悉。

就如同對付今天的台灣一樣，在香港回歸前，中國共產黨必須把香港看成是「好像是敵方的領土」，就如同陸恭蕙說的，這表示必須使用「舊時代的革命戰術」和「第五縱隊活動」，目標是滲透香港社會。從一九八三年開始，中國共產黨中央委員會組織部發動一項計畫：派遣一些受過高等教育和擁有專業技術的幹部前往香港。陸恭蕙指出，共有五個單位負責挑選和審查這些人才：港澳辦事處、公安部、統戰部、僑務辦公室以及台灣事務辦公室。這些人才大都在三十歲到四十歲左右，他們一到香港，必須和新華社香港分社及「相關負責機構」保持連絡[3]。對中國共產黨來說，事先部署這些人有很大的好處，可以確保香港不會發生像中國鎮壓天安門廣場學生之後的動亂，尤其是中國的鎮壓行動，已經引起香港居民對中國未來統治的恐懼。

當然，被派到香港的中共幹部和被派到台灣的類似工作人員之間，在工作上還是有些不同的。例如，中共幹部可以進行集體投票來影響香港的立法局選舉，但在現行規定下，這在台灣是辦不到的——除非，當然了，這些來台的中共幹部先取得中華民國的公民資格，目前規定，這需要在台灣居住滿六年以上。目前有大約三十五萬中國配偶在台灣。即使他們必須先宣布放棄中華人民共和國國籍，才能取得中華民國國籍，但這也無法保證，這些大陸配偶，例如說，她們之中有些人是被中國情報單位派來台灣的，並不會從事支持中國共產黨在台灣目標的活動。

同樣的情況也適用於被派來台灣從事工作的那些中共幹部，在法規作過一連串修法後，這些人要來台灣已經變得更容易。雖然他們大部分都是來台灣從事合法工作的，但我們還是可以假設，其中有一部分是由國台辦或中國情報單位控制的。他們在台從事多種工作，像是收集情報，或是幫助資金流通，用來資助地下活動——幫派、賣淫、商人、新聞記者、大陸配偶等等。跟一九九七年前的香港一樣，當台北和北京的關係很好的時候，這些「細胞」可以潛伏不動，只有在大規模選舉前或雙方關係變壞時，才會出來活動。雖然中國共產黨的一個地下人員可以在台灣潛伏長達好幾十年，但在馬總統主政下的兩岸交流自由化，已經大幅增加了中國共產黨滲透台灣社會的能力，這種情況很像是一九八〇年代和一九九九年代初的香港。

新華社香港分社（以及後來設立的香港聯絡辦公室）的另一項任務，就是影響媒體。這主要透過以下這些方法來完成：媒體經營權換手，利用媒體老板在中國大陸的商業利益來綁住他們，或是任命這些媒體老板出任政治機構的要職。台灣親北京的億萬富翁蔡衍明本人就曾在二〇〇九年收購香港亞洲電視台（ATV）四七．五八％的股權，引來陸恭蕙質問，「統一陣線現在是不是已經在台灣海峽加強工作了」。

早在二〇〇七年，香港記者協會就已作過一次調查，結果顯示，在過去一年當中，三〇％的媒體工作者，都有過因害怕中國不高興而作過自我新聞檢查的經驗，四〇％的人說，他們知道有人已經這樣作。香港記協在二〇一四年作的一次新聞自由調查顯示，新聞自我檢查的現象已經十分普遍，媒體老板或管理階層也經常向記者和編輯施加壓力。以從〇到十的量表來表示（十代表十分普遍），媒體工作者把來自老板或管理階層的壓力定在六．五。還有，有跡象顯示，商業壓力和自我檢查，也已經對香港特別行政區的書店造成影響，批評中國共產黨政策，或是觸及像台灣、西藏和新疆這些敏感題目的書籍，越來越難在書店裡看到，或是根本就不會出現在書架上（本書的命運很可能就跟它們一樣）。

不過，整體來說，在香港回歸之前和之後那幾年當中，中國共產黨的統戰、宣傳和政治戰，其實是相當成功的。到一九九七年時，對回歸感到憂慮的很多人士——一九八九年六月四日發生的事件，更加深了這樣的恐懼——已經搬到海外，不會再對中國共產黨對這個英國前殖民地的統治構成直接威脅。至於那些留下來的幾百萬香港居民，他們並沒有看到他們的生活方式發生基本改變——至少在一開始沒有——而且，中國共產黨似乎也好像願意遵守聯合聲明的約定。「中英聯合聲明」是一份脆弱的國際文件，目的是要保護香港居民的生活方式，就技術上來說，這份文件的效力將在二〇四七年失效。

特別行政區的「一國兩制」，從開始就不對等

然而，早在北京還在和英國政府談判交出香港的條件時，未來不滿的種子已經種下，這也是為什麼北京不願尊重它不干預香港特別行政區事務承諾的原因。如果不是意外的話，應該就是如此。畢竟，中國共產黨一直對它政治制度的優勢很有信心，而且絕不容忍任何可能會威脅到從一九四九年以來就存在於中華人民共和國政治制度的基礎。

因此，從一開始，「一國兩制」模式就有缺點，大部分是因為中國共產黨列寧主義和高度干預主義意識形態和作法的結果。就如曾銳生在《香港近代史》（*A Modern History of Hong Kong*）中所寫，不管「一國兩制」這個模式有多「聰明」，可以允許中華人民共和國「能夠取回它的蛋糕（收回主權），還可以把它吃掉（保留香港的經濟功能）」，指導原則就是：「促進由共產黨定義的中華人民共和國的利益」。因此，香港必須替中華人民共和國保有

「積極價值」[4]。

鄧小平很有信心，深信中華人民共和國可以吸收基本資本義社會的固有矛盾，並且用來補足社會主義制度。不過，據曾銳生的觀察，這樣的矛盾只允許存在很有限的一段時間。「鄧小平從來就沒有打算要讓香港成為催化劑，也不願意讓它引發一連串的改變和反應，更別提要它去推翻或取代中華人民共和國的社會主義制度了。」如此一來，「如果香港要被視為是這種威脅的來源，那就要據此來處理它。[5]」

任何人如果還相信，中國共產黨會用不同的態度對待台灣，那他應該要去察看一下事實的真相。外國觀察者卻還是把此事看成是可能會引發中國變革和民主化的「催化劑」。

還有，儘管對中國共產黨的優越感抱持很大信心，鄧小平對香港卻不敢冒險。例如，他對起草《中華人民共和國香港特別行政區基本法》（這是香港特別行政區的「迷你憲法」，以下稱《基本法》）的起草人說：「他們不應該認為，香港事務應該全部由香港人處理。」因此，即使鄧小平「指示他的黨打破傳統，對香港網開一面，」但這並不表示，一直都能如此。此外，黨的意識形態很快就接手香港回歸的整個處理過程。

因此，對於如何規劃在中國統治下香港特別行政區未來的談判，一直都不是對等的，而且，對於誰才是最後的主政者，似乎從來沒有人表示過懷疑。這一點在《基本法》的第十七條規定得極其清楚，該條文說：中國的全國人民代表大會常務委員會有權讓香港法律失效，只要該會認為，香港特別行政區立法機關制定的任何法律，不符合中央管理的事務及中央和香港特別行政區的關係的條款。

此外，《基本法》第十四條規定，雖然駐守在香港特別行政區約六千名的人民解放軍，「不干預香港特別行政區的地方事務，」但是，這條條文裡卻以語意模糊的文字指出，香港特別行政區政府在必要時，可以請求這些駐軍協助。該條文說，香港政府「在必要時，可向中央人民政府請求駐軍協助維持社會治安和救助災害……」，中共派駐在香港的軍隊，必須根據中央政府決定在香港實施的國家法律規定來執行任務，這指的是第十八條規定的狀況：「**全國人民代表大會常務委員會決定宣布戰爭狀態，或因香港特別行政區內發生香港特別行政區政府不能控制的危及國家統一或安全的動亂，而決定香港特別行政區進入緊急狀態，中央人民政府可發布命令將有關全國性法律在香港特別行政區實施。**」

中國共產黨看不見的黑手因此伸進基本法諮詢委員會和基本法起草委員會，這兩個委員會的成員通常都是由北京祕密選定和批准的。基本法起草委員會共有五十九名委員（其中三十六人來自中國，二十三人是香港人），雖然這個委員會努力要尋求「不同族群之間的意見和利益的平衡」，但它的主要成員不是北京官員，就是北京信任的人——換句話說，就是中國的愛國者。基本法諮詢委員會是在一個月後（一九八五年七月）成立，但馬上引發爭議，因為被提名出任諮詢委員的幾個人選遭到否決，原因是一些有影響力的香港大亨不喜歡他們。此外，一個主要由商界菁英組成的組織，被稱作八九團體（Group of 89），最後承擔了諮詢委員會的主要工作，並且排擠了委員會中較具自由派思想的委員。

我們前面提到的許家屯後來承認說，這個委員會並不理會正常程序，因為「這些委員，包括他自己，對民主程序完全缺乏認識[6]」。

同樣沒有幫助的是，中國共產黨深信，英國政府搞陰謀要破壞北京的努力，可以理解的，這個想法更加劇了中國共產黨的不民主傾向。鑒於黨的高度偏執，類似的手法無疑也會應用在和台灣的統一談判過程中，而很多被邀請參加諮詢委員會的個人，如果不是事先就被挑選出來、過去一向表現出合作態度的，就是被找來充當合法門面的。

因此，北京對統治香港的態度，從來就不允許香港在「一國兩制」下享有完全自治。雖然在一開始中國共產黨官員遵從鄧小平的指示，鼓勵採取袖手旁觀的策略，並且避免表現出中國共產黨明顯統治特別區的現象；但不管任何時候，只要一出現狀況，中國共產黨就會毫不遲疑地對香港進行干預。只要情況進行得很順利，北京就樂於依賴香港當地的官員進行遙控統治。

回歸後，港府滿意度持續下降

不過，情勢很快便惡化了。根據香港思匯政策研究所（Civic Exchange）的資料，在一九九七年六月的一項調查中，六六%的受訪者對政府的整體表現感到滿意。到了二〇〇〇年，這個比例下降到三〇%。三年後，爆發嚴重急性呼吸系統綜合症（SARS）疫情，香港政府處理得很糟糕，同時又發生《基本法》二十三條條文爭議，對政府的滿意度更下跌到二〇%。經濟衰退，法治惡化，民主化牛步，這些都造成民眾對政府的滿意度大幅下滑。

大眾不滿情緒日益高漲（通常，這種不滿情緒同時會引發一種信念，認為民主化將會有助於解決一些相關問題），結果，這也造成北京變得更加干預香港特別行政區的治理。就如林蔚文所指出的，雖然北京「在回歸後的最初幾年裡，對於治理香港表現得十分自制」，但到了二〇〇三年，中國已經表現出「越來越想參與香港事務的傾向……」[7]。二〇〇三年七月一日，香港出現大規模抗議活動，抗議被形容成是「香港基本法中最具爭議性條文」的第二十三條的即將立法，這迫使北京更積極參與香港事務，以免香港特別行政區變成反對中國共產黨的動亂來源。批評二十三條的人士把它視為是對公民自由的最大威脅，並且指出，條文中所說的一些犯行，像是「分裂國家」和「煽動叛亂」等，都是香港法律制度中沒有的。中國共產黨擴大定義「國家機密」，也被視為會對特別行政區的人民造成問題[8]。從某些方面來看，二十三條危機可說是對「一國兩制」模式的考驗，「很多香港人把這看成是對北京干預資本主義政府的反抗」[9]。這次危機最後終於迫使政府在二十三條上作出讓步，這代表香港公民社會對抗親北京的香港當局和北京中央政府的一次勝利。

有趣的是，在第五章曾討論過的中國新《國安法》裡，就包含了將被納入二十三條的很多要素，並且是擴大解釋，而且，新《國安法》還很明確指出，香港特別行政區、澳門（和台灣）的居民，都適用此項法律。

谷淑美教授指出，抗議成功讓抗議者更為大膽，於是把眼光放在民主上，也就是要求特首普選，並在七月九日和十三日再舉行大遊行。北京察覺到麻煩來了，於是介入。中國全國人民代表大會常務委員會加強介入特別行政區的跡象越來越明顯，現在更直接干預普選問題。香港居民一直希望能在二〇〇三年實施普選（到二〇一五年年底本書完成之際，這個願望還未實現）。

香港公民社會因此動員起來，反抗在二〇〇三年發生的，在北京統治之下自由和民主遭到侵蝕，以及中央政府對這項挑戰的反應；這樣的動員是條分界線，一邊是中國對「一國兩制」模式的承諾，一邊是在香港居民眼中，這個模式代表了中國信用的喪失。發展的結果是，北京加強了對特別行政區事務的直接干預，因此造成自由和民主進一步遭到破壞，普選時程延後，再度重新指派人選，把社會上的各種不利元素邊緣化和除去，讓整個特別行政區和大陸更為契合。這些發展再度證實上面討論過的一個概念：中國共產黨永遠不允許香港特別行政區去破壞或干擾北京喜愛的社會主義制度。盧兆興指出，「香港特別行政區大陸化，而不是中國大陸香港化，這已經成為自香港在一九九七年七月一日回歸以來的現象。[10]」雖然北京過去一直想要隱藏它干預香港的黑手，但到了習近平主政時，則完全不理這一套了。習近平有強烈的意識形態，早已經表明他想要加強中央政府對全中國的控制，包括周邊地區在內。

儘管北京作過保證，但毫無疑問的是，在台灣和中國統一後，類似的干預一定會出現。從一開始就套用在香港頭上的規定，也會用在台灣。北京對香港特別行政區作了些什麼，並不讓人感到驚訝，讓人驚訝的其實是當北京採取行動時，人們竟然會大吃一驚。讓人感到更驚訝的是，竟然還是有些人相信，北京會用不同的態度對待台灣——但台灣社會對中國政治制度構成的威脅其實更強大。

在干預主義更加濃厚的北京介入香港事務後，本來應該根據「中英聯合聲明」受到保護的自由、民主和生活方式，一點一滴地慢慢流失。這樣的影響是條不歸路：希望自由的香港將會促成中國政治改革的那些人，他們的想法已被證明是錯的，因為北京政權反而加強了高壓手段。

顧汝德（Leo Goodstadt）在他的《繁華底下的貧窮：香港施政失誤》（*Poverty in the Midst of Affluence: How Hong Kong Mismanaged*）一書中作出了有趣觀察：在《基本法》全部一百五十九條條文中，「其中三十四條用來圍堵殖民時期的親商、自由放任政策，連同它的金融與商業結構。」相反的，有關社會權益的條文則「語意模糊，難以理解。」他指出，「看起來，香港似乎是個很不重視福利的世界。[11]」一個不必選舉、而且親商的政府只專注於經濟成長，而不去注意財富分配問題，結果使得貧富差距的問題更形惡化。在一九九七年到二〇〇九年之間，香港人均收入在頂端一〇％的家庭，他們的財富在這段時間內增加了六〇·四七％，收入最低的一〇％人口，其財富則下跌了二二％。

更重要的是，特別行政區對中國經濟的依賴越大，它在中國商業環境變動時受到的傷害也會跟著增加。

對中國經濟和物資依賴過深，讓北京可隨意調控

雖然一九九七年亞洲金融危機確實對香港經濟有不好影響，但特別行政區的脆弱其實源自更結構性的問題。例如，二〇〇七年到二〇〇八年的香港恆生股價指數大崩盤，是因為發現，中國原本答應的「直接投資香港股市」計畫，將不會通過。這項計畫本來是要在中國國家外匯管理局（外匯局）同意之後，開始允許中華人民共和國居民——尤其是天津的投資者

——使用他們自己的貨幣在香港股市進行交易。「直接投資」的直達車不會開到的消息傳開之後，造成還未完全從金融危機恢復元氣的香港股市全面崩盤。

不過，最大的威脅則來自顧汝德所描述的，「為了回應大陸的政策，香港公司被迫去作很複雜的重新調整。」使得情況更惡化的是，因為涉及「政治敏感」，所以，這些挑戰很少會被公開討論。事實上，很多公司企業把它們的總部從香港撤出，轉而落腳在像北京和上海這些城市，因為它們可以和當地政府建立起更好的關係，這當然成為香港新的現實面。

最能夠把香港經濟和中國結合起來的，莫過於在二〇〇三年六月簽定的「內地與香港關於建立更緊密經貿關係的安排」（CEPA：Closer Economic Partnership Arrangement）和它的補充文件。經濟學家大致同意，在二〇〇三年之後，CEPA確實有讓香港經濟復活。CEPA作出一連串台灣在不到十年後很熟悉的自由化動作，允許中華人民共和國多個地區的中國人可以個別前往香港特別行政區旅遊，不必參加旅行團，這對香港本地的零售業很有幫助，同時，香港的銀行和零售業也可以到中國大陸營業，和當地公司競爭。

不過，這項協議也造成經濟扭曲，並且加劇貧富不均，而這也成了特別行政區一個很嚴重的問題。從CEPA生效以來，香港毫宅房價已經上漲了將近四倍，精華地區的租金也漲了將近三倍。高租金已經把中小企業排擠出去，取而代之的是大型連鎖店和精品店，這些店都是開來服務有錢的中國觀光客，如此一來，更加劇了經濟上的不平等。就像台灣和中共簽訂的「海峽兩岸經濟合作架構協議」一樣，因為這項協議而產生的錢，將會留在政治結盟的執政菁英手中。根據彭博社的資訊，二〇一五年的房價是二〇〇九年的一倍，有部分原因是因為有大筆金錢從中國流入的結果[12]。

雖然香港在回歸之前就已經面對嚴重的社會不平等問題，但CEPA以及跟中國更緊密的經濟關係，則讓這個問題更惡化，也加深了對不民主政權的不滿。在二〇〇一年，香港的吉尼係數（Gini coefficient）——這是用來表示財富不均狀況的標準數值——為〇．五二五（比一九七一年的〇．四三高），比日本、台灣和南韓都高。到了二〇一一年，這個數值上升到〇．五三七，是一九七一年以來最高。據分析家指出，一般來說，如果這個數值高出〇．四太多，就會造成社會動亂。據香港科技大學社會科學部副教授成名（Dixon Sing Ming）指出，自從回歸以來，造成貧富不均情況日益惡化的最大原因，就是任用親信的情況越來越嚴重，從二〇〇八年以來，台灣也出現了類似情況[13]。

香港回歸後引發的另一個問題就是，大量中國觀光客湧入，已經造成香港社會緊張情緒升高，據《南華早報》報導，這些中國觀光客正和香港本地居民爭奪一切，「從嬰兒奶粉到住房到醫院待產。[14]」每一年，城裡的七百二十萬人都必須和近四千萬人次的中國觀光客競爭，這也加深了「不禮貌的」大陸人和「比較有修養」的香港居民之間的緊張關係。即使其中某些緊張情緒是由很小的歧見引起，但它們確實存在，有時候事態還會變得很難看。因此而產生的種種挫折感，已經促使中國網民呼籲對香港進行經濟戰：抵制特別行政區一個月。雖然北京方面還沒有把這些情緒轉化成具體行動，但這些言論顯示出，在某個時間點，北京很可能利用香港特別行政區對中國經濟的依賴來懲罰它，方法就是關掉「水龍頭」。中華人民共和國早已經一再使用這種手段來懲罰台灣，當台灣發生它所不樂意見到的事情後，它就會取消人數較多的觀光團體。針對性的經濟戰，像是不准投資、觀光和採購代表團前往被北京視為不友善的台灣某些地區，但同時獎勵那些配合中國政策的地區，這也是中華人民共和國經常用來逼迫香港和台灣就範的武器。

對香港來說，也許更為困擾的是，它強烈依賴中華人民共和國供應它飲用水、食物和電力。據紫羅蘭．劉（Violet Law）指出，香港特別行政區使用的水，七〇%來自廣東省的東江，九〇%的新鮮肉類和蔬菜，以及一半的電力則來自中國內地[15]。

儘管如此，那些並未因為和中國建立起更緊密關係而獲利的香港居民，以及因此而被淘汰出局的人，越來越傾向於把他們的問題歸咎於香港特別行政區缺乏民主。換句話說，跟經濟、貧富不均、自由和新聞自由受到限制，以及其他社會病態有關的結構性問題，變得越來越跟以下想法產生關聯：特別行政區需要某種形式的民主——但是，再一次的，他們所謂的民主究竟是什麼並沒有共識。除了造成其他影響之外，這還使得正在進行中的關於普選的衝突變得更劇烈，並在二〇一四年達到最高點，導致了雨傘運動。如果有某項民主的定義是香港支持泛民主的居民應該會一致同意的，那就是，他們應該有能力自由選擇由誰來治理這個地方。

這次對峙是因為在二〇一四年六月舉行的一次非官方公民投票所引起的。從一九九七年起，香港特別行政區特首大都是由親北京商人和政治人物組成的一千二百名代表選出，這次非官方投票是希望能夠動員全港居民出面支持特首普選。雖然共有近八十萬人參與這次公民投票，北京的回應卻是發表一篇白皮書，譴責發動這次非官方公民投票的親民主陣營「不愛國」，並重申中國共產黨對香港的政治立場。儘管民眾提出要求，中央政府依舊不承諾在二〇一七年之前在特別行政區實施這些支持民主的人士所要求的那種普選。不久之後，爆發了「占領中環運動」，抗議者在香港商業區舉行大型集會和公民不服從運動。

裴敏欣，美國克萊蒙特．麥肯納學院凱克國際戰略研究中心（Keck Center for International and Strategic Studies at Claremont McKenna College）主任，同時也是很有影響力著作《中國蹣跚轉型：發展型威權政府的局限》（*China's. Trapped Transition: The Limits of. Developmental Autocracy*）的作者，他在《財星》（*Fortune*）雜誌上發表文章，說根據他的觀察，香港緊接著發生的政治危機，正是「一國兩制」模式「瓦解」的跡象。如果台灣有注意香港所發生的事，就會了解這一點。

大企業及立法會配合北京風向

前一章討論媒體問題時有提到，很多公司企業越來越配合政府壓制新聞自由。它們的作法經常就是，不把廣告發給那些批評當局或是報導社會動亂的媒體。在二〇一三年年底，滙豐銀行和渣打銀行很顯然就是這樣作的。當時，他們從蘋果日報抽走幾百萬元的廣告，可能就是受到來自北京的壓力[16]。蘋果日報和它的母公司壹傳媒，一直強烈支持香港的抗議行動，抗議北京對香港當地事務的影響力越來越大。這兩家銀行在中國大陸都有龐大業務，但他們否認是北京要他們這樣作，並說這項決定只是反映他們的廣告策略有所改變。

同樣的情況，據報導，中國國營的中國國際信託投資公司（中國中信）——這家公司在二〇一五年意圖投資台灣的的中信金控——也在二〇一三年把廣告從香港的一些獨立媒體抽走，明顯是懲罰它們的社論批評北京和中國不斷擴大在香港特別行政區的影響力。台灣的公民團體已經警告，如果讓中國中信成為中信金控的第三大投資者，那麼，中國中信就可以在台灣發揮它的政治影響力[17]。

當月月底，香港四大會計師事務所——資誠、勤業眾信、安永和安侯建業——也使出只能被形容為是威嚇策略的手段，就是在當地報紙刊登廣告，警告說，「占中行動」會迫使外國投資者全面放棄香港。「占中行動」發起人之一的戴耀廷當時就說，這四大會計師事務所的警告，正好證明「中國針對所有他們可以影響到的團體，施加所有可能的壓力。[18]」北京是否也需要向大企業施壓，要他們採取這樣的行動，這是可爭論的。然而這項策略，後來也得到親北京的香港政府的回應，因為香港政府也警告說，抗議行動會嚴重傷害香港的經濟，並且會對觀光業造成不利影響。

我們會在下一章看到，在太陽花占領立法院期間，馬政府也使用了十分類似的恐嚇策略。

到了九月，數千名年輕抗議者已經占領香港街頭，當初只有很少人認為，像這樣大膽反抗北京的行動是可以成功的。然而，儘管他們的抗議長達七十九天，並且使得香港商業區陷於停擺，但現任特首梁振英並未如「雨傘運動」所要求的下台，更重要的是，下任特首如何選出，北京並未改變立場。雖然二〇一七年將是香港居民第一次可以投票選出他們的領導人，但北京在二〇一四年八月發布的「選舉改革方案」卻規定，所有候選人都必須先經過北京同意，以確保參加選舉的人選當中，沒有人會推動中國共產黨不喜歡的政策，其中最重要的就是不可以支持香港特別行政區的民主或自治。

因此，在經過長達月餘政府發動的媒體宣傳攻勢，以及收買香港的反對派議員之後，這個所謂的選舉改革方案，就在二〇一五年六月送交立法會表決。結果出現了戲劇性的轉折，這個方案在二十八票反對和只有八票贊同的情況下被否決，主要是因為大部分支持北京的議員走出議會放棄投票。很明顯的，是支持北京的經民聯成員林健鋒提議出走，顯然是要讓另一位同樣支持北京的議員劉皇發有時間加入他們的行列。另一個可能，是林建鋒意圖封殺整個方案，讓北京有更多時間去說服泛民主派議轉換立場。

由於立法會支持北京的建制派議員的失誤，改革方案遭到封殺。北京的反應則是表明誰才是老大。第二天，新華社報導，儘管表決失利，中國全國人大常委會已經宣布，北京發布的選舉「改革」方案仍然有效。

到了二〇一五年，這種沮喪的情緒達到高潮，因此，香港嶺南大學助理教授及香港復興會主席兼創辦人陳雲，在《紐約時報》的一篇評論文章中寫道，既然「一國兩制」架構似乎心照不宣地承認香港的獨特性，「這兩種制度的差別太大，很難屬於同一個國家，所以，他們之間的關係必須重新定義。」據他表示，香港應該受到「城邦」般的待遇[19]。

犯罪組織暴力介入並限制異議人士入境

在雨傘革命期間，年輕的抗議者遭到親北京的犯罪組織人士的暴力攻擊和威脅，這和當年稍早，台灣太陽花運動占領立法院期間發生的情況一樣。幫派人士介入，專替北京幹「骯髒事」，這很像最近在香港發生的一些攻擊事件，遭到攻擊的是膽敢批評北京和它在香港同路人的一些新聞記者和編輯——其中包括《陽光時務》雜誌的億萬富翁發行人陳平，和《明報》前編輯劉進圖，他在二〇一三年和二〇一四年分別遭到歹徒持斧頭和切肉刀攻擊。

在二〇一四年夏天和秋天導致香港陷於停頓的戲劇化發展，也迫使北京加強管制誰可以被允許進入香港。在這些事件之前，只有比較知名的北京批評者，像是天安門學運領袖吾爾開希和王丹（這兩人目前都定居在台灣）才會被禁止進入香港。例如，在二〇一一年一月，這兩人申請香港簽證，想去參加前香港民主運動領袖司徒華的葬禮，結果遭拒。但是，到了二〇一四年夏天，被拒絕入境的個人擴大到台灣的太陽花運動人士，像是林飛帆、陳為廷和黃國昌。新竹中華大學行政管理學系副教授曾建元，在二〇一四年五月底入境香港時，被告知他的台胞證被註銷了，並被遣返台灣。曾建元是「華人民主書院」的董事，原本計畫在香港城市大學舉辦的六四研討會上發表演講。

更難解釋的是香港當局竟然也拒絕台灣的司法院副院長蘇永欽入境，蘇永欽是前國安會祕書長蘇起的弟弟。蘇永欽是國民黨內的保守派，原本應邀到香港大學法律學院的「威權體制下的法治轉型」講座上發表演講。連國民黨的保守派人士也被禁止進入香港，這證明了北京確實已經加強對香港的掌控，這是因為香港社會的動盪情況日益嚴重，所以，北京想要把台灣和香港的公民社會之間進行接觸的可能性降到最低。

北京會如此擔心，也許有它的原因。畢竟，在那年三月和四月太陽花占領立法院期間，香港學生寄了幾百封鼓勵信給在立法院裡的學運學生。當雨傘運動上街頭時，一些公民運動者穿著來自台灣的抗議T恤，或是使用在台灣經過考驗或改正的抗議技術。多位參加太陽花運動的人士，以及支持他們的學者，也在「占中」期間前往香港，觀察當地情勢，推測可能也和運動領袖建立起聯繫。

就如本章所顯示的，在一九九七年回歸之前和之後的香港經驗，在台灣和中國發展出更緊密的關係時，為台灣提供了有用的指引方向。香港這個前英國殖民地遭到中國共產黨組織的滲透，讓人們得以看出北京目前正在對它使用中的一些地下統戰技術，目的是要達到最終的統一目標，並在統一後破壞當地的自由和民主，而這導致從二〇〇三年後當地民眾的不滿情緒急速升高，這是對於台灣的警告和提醒。不管北京說什麼，也不管台灣和中國共產黨達成什麼政治協議，台灣絕對不會被允許維持它原來的生活方式，更別提民主了。台灣人是否同意用限制他們的自由來換取成為中華人民共和國的一個成員，以及正式終結台灣海峽的敵對情勢，這是台灣人民必須自己決定的。台灣最近的發展，從公民運動的再度出現，到一個建立在公民民族主義觀念上的政治體更形鞏固——這是下面兩章我們要討論的題目——似乎已經顯示出，台灣人不會同意這樣作。

1 Loh, Christine, *Underground Front: The Chinese Communist Party in Hong Kong* (Hong Kong: Hong Kong University Press, 2010).

2 Lo, Sonny Shiu-hing, *The Dynamics of Beijing-Hong Kong Relations: A Model for Taiwan?* (Hong Kong: Hong Kong University Press, 2008), p. 7.

3 Loh, pp. 196-7.

4 Tsang, Steve, *A Modern History of Hong Kong* (Hong Kong: Hong Kong University Press, 2007), p. 236.

5 Tsang, p. 237.

6 前揭書 , p. 240.

7 Lam, Wai-man, "Political Context," *Contemporary Hong Kong and Politics,* 2nd ed., Lam, Percy Luen-tim Lui and Wilson Wong, eds. (Hong Kong: Hong Kong University Press, 2012), p. 4.

8 見 Carole J. Petersen in *National Security and Fundamental Freedoms: Hong Kong's Article 23 Under Scrutiny,* Fu Hualing, Carole J. Petersen, and Simon N.M. Young, eds. (Hong Kong: Hong Kong University Press, 2005), pp. 2-3.

9 Ku, Agnes Shuk-mei, "Civil society' s dual impetus: Mobilizations, representations and contestations over the July 1 march in 2003," in *Politics and Government in Hong Kong: Crisis Under Chinese Sovereignty,* Ming Sing, ed. (Oxon: Routledge, 2009), p. 44.

10 Lo, *The Dynamics of Beijing-Hong Kong Relations,* p. 10.

11 Goodstadt, Leo F., *Poverty in the Midst of Affluence: How Hong Kong Mismanaged its Prosperity* (Hong Kong: Hong Kong University Press, 2013), p. 2.

12 Pesek, William, "Hong Kong's Peg to Instability," Bloomberg, April 14, 2015. http://www.bloombergview.com/articles/2015-04-14/hong-kong-s-peg-to-instability

13 Ming Sing, "Hong Kong at the crossroads: Public pressure for democratic reform," in Politics and Government in Hong Kong: Crisis Under Chinese Sovereignty, p. 118.

14 Denise Tsang, Celine Sun, Peggy Sito and Kanis Li, "The tricky business of trading places, thanks to Hong Kong-mainland Cepa deal," *SCMP*, July 4, 2013.

15 Law, Violet, "Hong Kong' s Inconvenient Truth," *Foreign Policy*, August 21, 2014. http://foreignpolicy.com/2014/08/21/hong-kongs-inconvenient-truth/

16 "Hong Kong Newspaper Says HSBC, Standard Chartered Pulled Ads," *Wall Street Journal*, June 16, 2014. http://www.wsj.com/articles/apple-daily-says-hsbc-standard-chartered-pulled-ads-due-to-chinese-government-pressure-1402923219

17 「中資入股中信金 民團憂後患」，自由時報。2015-06-24. http://news.ltn.com.tw/news/business/paper/892098

18 "Big Four accounting firms warn investors could leave HK over Occupy Central protests," Reuters, June 27, 2014. http://uk.reuters.com/article/2014/06/27/uk-hongkong-occupy-idUKKBN0F20W720140627

19 Chin Wan, "A Federation for Hong Kong and China," the *New York Times*, June 14, 2015.

第七章 跨越紅線：太陽花現象

馬英九在二〇一二年連任總統成功，展開他的第二任、也是最後一任任期；而在二〇一四年三月和四月，幾百名台灣年輕人，在幾萬人支持下，在台北發起為期三週的占領立法院行動，抗議和中國達成有爭議的服貿協議。在這兩個時間點之間，在台灣發生了很不尋常的一些事情。雖然太陽花運動使政府陷於停擺，也破壞了馬總統簽署兩岸服貿協議的計畫，但真正不尋常的，並不完全是史無前例的占領立法院行動，而是在發生占領事件的前兩年，在那段期間內，傳統上一向沒有共同立場的公民社會，卻能團結起來，一起為共同目標而奮戰，並且跨越了政黨傾向、族群和社會階級。

從很多方面來看，太陽花運動是一種自然的演進——幾乎是無法避免的，我不得不這樣說——演進到大部分媒體、海外大部分的台灣專家都沒有去注意到的一些事件。有趣的是，就是在這兩年（二〇一二年和二〇一四年）當中，一股新的勢力自行政治化，並且透過不斷摸索，逐漸成長為一個可以直接挑戰政府的實體。同樣重要的是，就在這段期間內，本地的公民運動勢力和針對中國在台灣內部影響力日益增加的另一股運動勢力，兩者終於結合在一起。

馬政府官員（包括地方和中央層級的官員）對大眾輿論和正當程序都漠然不理，也不重視很多問題的透明度，像是都市更新、風力發電、軍中管教不當、工人權益、大型石化廠，同性婚姻、核能、核子廢料處理、學校教科書、原住民土地，以及國家文化遺產的保存，這樣的態度，成功地把對於地方問題的怒氣和政府的兩岸政策融合在一起[1]。如果這些運動人士和受害者認定，我們無法信任這個政府會以公正和透明的態度處理地方問題，那麼，我們又怎麼能放心讓它去和一個獨裁政府針對那些關係到國家利益的問題進行談判？尤其是這個獨裁政府甚至不承認台灣是個主權實體？此外，從香港經驗來看，這些負責和中國談判各項協議的人士，都是台灣社會內部的菁英，他們支持和推動的政策，雖然對政治人物和在中國大陸經商的大企業老板很有利，但通常只會讓一般普通的台灣百姓獲得極少的好處，卻又讓他們在想要保持原來的生活方式時，面對極大的政治危機。

在太陽花運動之前的那段時間內，馬政府犯下的最大錯誤，就是沒有好好處理跟兩岸問題少有關係、甚至完全無關的一些地方問題。馬政府的不負責任、越來越依賴執法單位和法院來對抗人民的不滿情緒，並在很多方面都採取這種策略的結果，創造出一個環境，迫使公民社會必須採取升高對抗的策略。因此，台北和全國各地的街頭成了年輕公民運動者的訓練場，他們相互支援和幫助。此外，感謝像臉書和網路聊天室這樣的新媒體，這些公民運動者彼此學習，並發展出協調技巧，讓執法當局對他們越來越不敢掉以輕心。

這逐漸成形的兩年，對太陽花運動極其重要。事實上，很多最後併入太陽花運動的小組織，在此之前都是咬緊牙關為其他問題而奮戰，他們在那樣的奮戰中培養出戰鬥技巧，也出現一些有群眾魅力的領袖，這些人都可以動員更大的團體。從所有意圖和目標來看，如果沒有前兩年的地方性公民運動的話，太陽花運動可能不會存在。一群有政治意識、獲得民眾支持和有自信的年輕人團結起來，這正好反駁了一般人所說，今天的台灣年輕人沒有政治意識，懶惰和對公共事務太不感興趣，因此不願去反抗他們的政府。在二〇一三年的某個時間點，社會上有足夠多的人認定，馬政府在和中國談判時，跨越了某條紅線——毫無疑問的，「服貿協議」就是這樣的一條紅線——這也讓公民社會取得了它必須採取行動的所有要件。

全面行動的組織與結構早已存在

他們行動的速度如此之快，組織的層次如此之高，以及在占領立法院後，立即有了一個似乎極有制度的領導小組出面主持一切，使得馬政府的很多觀察家和官員作出結論：這些公民運動者是由反對黨民進黨所訓練的，他們是代表民進黨的。其實，只要有去注意到占領行動之前的那兩年，這些批評者就會知道，民進黨其實和太陽花運動一點關係也沒有。事實上，在那段期間內出現的高度動員狀況，有部分原因反而是因為民進黨對很多問題都袖手旁觀。

太陽花運動看來為什麼會如此有結構性和組織，最大的原因，是這樣的結構早已存在。我們將在下面看到，占領立法院的最初二十四小時，其實大部分是沒有計畫的，只是這些公民運動者對於瞬息萬變的情勢所作出的快速反應而已。然而，由於他們擁有多年與政府抗爭的經驗，因此，在占領立法院後，就能夠迅速建構起一個大網絡，並且發動驚人的行動，不但吸引了全國，並且在某些情況下，甚至吸引了全世界表達三星期之久。

還有，這次占領行動並非如多位觀察家所說，並非自然發生。這些觀察家是在占領行動發生之後的那幾天裡如此說，甚至還批評這些抗議學生破壞了民主法則。問題是，除了少數幾位本地的新聞記者，抗議民眾本身，以及那些竭盡全力破壞公民社會名譽的政府官員之外，沒有人注意到正在逐漸惡化的情勢。到最後，太陽花運動同時是過去兩年來一連串導致民眾對政府機構信心的喪失，也不再相信用標準和合法程序可以修正這些錯誤的爭議事件所造成的症狀和反應。在三月十八日之前，很多公民運動者就在思考他們的下一步行動，在他們眼中看來，情勢已經來到他們必須從兩擇一的時刻：屈服或是擴大行動。

儘管在占領行動之後，媒體和外國學者突然對台灣的公民社會產生興趣，但在台灣，公民運動其實並不是什麼新鮮事。事實上，台灣的公民社會一直很活躍，並且擁有漫長、豐富和令人羨慕的傳統，不但深深介入地方和全國層級的政治，並且成為倫敦大學亞非學院台灣研究中心主任羅達菲（Dafydd Fell）博士所形容的，是「亞洲所有國家當中最活躍的公民社會之一」。

當然，在戒嚴法之下，獨立社團或公民社會很少能夠去挑戰黨國。國民黨在台灣進行霸權式的統治，任何存在於政府之外的團體，一定都是獲得國民黨許可的組織。不過，羅達菲指出：「在取消戒嚴之前和之後，馬上冒出很多新的公民運動，並在多項政治和社會問題上，一起挑戰國民黨政權。[2]」羅達菲繼續指出，這些團體「對台灣民主轉型作出重大貢獻，他們不僅呼籲進行政治和社會改革，同時也侵蝕了國民黨對全國社團的支配地位。」隨著政治制度的自由化和民主化，公民運動開始成長和多樣化，「在國家和社會之間扮演了重要的媒介角色」。

民進黨在一九八六年九月二十八日成立，它本身就是在體制外活動（黨外）和參與從一九七七年到一九八〇年代中期的非暴力反對運動的一些個人的集結，這些人都對台灣的和平示威作出貢獻。在以一個忠誠反對黨的身分進行體制化後，民進黨主動交出了公民社會的衣缽，而這個衣缽則很快被其他團體接收。從一九八七年開始，台灣出現很多自力救濟的組織，據國立交通大學人類學教授莊雅仲指出，這「顯示出在民主化過程中的差異性」，並且「對台灣的民主化作出跟黨外同樣多的貢獻」。事實上，莊教授在他的《民主台灣：後威權時代的公民運動與文化政治》一書中提到，「從黨外轉型而成的民進黨被困在政治體制內而陷於癱瘓時，自力救濟的公民運動團體仍然十分活躍，並且繼續尋找他們的目標：正義、平等和尊嚴的生活方式。」[3]

在大部分情況下，這些自力救濟團體都專注於如下問題：環境污染、職場的利益衝突，以及弱勢團體的權益。自力救濟團體除了對解決各種社會病態作出貢獻外，還把他們的成就傳承到一九九〇年代，因而鼓舞了在現在已經體制化的民進黨之外的其他團體，讓他們投身民主改革運動。

像這樣的團體，野百合運動就是其中之一，它在一九九〇年三月舉行一連串抗議活動，呼籲廢除國民大會，以及終止「動員戡亂時期臨時條款」。這些抗議活動和絕食行動的結果，李登輝總統同意和這些學生見面，並且同意接受他們提出的一項要求，在一九九〇年六月和七月召開了一次國是會議。有趣的是，在一九九〇年代參加野百合抗議活動的很多學生，像是范雲和吳叡人，後來都成為馬英九第一任和第二任任期內出現的新一波政治運動的顧問，呈現出一條一脈相傳的路線。很多觀察家因此認為，這有益於民主發展。（以范雲的例子來看，她就以太陽花學運之後成立的一個「第三勢力」的小黨黨主席身分，投入政壇）。

在陳水扁時代，一些後來在對抗馬政府抗議行動中嶄露頭角的運動人士，都是初次現身，他們參加了抗議政府為了捷運工程而計畫拆除新莊樂生療養院的活動。這項抗議行動，是從二〇〇四年開始的。從一九三〇年代起，樂生療養院就是來自台灣各地的幾百名漢生病（痲瘋病）病人的家，但現在，政府卻計畫將這家療養院拆除，把病人移到附近的一家醫院。在處理這項爭議時，當時擔任陳水扁副手的呂透蓮和行政院長蘇貞昌的表現，並沒有比近十年後的馬政府官員好多少。而十年後的今天，想要維護樂生療養院的完整，以及確保逐漸年邁的院民尊嚴的努力，還在持續進行中。

在陳水扁時代出現另一種更為政治性的抗議運動，就是紅衫軍，也叫「百萬人民反貪腐倒扁運動」，也吸引很多知名人物參加，像是前民進黨主席施明德和後來的台北市長郝龍斌。這項運動造成大規模集會和遊行，以及占領台灣火車站外面的空地，此一抗議活動和泛藍政黨有密切關係。

現在，這些野百合運動的「畢業生」都已是全國最有聲望的大學和研究機構的教授，或是很有成就的專業人士，或是已經為人父母，他們對組成野草莓運動的很多年輕學生提供指導、支援和協助。二〇〇八年十一月，中國海峽兩岸關係協會會長陳雲林來台訪問時，野草莓運動在全國各地舉行抗議活動，另外還要求修改集會遊行法。在大約四百名的參與者當中，有一位就是林飛帆，這位來自台南的年輕人，四年後以反媒體巨獸青年聯盟領袖之一再度崛起，這個聯盟的訴求就是反對由支持北京的蔡衍明領頭的財團，收購壹傳媒的台灣媒體事業。早在二〇〇八年時，野草莓就已經使用現場錄影串流把他們的活動播放給全球觀眾觀看，這是四年後由太陽花運動（以及香港的雨傘革命）發起的更為強大的媒體運動的先驅。

在公民社會中持續燃燒的火炬

這次突然性的大動員，正好反映出陳雲林訪問的高度象徵意義，以及對於伴隨這次訪問而來的警方大規模動員的不悅。一些公民運動者也抱怨，警察在這次歷史性訪問前對他們進行騷擾，另外，當局也對新聞自由作了一些限制，這立即就引來注意，懷疑對於剛和北京進行的交流，馬政府究竟打算支持到何種程度。然而，過不久，野草莓就慢慢被人遺忘，並沒有達成他們的目標。在二〇〇八年十一月和二〇一二年之間，公民社會似乎已經退居到背景裡，造成台灣和海外的很多人指責台灣——尤其是台灣的年輕人——不但冷漠又沒有政治意識。不過，在那段期間內，並沒有發生任何事情，所以也就沒有引發像在陳雲林訪台期間學生運動所採取的那種激烈行動。原因之一，是中國海峽兩岸關係協會會長接下來又來台灣訪問幾次，已經讓台灣民眾對此不再那麼敏感，並且也接受了這樣的交流。還有，在這段期間開始的自由化過程，包括簽署「兩岸經濟合作架構協議」和其他兩岸協議，都被大部分人認為合乎邏輯，也屬可以接受的範圍內。換句話說，水果銷往大陸是被大多數民眾接受的，而真正針對此事進行的抗議活動，通常都是由民進黨和它那比較大的同盟台聯黨發起的，並被認為這只是政黨在惡鬥。

不過，二〇一二年，在壹傳媒董事會主席黎智英作出他曾經發誓絕不會作的事，同意把他在台灣的事業出售給他的意識形態大敵蔡衍明之後，台灣公民社會再度挺身而出。跟野草莓運動一樣，反媒體巨獸青年聯盟也得到野百合運動多位前輩的幕後協助，這些前輩在發揮知識分子影響力的同時，也允許新一代的公民運動者出面領導大眾。反對台灣媒體壟斷運動也出現另一位有領袖魅力的年輕學生領袖陳為廷，他後來在苗栗領導抗議政府強制拆除民宅，和聲援被不當裁員的工廠工人；當然，還有二〇一四年的太陽花占領立法院行動。

反媒體巨獸青年聯盟的成功，對後來台灣公民運動所產生的影響，是不容打折的。在二〇一三年，經過意圖打擊旺旺品牌形象的一連串抗議、工作室和網路運動之後，蔡先生終於放手，取消收購壹傳媒的行動。幾千名公民運動者，在立法委員的協助之下，勇敢挑戰台灣最有錢的人士之一，並且獲得成功。還有，毫無疑問的，他們的行動也使得主持評估這次收購案價值的政府單位，包括國家通訊傳播委員會和經濟部投資審議委員會，難以逃避他們的責任，如果不是遭到公民社會和記者協會的強大壓力，這些政府單位是真的會推卸責任的。

因此，受到鼓舞而變得勇敢的公民社會，接著把目標轉向其他問題。反媒體巨獸青年聯盟的很多參與者主動加入其他抗議路線。接下來的一項重要發展就是，後來的抗議行動毫無例外都超越「族群」、政治傾向和意識形態——在過去，就是這三樣東西使得台灣社會一直陷於分裂之中。

全然違反居住正義的都更

在這段期間，最重要的一項議題就是都市更新，台北、桃園和苗栗的一些社區都受到影響。雖然很多土地的爭議已經存在多年，國民黨籍的地方首長（市長和縣長）這時卻面對來自投資商、土地開發商和中央政府的新壓力，要他們去完成這些都市更新計畫。突然之間必須完成都更計畫，結果導致了沒有遵循正常程序和違反人權的狀況。這一次，情勢反轉，活力充沛、細心和團結一致的公民社會已經作好出擊的準備——並且也真的這樣作了。

其中有兩件特別的案例，台北市的華光社區和苗栗縣大埔，引發了熱情火焰，並讓政府和公民社會正面衝突。華光社區位於中正紀念堂旁的黃金地段，是一個以「大陸人」為主要居民的老社區，從一九五〇年代起，一直就是很多在內戰後逃離中國的國民政府老兵和其家屬的家。到了二十一世紀，它的很多居民都已經年老、病弱，他們的後代大都沒有受過太好的教育，經濟狀況也不佳。華光社區所在的土地為法務部所有，幾年來一直是都市更新計畫的目標，但當民進黨主政時，卻只是延後作出決定，把這個問題丟給未來的政府。

到了二〇一三年年初，政府已經失去耐心，希望社區居民搬走，如此一來，就可以把這個臭蟲出沒、讓人看了礙眼的社區夷為平地，然後在那上面蓋出一棟閃閃發亮、六本木式的高級購物大樓。不過，很多居民拒絕離開，擔心他們從小就知道的那種緊密的社區連結將會被永遠摧毀掉。此外，大部分居民並沒有經濟能力搬到別的地方，尤其是在台北這個房價在最近幾年爆炸式上漲的城市裡。不管市政府答應要提供什麼樣的搬家補助給他們，都是不夠的。讓事情變得更糟的是，這樣的補助在三年後屆滿，不再提供，然後就由居民自己想辦法。

但政府不為所動。它不僅向居民們下達搬遷的最後通牒，還控告那些拒絕搬走的居民，並對社區內的店家處以罰款，理由是這些商家「不當獲利」，還凍結他們的銀行帳戶。政府還在居民的傷口上灑鹽，竟然還要向社區居民收取拆除費用。後來，隨著抗議活動的不斷加劇，甚至還向居民收取警察的加班費。在這種強大壓力下，一些年老的居民死了。社區裡有些住宅在神祕情況下被人縱火燒毀，這暗示可能有犯罪幫派介入（其中一位年老居民的兒子，他可能有點天真，竟然寫信給美國總統歐巴馬請他幫忙，他堅信不移地認定縱火案背後有幫派介入。在縱火案發生後不久，他的母親就去世了）。

到最後，一連串想要拯救社區的抗議活動還是失敗了，到了二〇一四年，華光社區已經不復存在。為了生計，社區居民被迫四處分散，他們之中還有很多人繼續和法務部打官司，因為他們被課以罰款，罪名是「非法」占領政府的土地。然而，公民社會運動者的再度復出，華光社區是很關鍵性的發展，把反媒體巨獸青年聯盟的「老兵」和華光居民的兒女們團結在一起，另外加入的還有其他各種各樣的自力救濟團體。這些參與者經常和警察發生衝突，而且，他們不介意華光社區的大部分居民，都是當年逃到台灣來的「大陸人」，而且一輩子都投票給國民黨。在這些抗議活動中，林飛帆都扮演步兵的角色，而不是領袖，對於像林飛帆這樣的台灣年輕人來說，這件事關係到正義和尊嚴，這是台灣的每一個居民都應該擁有的。這些年輕人為了像華光社區居民蔣伯伯這樣的老人而奮鬥，而蔣伯伯狹小黑暗的房間幾乎就是蔣介石的博物館，裡面掛滿了歷任國民黨總統、黨主席的感謝狀。

諷刺的是，國民黨政府一向以擁有中國人血統而自豪，並且一開始就是它提供土地給國民政府的老兵居住的，但到最後，卻是同一個政黨把「大陸人」社區的華光社區給夷平。這裡面傳達的訊息很明確：在這個新的時代裡，即使你是「外省人」，並且在過去好幾年裡一直都是國民黨的忠誠支持者，也不能保護你的生命財產的安全。沒有人是安全的。士林的王家也不能免於因為都更而被拆除的命運，像華光這樣相對弱勢社區的居民，當然更不安全。在一個越來越向財團靠攏的所謂的「統合主義」（corporatist）的國家裡，每個人都是被財團獵取的獵物。

當傷心欲絕的居民和公民運動者看著被夷平的社區的廢墟時，他們終於明白，對金錢的渴望，會替台灣海峽對岸的政府創造出無限的可能，因此，那個政府將會毫不後悔地灑出金錢來達成它在台灣的政治目標。

大約同一時間裡，在苗栗縣竹南鎮大埔里也發生強制拆遷事件。從二〇一〇年起，當地的地方政府，在國民黨籍縣長劉政鴻領導下，一直在向當地居民開戰，不斷徵收他們的土地、農地和住宅，用來興建通往附近一處科學園區的道路。苗栗居民主要都是客家人，是全國最貧窮的縣市之一，所以，劉縣長知道，他必須保證要多多建設和替他的選民弄進更多錢，才能鞏固人們對他的支持。劉把整個縣當成他的私人領地，對當地警察有很大的影響力，並且利用他的地位替他自己及家族增加財富。那些反抗他徵收土地的人，因此遭遇了可怕的後果。多位官員，幾乎全部都跟處理土地問題有關的，都在神祕情況下「自殺」，執法單位卻拒絕公布驗屍報告，甚至也不把驗屍報告發給受害者家屬。

二〇一〇年八月三日，七十三歲的老農民朱馮敏喝農藥自殺，抗議當地政府徵收她的房子和土地。當時擔任行政院長的吳敦義在評論這場自殺事件時，把朱老太太的自殺歸罪於「長期慢性病，也許甚至還有憂鬱症。」事發不久，一大群抗議者，大部分是學生和學者，聚集在台北總統府前徹夜守夜，並在凱達格蘭大道象徵性地種植穀物。這些抗議活動和全國怒火，最後終於迫使吳敦義院長發布一分文件，「保證」這些農民的房子和土地「原地保留」，不會徵收和強制拆遷。

三年後，就在推土機和挖土機隆隆開進華光社區的幾個星期後，劉縣長發布新的命令，下令拆掉大埔剩餘的房子和土地。這道命令限令七月五日，是剩下的四個家庭拆除房子和搬出當地的最後期限。有趣的是，在這時候，一家土地開發商就在其中一棟住家的正對面開設一間辦公室。很明顯的，吳敦義（他後來成為馬英九的副手）先前所作的「原地保留」承諾已經不再有效。事實上，吳甚至否認他曾作過這樣的保證。

這幾個家庭對政府提起行政訴訟，並於七月二日在行政院前舉行抗議活動，要求當時的行政院長江宜樺實踐他的前任所作的承諾，以及取消計畫中的拆除行動。這些抗議者在酷熱下聚集。其中有朱炳坤（他是自殺身亡的老太太朱馮敏的兒子），彭秀春和她的丈夫張森文，張森文夫婦就在即將被拆除的土地上開設一家小藥房，另外還有大埔的其他居民、學生、學者和律師。七月四日凌晨四點——就在義務役士官洪仲丘呼出他的最後一口氣時——警察衝進抗議會場，把抗議者驅散。在混亂中張先生昏倒，在此之前，他已經因為未能保衛他的家庭而心痛欲絕。那天稍後，抗議者再度集結，當時仍然昏迷不醒的張先生坐在輪椅上，被推進抗議會場，在經過短暫和情緒高昂的連番演說後，一群抗議者翻過圍牆，衝進行政院，和警察發生短暫衝突。

有一陣子，抗議者似乎已經成功阻止計畫中的拆除。七月五日來了又過去了，房子還安然存在。不過，這些居民的希望還是在七月十八日破滅了。當天，當抗議者在台北進行另一場抗議活動時（這一次的抗議活動地點在總統府前），劉縣長下令拆除大隊展開拆除行動。彭秀春女士到達抗議現場時，突然發出哀號，因為她剛剛得知消息，她的房子已經不在了，她衝進抗議者和警察中間的場地昏倒。醫療人員把她抬進救護車，在場抗議群眾十分憤怒。在救護車駛離後，衝突繼續。幾十名抗議者被帶走，用巴士送走。

五天後，這同一批人當中的很多人，以及來自藝術圈的大批憤怒者又在凱達格蘭大道集會，之後，抗議者轉到衛生福利部附近，衛福部在當天揭牌成立，馬英九總統和江宜樺院長在揭牌儀式上發表談話。因為預期會發生衝突，所以當天部署了很多警力，在隨後爆發的衝突中，幾名抗議者被警察拖走，並且造成輕傷，包括徐世榮在內，他是國立政治大學地政系教授，也是臺灣農村陣線理事長。徐教授被警察拖走的照片，像野火般在網路上蔓延，引發對大埔拆遷事件更強大的怒火。過後不久，爆出國家安全局介入警察的鎮壓行動。徐教授被控妨礙公務，而徐也反控國安局和市警局。

就在大埔房子被拆除的整整一個月後，數千名抗議者聚集凱達格蘭大道，抗議政府強制拆遷。來自全國各地的幾十個自力救濟團體應邀上台表示支持這項抗議活動。

接下來發生的事情很明白顯示出，在民眾心目中，有一條線已經被跨越了。情勢有所轉變，在台灣最貧窮的縣的一個小小的、沒沒無聞的小地方發生的事，已經轉化成台灣現代公民運動史上的關鍵事件。面對政府的冷漠無情，公民社會只好用擴大對抗來回報。

在八月十八日（八一八拆政府）遊行結束後不到一小時，數千名抗議者占領內政部前方廣場，內政部窗戶和外牆都遭蛋洗，被貼上「今天拆大埔，明天拆政府」的標語，並被噴上油漆。就如同整整七個月後在隔壁行政院發生的情況一樣，警察事先完全沒有料到，被這些年輕的公民運動者耍得團團轉。

一個月後，張森文先生在清晨離家。幾小時後，他那具已經沒有生命跡象的身體被發現躺在一處排水溝渠中，距離他以前的家只有兩百公尺。警察判定他是自殺，不過，大家懷疑他的死因並不單純。畢竟，在過去幾個月，地方上的一些流氓經常到張家藥房對張家人亮出刀子和手槍。原來可以用來查出張先生究竟發生什麼事的錄影監視器，竟然在同一天故障，而且驗屍報告也未對外公開。那天晚上，一群憤怒的民眾聚集在張先生被拆房子的原址。當劉縣長想要前往致意時，被一隻飛過來的全新步鞋打到頭。陳為廷果然是神投手，一出手就擊中目標。

如果最近幾年有哪件事刺激公民社會，因而讓公民社會轉而和政府對抗，那就是大埔事件，以及張先生的過世了。政府不僅沒有為它對受害者所造成的傷害道歉，政府裡面也沒有一個人對張先生的去世表達悔恨（馬總統只有在懷念蔣經國時才會落淚）。政府表現出來這種漠不關心的態度，在桃園居民之間引發警惕，幾千名桃園居民正面臨被迫拆遷的命運和類似的惡夢，因為桃園航空城的超級計畫正在加速進行當中，據此計畫來推測，中國投資公司和營建公司可能會被允許參加投標。

但在二〇一四年十一月二十九日的選舉中，桃園縣長吳志揚（他是跟北京走得很近的前國民黨主席吳伯雄的兒子）被民進黨候選人打敗之後，這些恐懼總算得到舒緩。同樣的，在同一場選舉中，國民黨籍台北市長候選人連勝文的落敗，也可能使一些規劃中的開發計畫宣告暫停，如果這些開發計畫不停止的話，將會造成嚴重的土地徵收和大規模抗議，這種情況可能發生在台北周邊地區，像是松山。雖然還有其他因素，像是選民對國民黨的普遍不滿，可以想見，一定影響了選民的抉擇，但桃園和台北的選舉結果卻很清楚地顯示出，從選舉結果產生的公民運動和糾正，會為社會安定帶來積極的效果。

最重要的是，大埔事件引發出來的道德怒火，以及中央政府後來採取很多動作企圖掩護劉縣長，讓他不會受到法律制裁和批評，這讓公民社會終於深信，他們必須擴大抗爭規模。多年的和平抗議、向政府官員陳情以及採取法律行動，結果都敗在掌握全部權力的政府手中，這使得公民社會對於正常的抗議程序似乎失去了耐心。更糟的是，本來應該是這些抗議運動的中立盟友民進黨對此卻很怠慢，竟然沒有在這方面扮演任何角色，這是公民社會不會忘記或原諒的。

到這時候，劉縣長可能是台灣被罵得最兇的人了，然而，他仍然受到在台北的國民黨的持續保護。除了在大埔的行為，劉的形象還因為苑裡鎮的其他開發案而更受沾污，在苑裡，因為要在很靠近當地居民住家的地方豎立風力發電機組，因而引發爭議，當地居民宣稱，政府事前並沒有就豎立風力發電機組之事徵詢他們。民進黨執政期間，德商英華威集團取得這項風力發電機組的合約，但是，當苑裡當地居民挺身而出抗議時，警察卻站在一邊，沒有任何作為，德商英華威集團則聘請一些流氓充當保全員，非法阻擋抗議者進入應該是公共財產的工地，甚至還暴力攻擊年老的抗議民眾，因而引發民眾嚴重關切執法人員維護大眾安全的能力。德商英華威集團聘請的私人保全公司，可能和犯罪組織有關係，據傳，三合會和當時內政部警政署署長好像有密切關係，這當然不會讓民眾感到安全，也無法說服他們相信地方警察會作出正確的行動。

警政署的形象後來又遭到進一步破壞，因為在很多場合裡，警察都沒有進行干預，像是當反對同性婚姻合法化的團體遭到騷擾時；以及在二〇一三年十一月三十日凱達格蘭大道集會中，一些個人被禁止在一處公共場所中自由活動；或者，在反對中國官員訪問的抗議行動中，一些明顯跟親北京犯罪組織有關係的團體暴力攻擊公民運動者和支持獨立的政黨。

很多抗議人士遭到司法起訴，其中包括「綁架」這項罪名，這也引起大家質疑法院的公平性。苑裡自力救濟團體在台北舉行多場抗議活動，其中一次把一個豬頭送到經濟部。很多公民運動者後來又參加另外的很多場抗議活動，並在後來太陽花占領立法院的運動中扮演某種角色。

軍方對人命的輕忽

在那段時間當中，另一個充當催化劑的事件，就是二〇一三年七月四日，二十四歲的陸軍義務役士官洪仲丘死於因體溫過高而引發的「泛發性血管內血液凝固症」（disseminated intra-vascular coagulation）。長官懲罰這位年輕人，導致他在距離退伍僅三天前死亡。軍方在處理這個事件時表現得很拙劣，包括拖延和破壞錄影監視器和大膽說謊，結果引發大規模抗議示威，以及一個新公民團體的出現：「公民 1985 行動聯盟」。1985 是軍中電話求助熱線。這個團體的領導人都是「在網路上認識的」，並且不願意公開他們的真正身分。七月二十日，他們在國防部外面舉行第一次抗議活動，吸引幾萬人來參加。第二次抗議活動在八月三日舉行，吸引了二十五萬人參加，其中很多人都舉著上面寫著「big brother is watching you」（老大哥在看著你），同時還畫上一顆大眼睛，這個標語和大眼睛就是這次運動的標記。在那場抗議大會上，幾個家中有年輕人在服役期間意外死亡的家庭出面，表達他們的憤怒，因為他們一直沒有收到軍方對於他們的孩子在軍中意外死亡的合理解釋。此時，國防部長高華柱已經因為這個事件辭職下台。他的繼任者楊念祖，似乎真的決心好好處理洪仲丘死亡事件，並且要那些應該負責的人受到應該的懲處，但他面對來自內鬥頻仍的軍方的強烈抗拒（有部分是因為他是文人部長，而非來自軍方），結果，在有人揭發他所編著的書籍中有篇由代筆者所寫的文章涉及抄襲之後（是民進黨人向某雜誌爆料的），楊念祖很快就下台了，只擔任了短短六天的國防部長。從來不會拒絕內閣官員辭職請求的馬英九總統，想都沒想就批准了楊的辭職要求。不久之後，來自軍方的某人就出任國防部長。

儘管「公民 1985 行動聯盟」因為舉行了幾場精心策劃的大型抗議活動，而吸引大批群眾和外國媒體的注意，但其本身也並非沒有爭議。對它的主要批評之一就是，它的工作人員會在抗議活動現場實施嚴格的管制，經常阻止媒體人員在現場自由活動。在這些抗議活動現場都沒有出現大量警力部署——形成強烈對比的則是在一些由反對強制拆遷及其他問題的自力救濟團體舉辦的、規模比這小上很多的抗議活動上，卻部署了相當多的警力——這也引起大家猜測，「公民 1985 行動聯盟」可能已經和當局達成某種協議。很多觀察家在當時指責：「公民 1985 行動聯盟」主辦的抗議活動，有著很高的可預測性，性質也很和平，這已經違反了抗議活動本來就是要讓政府忐忑不安的目標。在回應這些指控時，主辦人之一柳林瑋解釋：「公民 1985 行動聯盟」的目的就是要創造出一個安全的環境，如此一來，年輕人和一般家庭才會毫不遲疑地出來參加活動，並支持他們。

這樣的說辭當然有幾分正確性，事實上，這樣的說法，可能讓後來在太陽花運動期間，聚集在立法院的幾萬名年輕人覺得熟悉；因為，在這段期間，已經變得比較激進的柳林瑋也參加了太陽花運動，並且扮演起某種領導角色。

然而，「公民1985行動聯盟」卻一直沒有達成它想要的目標。對於應該為洪仲丘死亡負責的那些軍人的懲處都很輕微，而且「公民1985行動聯盟」要求的很多改革也一直沒有實施。當國民黨阻撓這些改革時，「公民1985行動聯盟」卻沒有擴大抗爭規模。這樣的結果顯示出，像「公民1985行動聯盟」動員了這麼多人的抗議群眾，竟然還不足以讓一個不想受到輿論影響的政府改變政策，這和其他團體所發動的那些規模小了很多、「游擊隊式」的抗議活動形成強烈對比。例子之一，是「黑色島國青年陣線」，這個團體大約就在那個時候成立的，目的是要反對「服貿協議」，但「公民1985行動聯盟」卻經常把「黑色島國」看作是「低級」和「暴力」的。

不過，就跟大埔悲劇事件一樣，洪沖丘事件引來全國民眾的注意，並且讓民眾更加了解，這個政府基本上已經不值得被信任。人權遭到侵犯，更糟的是，還有人死亡。這些發展大部分要歸因於民眾已經喪失對地方和中央政府官員的信任——事實上，更嚴重的是，政府的經濟表現十分糟糕，很多觀察家通常會用這個來解釋馬總統的聲望為什麼會下跌。

民眾對政府官員的憤怒。導致各種抗議爆發，要求馬總統和他的一些內閣閣員下台。這也引發一些快閃抗議，抗議者會在這樣的快閃抗議行動中向政府官員丟鞋子，結果有人發起「929威鞋馬英九」，號召民眾在九月二十九日帶著鞋子到國父紀念館集合，準備向在那兒舉行會議的國民黨代表丟鞋子；在二〇一三年十一月當國民黨在台中舉辦拖延已久的全代會時，號召民眾去包圍會場；同時，有幾百人在那兒把鞋子丟向政府官員的照片。原來計畫要在當天進行的其他抗議行動後來宣布取消，因為支持統一、由幫派分子轉型為政治人物的張安樂，揚言要發動他的幾千名支持者前去保護馬政府的官員，並且企圖用錢收買這些抗議活動的主辦單位：「全國關廠工人連線」這個自力救濟團體。不管走到那兒，政府官員都會碰到自動自發的抗議行動；年輕學生、學者，母親和其他公民運動者如影隨形地緊跟著那些已經不再被民眾信任的政府官員。再一次的，這樣的憤怒情緒超越了藍綠陣營，但毫無疑問的是，隨著二〇一四年的逐漸接近，這些抗議活動的內容越來越偏向在中國問題上面抹上政治色彩，這主要是因為政府此時一直想方設法，企圖通過「服貿協議」。

儘管民怨不斷高漲，但人民卻完全不知道二〇一四年會是變化極大的一年，這一年發生的很多事件將會動搖國民黨的核心，並且破壞一連串的兩岸協議計畫，如果這些協議全部通過的話，將會使得台灣掉進中共更深的陷阱裡。

抗爭會更擴大，並且會發生更激烈事件的第一個跡象，發生在一月二十五日清晨，四十一歲的卡車司機和前空軍軍官張德正，駕駛他那輛三十五噸的砂石車一頭撞進總統府。政府很快就冷處理此一事件，並對外宣稱，張德正精神狀態不穩定，顯然是因私人問題產生不滿而導致犯案（張德正婚姻不美滿，最近剛在家暴官司中敗訴）。不過，政府當局沒有提到的是，張在犯案前寫了一封信給各家媒體，在信中詳細列出他的不滿。除了指控法院處理他的案件時「不公平」，還提到政府貪腐，貧富差距日益擴大，司法制度只嘉惠有錢有勢的人。更具體來說，張德正列舉了大埔拆遷事件、洪仲丘士官被虐死事件，以及對涉及貪瀆案件的政府官員輕輕放過。

張可能真的說對了。前一年，全台灣大約一千名律師在法務部外面簽署一項宣言，譴責警察使用暴力，以及當局對過去兩年中參加抗議行動的年輕公民運動學生提出法律訴訟。在同一場合中，這些律師宣布，他們將對這些被起訴的公民運動學生提供專業協助——他們也真的這樣作了。在接下來的幾個月裡，他們一再幫助從獄中救出這些公民運動者，告訴他們有哪些權益，並在警察進入行政院時，他們還挺身而出。這些最了解法律的人免費幫助幾千名年輕人，而根據當局的說法，這些年輕人都是不斷從事「違法」行動的人，此一事實已經對眼前的情況作了很多澄清，也許已經扭轉了民眾的看法，轉而同情這些公民運動者。

儘管有私人問題，但毫無疑問的，張德正確實表達出民眾的憤怒，並且覺得他必須要採取某種行動（不過，他在策劃這次「攻擊」時，有設法把可能造成的傷亡人數降到最低）。幾個月後，那些認為太陽花占領立法院是突然且非自動發生的人，顯然是沒有持續在關注台灣的發展。所有的跡象早就已經存在了。

全面引爆點：「服貿協議」

其中有個團體最善於利用其他運動創造出來的動力，那就是「黑色島國青年陣線」，它是太陽花運動最直接的先驅。黑色島國是因應「服貿協議」而成立的，它的成員指責台灣的談判人員和大陸達成的是「黑箱」協議，將會危害到台灣主權和自由民主的生活方式。根據這項協議，將要開放給大陸投資的項目，包括金融、健康相關服務、觀光、娛樂、文化、通訊、出版及印刷。雖然就技術上來說，這是互惠的，但很明顯的，對這些開放行業的影響大部分將是單向的：就是獨裁國家的中國將會破壞台灣的言論自由，而台灣公司卻將會在中國面臨嚴格檢查的障礙。台灣的很多小行業也害怕，他們將無法在服務業和中國投資的公司競爭，並將被迫離開這些行業。

「服貿協議」是在二〇一三年六月二十一日在上海由兩岸海協和海基會代表簽署，簽署後將立即送交立法院審議通過。但批評者馬上指出，「服貿協議」是在祕密情況下進行談判。甚至連國民黨籍立法委員——特別是那些選區是在很容易受到這項協議不利影響的立法委員——也對協議所影響的範圍感到吃驚，並抱怨他們從來沒有被諮商過。在接下來的幾週和幾個月內，各行各業的代表、工商團體、學者和公民運動者都指責政府沒有事先和他們磋商，也沒有保證會採取必要的預防措施來確保開放的行業不會受到不良影響。在回應這些指責和批評時，馬政府採取了過去一年來讓它陷入重大困境的同樣的逃說詞：政策基本上十分完善，只是沒有好好向大眾解釋而已。換句話說，政策沒有必要變更；政府只需要說服民眾，因為民眾並不夠聰明，不會了解政府的作法其實是在幫助他們。

六月二十四日，黑色島國青年陣線在行政院前舉行第一場抗議活動。這看來不是個有希望的開始。因為只有大約二十名公民運動者參加。他們揮舞幾塊標語、喊喊口號，然後就離開了。這場小規模集會並沒有受到媒體的注意。

然而，黑色島國再度從前幾次運動中汲取經驗，並有幾位參加過最近公民運動的成員加入，因此改變了它的小規模、游擊戰式的街頭運動藝術。經由持續不斷地努力抗爭——在立法院和其他政府建築物前舉行快閃式的民眾抗議，成立工作室，設立網站等等——黑色島國開始吸引媒體和學者的注意。還有，這當然也引起了執法單位的注意，開始部署大批警力來對付抗議群眾，但這些抗議者卻經常能夠成功突破警察的封鎖，闖進立法院裡。如果不是黑色島國的這些人有能力讓政府坐立不安，以及他們很懂得如何創造戲劇性的效果來吸引大家注意，「服貿協議」很可能早就在立法院輕鬆通過了。

最後，黑色島國和很多非政府組織、學者以及支持這些運動的馬英九以前的幾位顧問，終於迫使政府妥協，召開一連串的公聽會，分別由國民黨和民進黨人擔任公聽會主席（兩黨各派八個人）。不過，大家很快就被發現，國民黨企圖利用這些公聽會來作為單向宣傳管道，在這些公聽會上，政府官員說明一些政策的內容，並強調不願意更改這些政策。畢竟，每個人都知道，公聽會是沒有約束力的。還有，雖然民進黨主持的公聽會都進行得很順利，但國民黨主持的公聽會——全部八場都集中在一個星期內舉行完畢——卻經常把最擔憂「服貿協議」如果實施，將會影響到他們生計的那些行業的人排除在公聽會外。很多團體沒有受到邀請，其他團體則是在最後一刻才知道要舉行公聽會，結果根本來不及參加。這些公聽會甚至拒絕讓黑色島國的成員參加，引發黑色島國抗議，但都被強勢警力把他們擋在門外。

不過，公聽會的召開，仍然代表著「服貿協議」將無法如馬政府先前計畫的，在二〇一三年年底前實施。

政府接著作出看來好像是第二次的妥協，同意逐條審議「服貿協議」的內容。在批評政府的人士看來，這項妥協還算合理。支持政府的人士——投資者和很多可望從「服貿協議」獲利的公司企業——則表示反對，他們說，全世界各國的貿易協議從來沒有接受過這樣的審查，而且，貿易協議採取祕密談判，也是很常見的。

當然，這些人士沒有提到的是，事實上，全世界進行「黑箱」協議談判的國家，雖然不一定都在國力上「平等」，但至少不會拒絕承認對方的存在，不像台灣和中國的關係。

例如，美國雖然比它的夥伴強大很多，但它在談判北美自由貿易協定（NAFTA；North American Free-Trade Agreement）時，從來沒有威脅要壓迫墨西哥和加拿大。

台灣海峽兩岸的關係極其特殊，加上北京的策略是要全面破壞台灣，並加以併吞，這個因素是批評黑色島國和太陽花運動的外國觀察家經常忽略的，但很意外的是，他們竟然把「服貿協議」看成是兩個主權國家以平等地位談判而成的正常協議。

但對擔心國家前途的台灣人來說，「服貿協議」是一條不應該跨過的紅線。情勢發展顯然過了頭，這一次，「服貿協議」的影響並不是抽象的，跟以前和中國簽署的協議不一樣。這次的威脅是真實的了：台灣人將會失去很多工作機會，中國共產黨將可以慢慢滲透台灣的媒體、通訊、廣告、出版和翻譯行業，所有這些都是一個健全的民主當中很重要的部分，但在像中國這樣的高壓國家裡，卻經常禁止它的人民去取得一些資訊。

希望趕快通過「服貿協議」的人士其實不用太過擔心逐條審查。在舉辦完所有公聽會和諮商會後，經營汽車旅館業的國民黨籍立法委員、現在擔任立法院內政委員會主席的張慶忠說，「服貿協議」不可以修改，而且必須「完整」實施。

立法院在二〇一四年三月開議後，國民黨籍立法委員阻撓議事過程，造成立法院連續三天爆發衝突。民進黨立法委員沒有足夠的票數阻撓議事，所以只能採取肢體抗爭，造成雙方相互叫罵。就好像在處理跟中國關係這樣重大的議案時一樣，立法院就好像戰場，但卻沒有任何一方在這些戰爭中獲勝。

學生占領立法院

在此同時，在立法院外面，抗議群眾聚集並發動靜坐示威。

接著，在三月七日，立法院在民進黨立法委員占據發言台的情況下，張慶忠卻引用「立法院職權行使法」第六十一條條文（各委員會審查行政命令，應於院會交付審查後三個月內完成之；逾期未完成者，視為已經審查），逕自宣布，「服貿協議」已經超過規定的九十天審查期限。因此，此一協議應視同已經審查完畢，並在三月二十一日送交全會進行最後表決。行政院立即向張「道賀」兩岸服貿協議審查成功，但其實根本沒進行過任何審查。專家後來指出，六十一條並不適用此一協議，因為「服貿協議」是「兩岸經濟合作架構協議」的一部分，而「兩岸經濟合作架構協議」被視為是准條約，不適用第六十一條條文的行政命令。但在一百一十三席的立法院，國民黨籍立法委員就有六十五席，因此表決通過。兩岸服貿協議最早將在二〇一四年六月起開始實施。

第二天晚上，三月十八日，大約二百名抗議民眾，在黑色島國的領導下闖進沒有太多警察守衛的立法院，占領議事廳[4]。這些抗議者拿起椅子和他們所能找到的家具築成障礙，用來保護自己，並在幾位民進黨籍立法委員的協助下，讓警方放棄將這些人趕出立法院。身在立法院內的這些年輕男女學生，發現自己處在這種極不尋常的情勢中，當下並沒有什麼計畫。他們認為，他們待在立法院內的時間，應該不會超過幾天。

結果，他們在那兒待了戲劇性的三星期，引來幾萬人支持他們的行動，更外圍的支持者甚至多達幾百萬人，包括一些海外社區。占領行動的初期並不是經過細密規劃的結果——事實上，占領立法院並不在任何計畫中。但是，一旦他們闖進立法院，並築起障礙保護自己之後，多年來的訓練——網路架設、組織、後勤補給、宣傳——成了他們最大的資產，讓他們能夠很快轉變情勢，讓占領行動呈現出團結的氣氛。沒多久，在和各方建立起聯繫後，這些公民運動者設立了通訊中心、醫療站，和一個大家認可的領導中心，由當時最為大眾熟悉的兩位學生領袖林飛帆和陳為廷擔任最高領導。

結合全台公民團體的力量

如果不是前兩年發生的公民社會大團結，這次的占領行動很可能會在幾天內就宣告失敗。相反的，占領行動成了一個集結點，幾十個非政府組織、協會和幾萬名支持者（其中有一些是因為參加了「安全」和「自制」的「公民 1985 行動聯盟」集會，而習慣抗議活動的年輕人）加入，把立法院四周地區變成「戰區」、戶外教室、音樂會場地和發言台，一般民眾都可以在那兒表達他們對「服貿協議」的恐懼和憤怒，以及對於政府向北京投懷送抱的這種危險行為的看法。黑色島國長達幾個月持續不斷的抗議行動，在這段期間，他們有人遭到逮捕、嘲笑和責難，也成功地把「服貿協議」轉變成大家都知道的問題，而且不容大眾或媒體再忽視。透過他們舉行的一些小規模和無法預測的抗議行動，他們證明人數多寡並不是問題。他們以智取勝，打敗了政府，獲得第一回合的勝利，也贏得民眾的身心支持。同樣重要的是，他們使這個問題一直維持熱度。當這種情勢惡化到危機程度時，很多關心自己前途的青年男女也跳了出來，不是加入占領行動，就是加入支持活動，在立法院外靜坐示威，或是在社群媒體上協助傳播各種訊息。

本來只認為會撐上幾天的，結果卻變成幾個星期，而且，事實上，大多數民眾都支持這些抗議者的運動路線（最後，這項運動被稱作太陽花運動），這都證明了，民眾對「服貿協議」以及馬政府未來要和北京打交道的那種恐懼，已經到了無法再忍的程度，民眾會說，不要再往前走了。過去六年時間，台灣人一直支持兩岸關係自由化，但在這段期間，他們也都知道，事情只能到這種程度。當馬總統跨越那條線時，他們馬上反抗。如果不是有廣大民意支持太陽花運動，可以想見它的領導人將會被迫放棄他們的計畫。相反的，大眾的支持，以及數萬人在立法院四周形成一個保護網，這給予他們需要的信心，於是他們勇敢向前，向馬政府宣戰——一路衝向北京。

甚至當太陽花學生犯了戰術錯誤而去占領行政院時，不管這項行動對於大眾認知造成什麼樣的負面影響，也很快就被政府在驅逐這些抗議民眾時的執法過當平衡過去了。因此，馬政府在誤判民眾觀感後，竟然出動鎮暴警察和水龍，結果掉入老掉牙的陷阱中：用不成比例的武力來對抗弱勢團體，這肯定會讓政府的對手得利。這也是這些年輕的公民運動者在占領立法院前幾個月中所磨練出來的一項藝術。公民運動是一場心靈與意志的戰鬥，不管馬政府說什麼，或是把抗議民眾稱作「暴力」、「不理性」和「容易被操縱」，或是像那年稍後在香港，當地公司企業就作出經濟會崩潰的可怕警告，但這些都沒有用，在整個占領期間，大部分民意還是繼續支持太陽花運動。有人指責太陽花參與者都是失業青年，沒有別的事情可作，這也完全是錯誤的，他們大部分都是全職的大學生，或是本身有工作，只能選擇在下班休息時間出現在抗議場地。

只有在這樣的背景下，太陽花運動才能從占領行政院的行動中全身而退（不過，還是受了點小傷），否則，這樣的抗議行動是會失去民眾的廣大支持的。五天後，有三十五萬到五十萬人出面響應太陽花的號召，包圍立法院和周邊街道，這可能是台灣民主史上規模最大的抗議活動之一。

也許，最能凸顯太陽花運動力量的，莫過於此一事實：撤出立法院的決定是太陽花運動的成員而非政府作出的。在向政府成功取得某些它所追求的讓步之後——其中之一，就是政府答應要先推出一套監督機制，然後再開始審議「服貿協議」——太陽花運動終於高調結束占領，這可從四月十日立法院四周民眾的情緒看得出來。當時，數萬名支持者向這些學生歡呼，看著這些憔悴、疲憊、骯髒的學生魚貫走出立法院。公民社會已經打敗政府，因為這個政府未能聆聽和消除街頭一般男男女女的疑慮。

太陽花擋下服貿，國民黨陷入嚴重分裂

太陽花運動的成功，所造成的影響是非常廣大和深遠的，即使馬總統的說法正好完全相反。走筆至此，「服貿協議」還未實施，而且在馬總統於二〇一六年下台之際也不會實施。本來隨後要上場的「兩岸貨品貿易協議」，也已被擱置下來，兩岸互設辦事處的計畫也被冷凍。鑒於民意反彈和大選即將來到，這些爭議事項中的任何一項都不可能在二〇一六年一月十六日之前獲得處理，也不會在新政府在二〇一六年五月二十日上任之前的看管時期內獲得解決。

除了成功攔阻馬總統的兩岸政策，太陽花運動還將馬孤立，並且幾乎分裂他的黨。馬只好急忙任命黨內的批評者出任國民黨副主席，才使得國民黨免於內鬨。最後，二〇一四年三

月和四月發生的事件，再加上公民社會在兩年內連續不斷的抗議活動，終於影響了二〇一四年十一月二十日的九合一選舉結果，國民黨在這次選舉中大敗。公民社會已經再一次證明，當別的方法——陳情機制，忠誠的反對黨等等——都已經失敗之後，它真的可以扮演制衡政府的角色。雖然這是一種應該盡量少用的工具，以免整個社會陷於民粹主義，但在一個國家的歷史中，還是會有一些時候是需要採取激烈手段的。就兩岸服貿協議的內容，以及它被強加在台灣人民頭上的處理方式來看，「服貿協議」的出現，正是需要採取這種激烈抗爭的時刻。太陽花運動的成功和它所獲得的支持，也替它的領袖人物帶來信譽，因為他們已經警告，將來如果政府再度跨越某些界線，他們會再度出面來採取行動。事實上，自從二〇一四年年初發生的這些事件以來，政府並沒有很積極要實施「服貿協議」，這表示「服貿協議」所帶來的威脅真的很嚴重，即使政府並不願意承認。政府真的有必要重視太陽花領袖作出的這些警告；太陽花學生在衝進立法院大廳後的幾個小時內馬上展開運作，這很明確顯示出，這些學運學生擁有一套完整的基礎結構，結合了各種團體和個人，必要時他們都會團結在一起，並且發揮集體的力量。一般來說，本來一盤散沙的公民社會，現在因為「服貿協議」而團結起來，因為大家都覺得這對台灣真的很有威脅。

不管馬政府內部還有誰繼續認為，太陽花運動不過是種曇花一現的短暫現象，當四月十日最後一位太陽花學生從立法院走出去之後，太陽花聚眾鬧事的能力就消失了，這樣的想法也很快就會破滅。因為幾天後，政府就發現它手中又多出另一個嚴重的問題——這次是核能問題。針對核能問題和反對興建核四廠的抗議活動，已經持續進行了好幾年，並且在二〇一一年三月十一日日本發生強烈地震和海嘯，造成福島第一核電廠發生事故之後，這些抗議活動的能量更為顯著。儘管核能極度不受人民歡迎，大家也極度擔心核電廠的安全、是否能夠正確管理，以及懷疑台灣現存核電廠的可靠度[5]，但政府還是執意進行核四廠的興建，到二〇一四年四月，核四廠的興建工程已經花了台灣納稅人高達台幣二千八百三十億元（九十三億美元）。

反核行動再度振奮

毫無疑問的，太陽花運動最近的成功，讓反核運動再度振奮起來，並且發動新一波的抗議活動，呼籲政府凍結核四廠，和保證逐步廢除台灣的核能，民進黨已經採納此一立場。雖然這些抗議活動和最近幾年來舉行過的大規模活動，並沒有太大的不同——而且這些抗議活動都被政府視而不見——但這一次卻加入了一些新的因素。第一，民進黨前主席林義雄（他的家人是國民黨白色恐怖下的受害者）發起禁食，並且揚言，如果馬政府不停建核四廠，他將作出最後犧牲。林義雄最近幾年來已經成為一位特立獨行的人物，而且不放棄宣傳的機會，他本來計畫展開禁食的時間正好碰到太陽花運動占領立法院，因此決定延後他的禁食行動，直到太陽花運動落幕之後。

雖然他的行動並沒有受到民進黨內部所有人的歡迎，但林義雄的禁食還是造成很大的宣傳，尤其當時馬政府正急於想讓情勢回歸正常，這可能都對反核運動很有幫助。不過，即使這並沒有導致政府改變立場，但還是促成馬總統和當時的民進黨主席蘇貞昌進行了一次不尋常的會面，在會面中，蘇貞昌表現出真正的領袖魅力和真誠的情緒，而這些都是他的批評者說的，自從他當上黨主席後就沒有見過的。因此，這也出現了很不尋常的畫面：當蘇貞昌對馬失去耐心時，他就不再說國語，改而說起閩南話，明顯招架不住的馬英九這時只好轉身請他的副手——南投縣出身的副總統吳敦義——伸出援手。

有這麼一陣子，蘇貞昌在最後關頭出手干預，以及五萬多人在凱達格蘭大道遊行，已經迫使政府妥協。總統馬英九與中國國民黨黨團於二〇一四年四月二十七日作成「核四一號機不施工、只安檢，安檢後封存；核四二號機全部停工」決議。不過，批評者指出，政府必須作出決定，而不是國民黨。還有，在提到核四廠施工時，國民黨使用「暫停施工」的字眼，而非「停工」，這也引起大家懷疑，是不是未來還要復工（後來，馬總統在臉書貼文裡寫道，對於未來世代，核能的選項不應該完全排除）。

因為對政府的反應感到不滿，數千名公民運動者——包括很多帶著小孩子的家庭——離開凱達格蘭大道，來到台北火車站前的忠孝西路，這是台北市內的主要交通動脈之一，並且也是商業活動中心之一。很快的，又有數千名抗議者加入，但被一排排的警察隔開來。不過，當局再度錯估情勢——而且，再一次的，太陽花學運的那些運動者再度進入這一切行動的核心。本來藏身在台北火車站和周邊購物街地下迷宮的這些學運人士，現在突然冒出頭來，並且在警察防線後方集結，警力很快就被包圍和壓制。很快的，這整個地區就陷入停頓，癱瘓了城裡這個重要區域的活動，而且出現好像要長期占領的氣氛，這當然引起了當局的注意。

不像過去幾年來大規模反核抗議活動都是和平的，這次的抗議活動是不可能被忽視的。公民社會再度選擇要擴大抗爭，威脅要癱瘓首都的部分地區。就如同有關於「服貿協議」爭議事件時的抗議活動一樣，決定參加這些直接行動的各個團體，背後都有民意支持。現在，一條看不見的線把反核運動和從二〇一二年就開始的一連串事件連接起來。如果沒有這些，反核運動就不可能作出它在二〇一四年四月所作的那些事。如果沒有太陽花運動創造出的動力，政府也不可能重視這次的抗議活動。

馬政府派出水龍驅散抗議群眾，但這一種絕望的行動，因為它肯定知道，這樣作只會進一步破壞它在大眾心目中的形象，也會在國際上引發更多負面的宣傳。結果，街道被清理乾淨，林在禁食九天後停止禁食，核能爭議消退在背景裡。

隨著選舉的到來，讓選民終於有機會懲罰馬政府——而他們真的這樣作了，讓馬英九辭去他的政黨的黨主席位子——公民社會暫時撤退，開始集中工作在教育一般大眾，以及吸收新成員，準備未來之用。馬政府這時已經失去功能，再也無法對全國實施不符民意的政策，面對這樣的一個政府，公民社會團體再度變得多元化，並且開始相互鬥爭。很多在當初促成太陽花占領行動成功的「士兵」們開始抱怨，他們並沒有獲得應該得到的認可，而那些受到注目的人物，像是林飛帆和陳為廷這些人，卻已成為「超級巨星」，開始周遊全世界了。所有這些都是很自然的；現在已經沒有目標，沒有東西值得大家合作，大家就相互爭奪資源和認可。在沒有活動和沒有戲劇性發展可以報導的情況下，目前已經成為公眾人物的私生活就會被拿出來詳細檢驗，揭發出他們過往生活的一些意外事件，迫使他們必須要消失，即使只是暫時性的。

儘管在占領行動結束後，出現了一些相互揭瘡疤和爭執的事件，不過，太陽花運動已經證明了，台灣的公民社會確實是會在特殊情況下團結起來，並且出現北京最害怕的狀況——不同路線的團體結合在一起。國立清華大學社會學研究所教授徐斯儉的研究指出，後來成為太陽花運動的，一開始只是幾十個組織聚集在一起，而且當時的運作並不順暢，但合作的種籽已經在前兩年裡種下。精靈已經從神燈裡跑了出來，政府裡的任何人如果還在認為他（她）就算不去理會這個精力充沛和經驗豐富的公民社會，也不會出什麼問題，那他（她）

將會倒大霉。

太陽花讓世界看見台灣

除了上面已經討論過的所有事情，太陽花運動和它的前導團體，已經留下另外兩項傳承，這和他們制衡政府的能力是同樣重要的。但這兩樣傳承一直沒有受到太大的注意。

首先是太陽花運動成功突破了國際冷漠的高牆，有很長一段時間，就是這堵高牆讓台灣在國際間處於孤立狀態。突然之間，台灣變得很有新聞價值和極具刺激性。占領行動開始後數日，通常對台灣很少注意的外國媒體，這時卻開始把記者空降到台北，要他們報導占領事件的發展。在占領行動之後的幾個星期和幾個月，世界各地舉行了幾場會議，討論占領行動或台灣的公民社會。光是在二〇一四年一年當中，作者就在六場這樣的會議上演講，地點分別落在三個不同的大陸，包括新加坡在內。新加坡當地的公民運動者經常面臨無情的鎮壓，只能夢想我們在台灣所享有的自由，可是在台灣的我們，卻經常把這樣的自由視為理所當然。在那之後，有幾位研究員前來台灣訪問，見了一些公民運動者，針對這個問題寫了論文。由於中國的宣傳和台北努力把海峽兩岸情勢描繪成「和平」新時代，使得過去好幾年，台灣一直孤立在國際之外，但現在，公民社會已經再度把台灣放回到世界地圖上。就如我們在前面已經看到的，有很好的理由去相信，在台灣發生的這些事件，最後終於影響到在香港和澳門發生的事件。

台灣最近這一波公民運動所造成的第二個傳承就是，它鼓舞了年輕人在政治上扮演某種角色。自從占領立法院行動結束以來，很多從二〇一二年以來就上街頭抗議的很多青年男女開始加入政黨，或是創立自己的黨。在蔡英文主席的領導下，民進黨已經敞開大門，歡迎幾十位年輕公民運動者加入民進黨，因為她正努力要恢復黨的活力，並再度和社會連結起來。雖然，我們已經看到，這樣的努力已遭受黨內較保守黨員的抗拒，但毫無疑問的，這是正確的一步。第三勢力的崛起，也允許一些一直很不願意加入被大家所痛恨的「體制」的年輕的個人、學者和藝術家，現在也踏入政壇和競選公職。他們之中有些人已經當選，成為他們自己社區中的重要人物。陳薈銘就是其中之一，她是有著兩個孩子的年輕媽媽，一直是苑裡反瘋車自救會成員。她參加了十一月二十九日的選舉，並且勝利當選。她現在是苑裡鎮西平里里長。

藍綠之外的第三勢力紛起

另外有很多人投入二〇一六年一月的立法委員選舉。他們決定「加入體制」，以及企圖從體制內來改變這個體制，這已經引來以前的同志對他們的批評——有時候甚至是很惡毒的批評。這樣的質疑並非沒有根據。畢竟，他們會問，當人民的房子面臨被拆除的威脅時，或是，當地方警察在風力發電機組工地對年老居民及農民暴力對待時，民進黨在那兒？事實上，在房子已經不見，以及有人已經死亡之後，才看到民進黨地方黨部的人員露面。這時已經很難再信任民進黨，因為它的一位大老，前副總統呂秀蓮，曾經在大埔張藥房老闆張森文的告別式上短暫露面，但她不但沒有出手幫助受害者，還受邀擔任外國公司的顧問，而這些公司都想分食桃園航空城計畫的大餅，所以，此一工程可能會造成幾千戶住宅被強制拆除。對公民社會的很多人，以及過去幾年來上街頭抗議的好幾萬人來說，民進黨和國民黨同樣壞，而那些黨代表所作的每件事都是自私和政治性的。小老百姓一直都是輸家。

然而，一定要讓這些年輕男女進入政界，才能替過去幾年來已經僵化的體制帶來新的生命。雖然一直需要有「圈外人」不斷來挑戰體制，但在實際上也需要公民運動者進入政壇，如此才能夠溝通這兩個世界，幫助把社會的要求轉化成可以實現的政策，替國家帶來更多好處。政治人物無法獨力完成這樣的任務；永遠的批評者也辦不到。健全的民主需要這兩種人，決定（這無疑是很難的決定）跳入政黨政治世界的這些年輕男女，應該得到鼓勵，而不是指責他們背叛或自私，最近幾個月，就有人作出這樣的批評。

最後，台灣最近的公民運動，最終造成了太陽花運動的出現，這是新型態民族主義的一種徵兆，也是一種促進的因素，而這種新型態的民族主義已經慢慢在台灣鞏固下來，特別是在年輕人之間。這是我們接下來要討論的主題。

---

1 見 Cole, J. Michael, *Black Island: Two Years of Activism in Taiwan* (CreateSpace Independent Publishing, 2015)．中文版請見寇謐將，《黑色島嶼：一個外籍資深記者對台灣公民運動的調查性報導》，商周出版，二〇一五年。

2 Fell, Dafydd, *Government and Politics in Taiwan* (Oxon: Routledge, 2012), p. 171.

3 莊雅仲，《民主台灣：後威權時代的社會運動與文化政治》。香港：中文大學出版社，二〇一三年。第十二頁。

4 想要詳細了解這次占領行動的整個過程，請參閱：《這不是太陽花學運：318 運動全紀錄》，允晨文化出版，二〇一五年。

5 見寇謐將，「除了核四，現有核電廠的安全也不能輕忽」，關鍵評論網（The News Lens），二〇一四年五月五日。http://aws.thenewslens.com/post/38191/

第八章　新時代：公民民族主義，堅忍與合法性

想要定義民族主義不是件簡單的工作。就其核心來說，民族主義其實是一種意識形態，就如恩斯特．哈斯（Ernst Haas）所謂的「維護國家對以下的訴求：歷史的獨特性，單一民族國家（nation-state）必須占領的領土，以及一個國家和另一個國家之間應該維持的關係。[1]」

這個定義上的問題，也存在於某項衝突的核心裡，而這項衝突早已經存在於台灣海峽，且將繼續存在下去。就如本章所展現的，台灣和中國的民族主義不僅有著本質上的不同，這兩種民族主義也來自於雙方對民族主義的不同解釋。台灣的民族主義傾向於遵循西方「國家是一個現代機構」的概念，中國則是從文明的角度來看這件事，而且是源自於儒家傳統，「血統」，以及一種很深的受害者情結（victimhood），而這種情結則回過頭來對民族主義注入偏執和仇外的心理。

因為採取了文明角度，所以中國的民族主義就沒有邊界，這說明了為什麼不管置身在哪個地理位置上，只要是被認同是中國人的人，經常會覺得，他們有義務維護「祖國」的榮譽。這種民族主義是用血統和DNA來定義的，因此使得其他國家——像是台灣——就不可能存在於這樣的背景裡。關於這項規定的唯一例外，就是西藏、內蒙古和新疆，這是三個典型的殖民主義例子，在未來很多年裡，都將會是動亂的來源。

中國的體制會鼓舞出受到外國強權迫害的受害者情結，以及伴隨而來的仇外情緒，在這些情緒和情感的助燃下，中國民族主義也培養出一種優越感，認為中國人擁有「高IQ」、「最聰明的頭腦」，以及「祖先留下來的五千年豐富歷史」傳承。

專門研究中國民族主義的葛小偉（Peter Gries）警告說，不要對民族主義採取他所謂的「社會心理學」路徑。相反的，葛小偉選擇採用艾禮·坎度理（Elie Kedourie）對民族主義的定義。根據這個定義，民族主義「有很大一部分是關於個人的自我視野，是個人對自身和個人在這個世界的地位的評價[2]」。雖然這種定義有一些優點，但卻很難把中國民族主義的這種相當仁慈的觀點，和中國目前的刺耳宣傳聯想在一起，尤其是中國目前在全世界各地表達它的民族主義觀點，從國際舞台一直到西方國家的教室皆然。雖然民族主義也可以是一種個人的過程，但就是無法和它所存在的社會與政治背景分離。中國民族主義已經轉變成例外主義（exceptionalism），這是中國共產黨強力培養的一種發展，把它當作是強化其正統性的一種工具（這樣的例外主義並不是太例外，不像美國的例外主義；認為美利堅合眾國是個獨特的國家，與其他國家完全不同。）美國西東大學（Seton Hall University）外交與國際關係學院副教授汪錚，在他的《勿忘國恥》（*Never Forget National Humiliation*）中寫道：「基本上，歷史記憶與民族主義興起之間的關聯是要注意的，因為，迷思、記憶、傳統和種族傳承的象徵就是授予民族主義權力的來源。也許更重要的是，過去這些理想化的方式，可以被現代民族主義知識分子菁英重新發現和重新解釋。[3]」

中國民族主義和台灣公民民族主義的差異性

中國民族主義的本質和現存於台灣的「族群」意識，兩者之間的對比極其明顯。不管台灣的民族主義是什麼，絕對不會去強調在對岸中國看到的治外法權和例外主義。從某方面來說，這樣的對比也在定義台灣民族主義中扮演了某種角色——這是經由否定方式來達成的：也就是認定台灣民族主義不會是什麼。亦即，台灣民族主義不會是刺耳的，不會是擴張主義的，也不相信種族例外主義。它不會讓它成為每個台灣人或是台灣人後裔的一種愛國責任，要他們在國外捍衛祖國（海外台灣人傾向於很快就斷絕和祖國或他們父母家園的關係）。而且，雖然它在傳統上一直是沿著「族群」或「意識形態」的界線來排外，但它會慢慢減少這樣的排它性，並且變得越來越包容。

為什麼，儘管有很高的文化、語言、宗教、意識形態和「血統」的相似度存在於台灣和中國之間，但台灣的民族主義卻始終和海峽對岸截然不同，這關係到地理和歷史因素。還有，儘管台灣和中國相隔不到兩百公里，但我們卻不能低估台灣以一個島國身分存在，因而對它人民認同感的形成所造成的影響。事實上，台灣海峽在過去幾十年已經創造出一道實體的障礙，把台灣和中國隔開來。此外，台灣面積其實很小，所以能夠順利發展出一些必要的旅行、溝通和交流工具，然後用它們來鞏固共同的認同感，但即使是如此，想要用這種方式來定義台灣的民族主義，仍然還是一大挑戰（在中國，如果想要這樣作，可以想像這會是個更為繁重的工作，因為中國的領土是台灣面積的二百六十七倍，人口更多達十四億人。這也許可以解釋，中國獨裁統治的漫長傳統，其實只是試著想要把一整個大陸那麼大的拼圖維持完整而已）。

這並不是說，不同於中國，台灣的集體記憶並未受到過去創傷和恥辱的影響。台灣同樣也曾經在外國人的手中受苦受難，主要是日本人和中國人，這兩階段的殖民統治，造成了壓制和屠殺。這些經驗只會激化台灣島民想要獨立自主的願望。還有，雖然這些創傷無疑是民族意識的一部分，但它們並沒有被當局大量操弄，它們也沒有被轉化成已經在中國崛起的那種報復心理的民族主義。

我們也應該注意，很多在十六和十七世紀來到台灣的早期中國人，他們選擇在台灣重新開始，以脫離在中國大陸不斷發生的戰亂，這種現象很類似當時的一些歐洲人，他們在對前途感到絕望之際，選擇離開舊大陸，前往新世界。因此，從很早開始，就已經有一種「異族」的感覺存在。後來，長達半個世紀的日本殖民統治（從一八九五年到一九四五年），使得台灣和中國更進一步地隔開來，因為日本把日本法律、文化和語文實施在台灣的居民身上，卻也因而產生第一波尋求台灣獨立的民族主義運動。重要的是，這個時期也是日本社會進行深度改革的時候，日本採用了西方科技、法律制度和政府體制。台灣雖然還是殖民地，但日本的這些影響，其中無疑還是有一些傳到台灣來，進而被台灣社會吸收。

在第二次世界大戰和中國內戰結束之後，台灣再度被殖民，但很快的，冷戰造成西方陣營對抗共產黨世界，中國——那時已是中華人民共和國——則是共產黨世界中的主要角色之一。因此，甚至當台灣被「交給」中國（蔣介石的中華民國）時，台灣仍繼續沿續它和「大陸」分離的經驗。緊接著，毛澤東實施的政治制度、隨後發生的大躍進災難和後來瘋狂的文化大革命，讓台灣人民和大陸更加疏離，同時也強化了台灣人民對獨立的認同感——即使國民黨仍希望有一天能夠「收復」大陸。後來，在放棄這個夢想之後，也同時剪斷了把在台灣的大陸人和中國連結在一起的那條臍帶。

一九八九年的天安門廣場大屠殺，以及在習近平領導下，中國共產黨加緊了對中國社會的控制，這終於讓那些仍然相信中國正在「正確路線」上，並正在向西方式民主邁進的人士恍然大悟。這些事件明白顯示，中國仍是一個強硬、暴力和冷酷無情的社會，而台灣則正轉變成一個對暴力門檻接受度很低的社會。二〇一四年，警察在行政院強力鎮壓抗議人士，因而引發全民憤怒，就是最明顯的例子。

美國和國民黨的結盟從第二次世界大戰還在慘烈進行時就已開始，也慢慢地使得台灣的官僚和軍事領袖習慣了西方的理念。很多官員或他們的子女在頂尖美國大學取得高學位——比大陸的官員或他們的子女早上幾十年，因為在毛澤東統治下，中華人民共和國自行和西方世界隔離。在冷戰和台灣白色恐怖時期，也有很多台灣人逃到西方國家，在那兒展開他們的新生活，拿到學位，並與西方觀念及價值觀同化，這也成為民族共同經驗的一部分。在取消戒嚴後，這些海外人士當中的一些人回到台灣，也帶回他們的西方經驗——這樣的經驗包括了生活上，以及參與多元文化和民主社會的經驗。而那些沒有回來的人，仍然和在台灣的家屬保持連絡，而在這樣的過程中，也把存在於他們後來選擇的國家中的一些自由民主價值觀傳遞回來。

蔣經國主導的自由化，以及李登輝發動的民主化，則深化了台灣認同的形成過程。即使一開始十分不情願，但連國民黨也被迫作出自我調整，讓它能適應此一新的現實狀況，以確保自身可以在民主選舉中和他黨競爭。事實上，國民黨並沒有因此垮台，而且在二〇〇〇年的政權轉移後，竟然還能夠在二〇〇八年的選舉中再度拿回政權，這證明國民黨很清楚，就算現有體制一直對它有利，但還是有重振黨的士氣的必要。

對於台灣本土的認同已凌駕族群議題之上

在所有這些年裡，台灣民族主義經常被發現使用種族認同這樣的名辭來表示，這是一種「我們對他們」的態度，反映在台灣政治中的深刻分裂之中。過去多年來，甚至從某種程度來看，今天還是如此：由民進黨領導的「綠」營，擔負起台灣民族主義防衛者的角色；而由國民黨領導的「藍」營，則是「外省人」的堡壘，他們都支持中國和統一。這種說法有一個比較偏激的版本，而且也有它的支持者，就是：「真正」的台灣族群是可以被信任的，他們一定會保衛台灣，但國民黨那些「假的」台灣族群則全都是可能的叛徒。

不過，很少被提及的是，事實上，雖然被綠營和它的支持者定調的台灣民族主義更大聲也更有排他性，因而引起人們注意，但一個更微妙和沉默的現象，卻出現在台灣的另一個陣營。我們前面已經看到了，除了很少數（而且一直在減少中）的一群人之外，藍營的絕大部分人已經逐漸接受台灣（或中華民國）是他們的家的事實。這個家當然不會是目前繼續存在於中華人民共和國的那個高壓、一黨專制的獨裁政權。家是民主、自由、安全的，但不完美，有時候甚至還很混亂，但這才是家，而且，這些價值觀是很多變數的一部分，用來定義他們是什麼人，以及在台灣（法律上來，就是中華民國）的公民究竟代表著什麼意義。雖然很多在一九四九年國民政府被打敗之後被迫逃到台灣的人，他們和中國的情感很強烈，但他們的子女都在台灣出生，這對他們如何定義自己和他們的家園產生很重大的影響。他們也許擁有中國文化的傳承，也沉湎在他們父母的歷史與傳統中，但他們對家的唯一經驗就是台灣。對他們之中的很多人來說，中國對台灣人的意義，就像英國對美國人、加拿大人和澳洲人——是文化和傳統的來源，不管對它們有多著迷，但基本上只是種外國政治體。後來，他們的後代都在台灣已經自由化和民主化之後出生。因此，自由是他們後代子孫唯一知道的一件事；這是一種生活事實，人們因此把這視為理所當然——即使在這些人當中，因為家庭的壓力，還是有人會在地方或全國性選舉中投票給國民黨候選人。只要這些自由和民主繼續存在，就沒有真正的必要去擔心政治問題。

但是，政黨仍然繼續打出認同或「族群」牌。不過，很明顯的，政治人物這麼作，主要是基於政治上的方便，或是為了爭取選票，而不是真的相信在台灣會發生「台灣人」和「外省人」的生死存亡戰鬥。國民黨強調它和中國有密切關係，是因為根據他們的估計，這樣作可以讓他們拿到那些害怕台灣海峽出現緊張情勢的人的選票，或是認為國民黨比較可能幫助他們在中國獲得利益的那些人。在民進黨這邊，它吸引的是那些擔憂中國或是因為個人原因而痛恨國民黨的人。

這種政治遊戲也許有助於在選舉時團結，但假以時日，就會很明顯看出，這種人為的分裂對台灣有害，因為這確實會使台灣一直處於分裂中。還有，雖然表面上兩個主要政黨反映出兩個對立的「族群」團體，但人民的觀感卻逐漸向政治中線靠攏。這個過程並不被承認，但卻真實存在，而且建立在幾乎台灣的每一個人都會同意的基礎上：一個自由民主的社會，可以自由取得資訊，尊重人權，經濟繁榮。最重要的是，大家都認為，台灣已經使這些理想變成事實，並且只有很少數人還在相信中華民國擁有全中國大陸領土的這種荒謬主張。政治人物可以繼續作出這樣的主張，把它們列入政治訴求的清單中，但到了二十一世紀，相信中華民國仍擁有超出台灣之外土地的人，已經是少數中的少數。

因此，這種很深的分裂越來越被人看出它的本質：它是人為的，而且會破壞台灣進步的力量。把所有問題都怪罪到中國頭上很容易，但造成台灣處於停頓不前的很多原因，就是抗拒改變和進步、希望保持現狀的心理所造成的結果。雙方的年老政治人物不僅都沒有完全退休，甚至還出手影響政策，更經常領導這個國家走向跟多數人——尤其是年輕人——所希望的完全相反的方向。兩黨的恐龍繼續受到尊敬，並在幕後利用各種派系，以確保黨的領袖無法真正進行改革。結果，台灣的兩大政黨越來越和他們所代表的人民的願望脫節。

因此，一點也不意外的是，到二〇一三年時，公民社會的大部分人都認定，國民黨和民進黨同樣壞，有部分問題都是它們造成的。民眾也對「族群」牌感到厭倦，而每一次，某個政黨在競選期間聲勢落後時就會打出「族群」牌，他們也對政治人物經常玩弄的零和遊戲感到不耐，因為這是造成國家無法進步的原因之一。

基本上，兩黨所不了解的是，在過去幾年，一種新的台灣民族主義已經自行鞏固成型，並在二〇一四年爆炸開來，呈現在眾人面前。這場戲劇性發展的主要演員，全都是年輕人，他們代表了台灣所有的「族群」，這一點也不讓人意外。這是兩大趨勢所造成的：第一，從古老的族群觀念裡萃取出來的一種包容性民族主義的興起，而且是默默興起的；第二，馬英九政府的政策，現在已被認為威脅到被定義為是台灣人的生活方式。族群認同不再是團體界限的唯一考量；事實上，族群認同已經不再流行，也沒有吸引力了。作為台灣人就表示，你是台灣這個民主實驗的參與者，不管你的族群背景，也不管你的語言、社會地位或投票傾向是什麼。換句話說，過去幾十年來接觸西方文化的結果，台灣正在慢慢變成多元族群的社會，並且擁有一個共同的民族主義，而此一民族主義是由「是什麼」和「不是什麼」來定義的。

台灣公民民族主義的「是什麼」與「不是什麼」

不久以前，為人父母的台灣人都會警告他們的子女或孫子，要他們不要接近像華光這樣的社區，因為這些社區裡住的都是「外省人」。但是，到了二〇一三年，代表台灣所有族群的那些年輕人卻發動起公民運動，努力保存這些社區，並捍衛這些社區裡的那些年老大陸人住戶的尊嚴。當這些社區中的某個社區遭到政府侵入時，台灣人、外省人、客家人和原住民全都會團結起來，彼此相互幫忙。太陽花運動的很多年輕人來自「深藍」家庭，因為參加這項運動而和父母爆發激烈爭吵。他們之中有些人還因此被趕出家門。有些人的電腦被父母沒收，或是被砸碎，希望這樣可以阻止他們繼續和太陽花運動的朋友們連絡。

他們所抗爭的，和把他們團結在一起的，就是身為一個台灣人的真正定義。很明顯的，這樣的價值觀和定義出中國民族主義的價值觀截然不同。

一些一直留在海外、沒有回來的海外台灣人——他們之中有很多人是在白色恐怖高峰期逃出台灣的——經常很難了解這種現象，這也是為什麼他們都會用最嚴厲的口吻批評政府企圖修改教科書課綱，以及更加強調中國歷史。就是這些人傾向於警告，馬政府企圖「洗腦」台灣年輕人，但在我們這些每天在台灣和台灣各行各業人士一起生活的人來看，這顯然是不可能的。雖然這個以中國為中心的政府（以及北京）都想盡辦法要說服台灣人民，但他們永遠不可能成功「洗腦」台灣年輕人，因為台灣年輕人比以往更知道自己是誰，而且，他們也比以往更能取得各種資訊。最明顯的例子是，儘管七年來一直強調台灣社會的中國根源，但各種調查卻顯示，自我認同的趨勢是往相反的方向發展：越來越多人自認為是台灣人（或者，他們先自認為是台灣人，接著才是中國人），越來越少人自認為是中國人（或是中國人第一，台灣人第二）。在一個像台灣這樣的開放社會裡，想要「洗腦」他人，是很大的挑戰；甚至在封閉的社會裡也是如此，例如，卡斯楚統治下的古巴，那兒的資訊取得受到很嚴格的限制，但想要把錯誤的訊息推銷給它的人民，還是十分困難，從我幾年前在哈瓦那（Havana）和很多計程車司機交談的經驗來看，這是極其明顯的。

海外台灣人經常告訴台灣年輕人或是像我這樣的西方人說，我們無法了解國民黨是多麼表裡不一和「邪惡」，因為我們就置身在體制內，並且每天接受國民黨的強力宣傳。確實如此，這些人當中有很多人，都因為他們在台灣白色恐怖時期的生活經驗而受過嚴重創傷；當時，他們的很多朋友、家人和同事都因批評當局而被捕、失蹤或被殺。像這樣的創傷會讓個人對敵人的認知產生長遠影響。不過，只有未曾親眼目睹過去幾十年來——以及甚至最近幾年來——發生在台灣的這些非凡轉型的人，才會堅持認為，我們在這裡的這些人已經遺忘了國民黨的黑暗陰謀。這根本就是錯的。國民黨現在只是它之前的獨裁自我的殘留影子罷了，就好像民進黨內部也有派系之爭——包括它的本土派派系，在南部擁有很大的影響力。

雖然一些親北京的恐龍，像是連戰、郝柏村和吳伯雄，仍然很有影響力，但他們指揮黨的能力正被稀釋之中，因為有很多黨員，就像台灣所有人一樣，都已經發展出真正的台灣人認同，並且渴望維護民主理想，以及此地所有人享有的自由。曾為二〇一六年國民黨總統候選人的洪秀柱發表看來似乎是親北京的言論，引發很多國民黨籍立法委員的極度擔憂，就是明顯的例子（請參閱第十三章）。很多人已經表示，他們很害怕，洪的言論如此偏離可以吸引大部分台灣人的中間路線，可能會「毀滅」國民黨。而洪秀柱能夠挾持這樣的觀點繼續向前衝刺，則是國民黨內部充滿怯懦心態的結果，而非默許或同意這樣的言論。

國民黨拒絕參加在日本交流協會外面的釣魚台列島爭議的抗議活動，而當時，大陸各地的日本公民和公司企業正遭受大陸民眾的攻擊，這是另一個例子（「我們不能和這些支持統一的瘋子一起出洋相，」一位國民黨前官員當時這麼對我說）。

甚至深藍和表面上支持統一的政黨，顯然也接受了當代台灣民族主義的這些價值觀，因此在公開辯論時，他們甚至會糾正——有時候甚至是嚴厲斥責——那些沒有這麼作的個人，像是張安樂，他在二〇一三年回到台灣不久，就有過這樣的經驗。

因此，台灣已經發展出一種由公民價值觀和民主制度來定義的民族主義，雖然不完美，但卻被台灣的大多數人接受。我們在前面有看到，早在台灣成為民主國家之前，台灣的民族主義就已經存在，但毫無疑問的，民主經驗以及期待它持續下去，現在已經成為界定台灣認同的和愛國主義的重要元素。在此同時，「種族」或「族群」民族主義已經失去吸引力，目前被認為只會鼓勵分歧。國民黨和民進黨現在都應該體認到了，再打「種族」牌，肯定走進政治的死巷，最明顯的例子，是連勝文陣營指責獨立候選人柯文哲是「渾蛋」，是「日本皇民」的後代，結果引發對連陣營不利的反應。這些界線一直十分模糊，種族已經不再是個人政治喜好的決定因素。很久以前，國民黨會徵召（經常是透過選舉）草根（地方基層）台灣人，近幾年來，已經有多位外省人在民進黨陣營扮演重要角色，在陳水扁政府裡出任部長，或是在柯文哲競選台北市長期間擔任發言人。

這就是新台灣，一個越來越包容的社會，由它身為海島國家的特性塑造而成，並在它的生活方式面臨威脅時，被迫向中間靠攏。越是排他和越重視存在於光譜兩端的種族形式，包括支持統一和支持獨立的兩個陣營在內，將會繼續旋轉、墜落以至被遺忘，因為他們的支持者將會死於年老。台灣的前途寄於它的年輕人，這些年輕人對它的認同和他們所居住的國家表現出的踏實和信心，但他們也越來越擔憂，自己是否有能力對抗似乎「無法避免」的、和中國統一的勢力。

台灣兩個陣營間的這種逐步和解，這兩個陣營裡的大部分人很明顯渴望維持他們的生活方式，以及他們認同自己完全參與台灣的民主實驗，這種現象也一直沒有被國外的觀察家和專家充分了解，他們還是繼續把這種欲望歸之於民進黨和綠營。台灣不但沒有分裂，反而在這些問題上更為團結，而這種趨勢將會繼續下去，國家認同也會跟著強化。兩件事值得一提：一、民族主義不需要負面的內涵（不過，北京卻形容這是「分裂主義」，並且認定就是這樣子），以及，第二、人們將會越來越在「藍」營中發現台灣民族主義，即使這種民族主義是在中華民國的背景下作出正式表達。

二〇一四年三月和四月，在太陽花占領立法院的前幾個星期以及占領期間，這些年輕人中有很多人說，他們只有一種護照，如果台灣被中國接管了，他們哪兒也去不了。台灣社會的各種組成分子團結起來，這表示北京施加在台灣的統一壓力越多，民族主義的情感就會變得更強烈。我們在前面一章裡討論過香港的例子，並發現在回歸之後，香港人最珍惜的生活方式變調了，這只會加深台灣人希望避免類似結果的渴望。同時，在習近平國家主席的治理下，中國各地正在強化新毛澤東主義運動，而這種運動正好反對現代台灣所主張的所有事物。從很多方面看來，後者強化了民族主義的概念，就是民族主義是在定義於某人「不是什麼」，或是某人「不想成什麼樣的人」。

從二〇〇八年起，雙方人民加強來往，不但沒有促成雙方獲得更好的諒解，反而強化了台灣民族主義的某些要素，這種現象也出現在香港特別行政區，而且還發出更大的聲音。

儘管過去七年左右，台灣海峽出現和解的跡象，以及幾十年來實質的經濟關係發展，但台灣和中國的民族主義其實是建立在兩種不同的意識形態支柱上——以台灣來說，就是現代化國家的西方傳統，在中國，則是超越國界的文化視野。還有，因為這兩個國家擁有極其不同的歷史和地理，所以促成雙方的民族主義朝著完全相反的方向發展。作為這些歷史過程的副產品，台灣年輕人已是在政治上現在和未來的主要演員。對北京來說，台灣未來的年輕世代將會使得統一變得更困難，而不是更容易，因為北京會繼續堅持，這兩個民族主義不會相互對立，而會和解。

北京清華大學政治學教授、同時也是強硬的中國民族主義者閻學通說得很對，他寫道：「控制領土，只是爭取降服的部分手段，也許會導致敵國發展出民族主義，並且希望國家恢復完整，因此，他們會變成你最危險的敵人。[4]」北京企圖和台灣達成「和平」統一，這等於是要化圓成方，將會是極其困難的，這是下一章要討論的題目。

1 Hass, Ernst B., "What is Nationalism and Why Should We Study it?" *International Organization* 40 (3), 1986, p. 707.

2 Gries, Peter Hays, *China's New Nationalism: Pride, Politics and Diplomacy* (Berkeley and Los Angeles: University of California Press, 2004), pp. 8-9.

3 Wang, Zheng, *Never Forget National Humiliation: Historical Memory in Chinese Politics and Foreign Relations* (New York: Columbia University Press, 2014), p. 26.

4 Yan, Xuetong, *Ancient Chinese Thought, Modern Chinese Power* (New Jersey: Princeton University Press, 2011), pp. 193-4.

第三部

和平或衝突

第九章　沒有回頭路：台灣要什麼vs.北京期待

「當我這一代長大時，台灣的兩岸態度將會大為不同……我們要中國把我們當一個國家對待。」

——黃燕茹，學生領袖[1]

我們在前一章看到，台灣和中國是用不同的方式、使用不同的韻律來定義他們的民族主義；這也顯示出，在過去幾個世紀以來，雙方各自塑造出個別的歷史和地理。這兩個社會的差別，已經無可避免地影響到台灣海峽的政治，也影響到台灣對北京這類行動的反應，因為北京一直想要重新組成一個想像中的中國，並用這個想像中的中國來充當民族主義的泉源。當某個民族主義企圖把自己的想法強加在另一個社會時，那麼，塑造一個地方的認同感的價值觀、風俗、語言和歷史，就會成為摩擦的來源，香港在二〇〇三年以後的發展，就是最好的證明。

到目前為止，我們的研究已經顯示出，儘管北京如此努力，台灣和中國的民族主義卻正朝著相反的方向前進。如果我們回顧馬英九政府從二〇〇八年以來使用的那種隨口說說的話語，他們顯然認為，兩岸和解已經在望，和平統一就更不用說了。馬英九主政下的這七年也許已經滿足了台灣海峽兩岸富裕菁英的需求，無疑也使得兩邊的政治人物更容易面對面交流，但基本上來說，這種關係上的改善，並沒有創造出最終將讓台灣人同意成為中華人民共和國一分子的有利環境。

事實上，兩岸增加交流的結果，似乎反而加深了台灣人的民族意識，並且造成恐懼，擔心像是「服貿協議」這種進一步的交流將會危害到所有台灣人——不管他投票給哪個黨——都已經很習慣和珍惜的自由民主政治制度。因為香港居民爭取特首普選的努力宣告失敗，再加上出現新聞檢查、貧富差距不斷擴大、北京干預香港地方事務，以及每年幾百萬中國公民造訪香港特別行政區造成和香港居民的摩擦，因而造成香港最近爆發一波動亂，這些已經在台灣人心中強化了這個觀點：如果將來台灣和中國統一，台灣將會面臨類似的命運。還有，有極其明確的跡象顯示，在習近平主席領導下的中國共產黨，已對公民權力、新聞自由、工作和教育制度管制，以及對中國境內少數民族的控制，採取更強硬的立場與路線，不管和中國建立更密切的政治關係會對台灣人有多大的吸引力，這種強硬路線也已經對此造成破壞了。似乎受到習主席支持的這種新毛澤東主義，並非特別設計，而是如一些中國觀察家所認定，這是因為中國情勢正在失去控制而出現的。我們幾乎可以肯定，這並非贏得台灣人民信任的最佳方法，尤其是在二〇一五年七月傳出消息，由中國當局發動、應該是針對「重大犯罪幫派」的全國大掃蕩中，有幾十名維權律師和支持者被逮捕或是「失蹤」[2]。筆名「有味」（Youwei）的中國匿名國內學者形容說，中國逐漸發展出來的這套無所不在、複雜細緻又極其有效的「維穩」工具，正好和台灣人民所相信和想要的背道而馳[3]。

渴望「獨立」非因「反中」而起

目前，重要的是要指出，拒絕在現在或未來的條件下和中國統一，並不能直接推定是由「反中」情緒所造成的，或純粹是民進黨黨內反對和「祖國再統一」的「一小群分裂主義者」造成的。所有這些都是中國共產黨的宣傳，但悲哀的是，這在海外卻有一些吸引力。我們在前一章的討論中已經見到，台灣的民族主義在台灣社會中廣傳的程度遠比一般人所認為的廣得多。這不只限於「一小群」被認為一定很痛恨中國和渴望維持獨立地位的人；同樣重要的是，更要保有過去三十年來他們在台灣所享有的那種生活方式。其實，從台灣政壇的兩大陣營也可以見識到這種民族主義。投票給民進黨和國民黨的大部分選民，事實上也贊成台灣能保有明確的政治實體地位，但如果拿香港特別行政區作例子，一旦台灣被中華人民共和國併吞了，這種政治實體是無法繼續下去的。

台灣指標民調所作的最新台灣民心動態調查，就凸顯出這種情緒，並且也反映出在過去幾年發展出來的這個趨勢是一路延續下來的[4]。在受訪的民眾當中，一四・六%說，他們希望「台灣儘快獨立」，七・八%受訪者支持「先維持現狀，以後台灣獨立」，二三・〇%想要「先維持現狀，以後考慮獨立」。在這中間，三〇・二%的受訪者表示，他們想要「永遠維持現狀」。

此外，在台灣指標民調的這次調查中發現，有五・八%受訪者說，他們支持「先維持現狀，以後考慮兩岸統一」，五・五%說，「先維持現狀，以後兩岸統一」，四・二%想要「兩岸儘快統一」。一九%受訪者不知道或是沒有回應。

這些數字告訴我們的是：三五・四%是屬於獨立陣營的，六二・三%屬於維持現狀陣營，一五・五%則是統一陣營的。還有，台灣指標民調觀察到，越是年輕和受過較高教育的受訪者，越傾向支持獨立。

四・二%希望「兩岸儘快統一」的受訪者，在台灣很明顯只是一股邊緣勢力，並且可能是對中國有強烈情感連結的老年人。過去幾年來，這個項目的比例一直呈現穩定下跌，似乎吻合了這些人過世的比例。在這個項目裡，我們也可以把那些基於意識形態以及也許是金錢理由而支持立即統一的人包含進去，當然，這些人都不能代表大多數人的想法。

還有，在那些支持終極統一的人當中，大部分都是預測中國將來會民主化的，但以目前的趨勢來看，這當然不可能在近期發生。

同時，關於維持現狀陣營，有兩件事值得一提。第一，無論從哪個方面來看，目前的現狀，指的就是台灣（或中華民國）現在是以一個主權和獨立國家的身分存在，除了名分，其他一切都很完備。需要提及的第二項因素就是：這很可能是知識分子的避難所，如果不是台灣正面臨著軍事威脅的話，這些人將會立即且公開支持獨立。因此，像台灣指標民調這樣的民調機構就會在調查中加入一個重要的問題，就是會在兩個不同的情境下問同一個問題：在目前情況下，如果宣布法理獨立，將會引來中國人民解放軍的軍事入侵，另一個情況就是，軍事這個變數是在檯面下進行——也就是在不受威嚇下作出選擇。在第二種狀況下，支持立即獨立的人數將會大幅上升。這顯示大部分台灣人都支持獨立，但也想規避中國的威嚇。

關於台灣人支持法理獨立的比例相當低，還有一件事值得一提。因為他們已經享有一個國家的所有福利，所以，沒有太多動機可以驅使他們推動超過現狀以外的任何狀況。他們的護照受到全世界承認（現在還有一些國家可以免簽入境），他們選出自己的官員，而且可以行銷世界市場。換句話說，跟其他國家的公民十分相似，他們的生活受到國家機構的管理。宣布法理獨立後，唯一附加的好處是，台灣將可以加入一些國際性組織像是聯合國，並成為正式會員國。不過，因為是否為這些國際組織的會員國，對他們的生活並沒有產生嚴重影響，所以，爭取正式會員國地位並非成為國家的首要目標。能成為國際組織的會員國，當然很好，但這麼作的象徵意義多於實質好處。因此，對他們來說，實質獨立就已經足夠。

我們可以假定，支持立即獨立的一四．六%的台灣人，十分重視聯合國會員國這件事，但這個比例完全比不上贊成永久維持現狀的三〇．二%，而在永久維持現狀的情況下，台灣想要取得聯合國會員國地位，將會是個永遠無法達成的夢想。這並不表示這些支持維持現狀的人就是違背台灣主權的理念；只是表示，對他們來說，成為一個正式國家——像是成為聯合國會員國——所帶來的額外好處，並不值得那樣麻煩地去爭取。

我們一旦把台灣指標民調的數字，和馬總統在二〇一二年連任當選時所得到的票數比例（五一．六%），以及在二〇〇八年首次當選時的得票率（五八．四五%）放在一起看，就可以清楚看出投票給他和國民黨的選民中，有很多人都是屬於維持現狀陣營的（另外，還可以推定，有一五．五%是統一陣營的）。事實上，這告訴我們，投票給親北京馬英九的選民，大部分都是屬於維持現狀陣營，否則，他在這兩次選舉中肯定會落選。這數字顯示，投票給國民黨的選民並不一定就支持和中國統一。事實上並非如此。在二〇〇八年和二〇一二年兩次大選中，其他考量在選民的決定中扮演了更重要的角色，像是，認為國民黨更能夠確保台灣海峽的穩定、更會處理經濟問題、比它的前任政府更不貪腐，或是認為國民黨有助於

「修補」和美國的關係。

必須要提的是，大部分台灣人民拒絕成為中國的一分子，並不是完全源自於對中國的痛恨，或是拒絕承認中國的法理地位。儘管馬政府一直堅稱，中國的唯一合法政府就是中華民國，但台灣的絕、絕、絕大部分人（不管他們的投票傾向是什麼）都會作出自我調適，接受中華人民共和國存在、並會一直存在的事實。然而，「痛恨」卻正是北京的龐大宣傳機器一再用來強調的字眼，並且要我們去相信，這就是台灣人民拒絕與中國合併的主要動機：那些反對「再統一」的人是「不愛國的」，是「專門抨擊中國的人」，或是被西方「新帝國主義」勢力操控，設法要讓中國永遠不能抬起頭來。所有這些說法都源自於中國民族主義中仇外和偏執的心態，並且企圖進一步破除台灣用民族自決作為獨立選項的法律基礎。根據中國共產黨的說法，反對統一是不理性、情緒化、或口是心非——全都是負面的——的結果。

在這方面，北京的宣傳活動已經獲得一些成果。其中之一就是，國際媒體經常在他們的頭條新聞中把民進黨形容成「反中」，即使這個黨最近幾年來（尤其是在蔡英文領導下）已經努力釋放出很大的善意，企圖開啟和北京之間的溝通管道，並且跟所有其他人一樣，已經了解到，隔壁的這頭大象無論如何是不能加以忽視的。

二〇一四年，在報導太陽花運動時，中國的宣傳也影響到國際媒體出現同樣的偏見，經常在報導中及頭條新聞裡把太陽花運動形容成「反中」。無可否認的，在太陽花運動這把大傘下的一些小團體，在意識形態上是反對台灣和中國作任何接觸的。不過，我們應該指出的是，儘管這許多小團體是反全球化和貿易自由化，但他們並不會因此就特別只針對中國。整體來說，太陽花運動並不是如這些國際媒體的頭條新聞所宣稱是「反中」的。它的大部分領袖，以及那些挺身而出、支持這條運動路線的人，都有足夠的智慧理解，和中國進行貿易是無法避免的，因為中國是全世界第二大經濟體，並且已經占了台灣外貿總額的四〇％以上。太陽花運動反對的是未經充分談判的兩岸協議，這種協議將會傷害到台灣的民主機制，最後會危及台灣的主權。換句話說，這些太陽花運動者並不反對和中國簽定協議；事實上，如果他們真是如此，那麼，在馬總統的第一任任期以及第二任任期的前兩年，太陽花運動早就出現了。他們反對的是這項很糟糕的協議所造成的政治效應，尤其這項協議是由一些不向大眾說明的官員和一個不承認台灣是主權國家的獨裁政府談判而成。只要和北京簽署的貿易協議不被認為已經超越某條界線，台灣社會——以及台灣社會的一些比較激進的運動人士——是很願意相信馬總統的。因為他們並不「反中」，也不否認中國的存在，他們大部分都很能接受兩岸自然且正常化的接觸。

很多人也相信政府所說，這些貿易協議將會復甦台灣經濟，尤其是台灣的經濟在過去十年來一直呈現衰退。但是，到了二〇一四年，卻變成只有很少數人還相信和中國加強經濟關係，也許有還加強政治關係，將會解救台灣的經濟。六年來的兩岸和解，以及簽署了二十多項兩岸協議後，台灣經濟仍然有如一灘死水。薪資比十年前還低，年輕的大學畢業生找不到好工作，年輕人在首都買不起房子，貧富差距越來越擴大，而且偏向社會的菁英階層，由他們享盡和中國增加貿易的所有好處。批評馬政府的人士不再直接指責中國，反而作出結論，指出因為恨中國而加入占領立法院行動的人數，只占了很少的比例。

那麼，台灣人民要的是什麼[5]，以及這些期望是如何累積、進而違反中國的期望呢？

多數台灣人希望海峽兩岸維持正常接觸

大部分台灣人，尤其是這個國家的年輕人，並不反對台灣和中國作生意，也不反對兩岸進行學術交流、甚至也不反對台灣年輕人到中國大陸去找尋薪水更高的工作。換句話說，他們完全贊同把中國當成是正常的國家，是理念、創意和財富的來源，這樣的態度很類似於加拿大和比它強大許多的南方鄰國間的關係。

就好像成千上萬的加拿大人越過邊界進入美國追求更好的生活，讓他們的技能可以獲得更大的發揮，台灣人也願意在中國這樣作。當他們這樣作的時候，還是有充分信心，認為這不會妨害到他們對台灣的自我認同，也不會影響他們作為台灣忠誠公民的承諾。

最近針對台商所作的研究顯示，這一群以中國為基地的台灣商人，過去一直被綠營妖魔化為中國的「特洛伊木馬」，然而，他們的政治觀點其實比大家所想的更為多元[6]。這些企業家為了保護他們在大陸的投資，會回台投票給他們認為最能提出確保他們在中國的事業能夠持續經營的最佳政策的政黨，但這並不表示他們就因此放棄了對台灣民主的承諾，也不表示他們不再認同自己是台灣人。他們不但不是叛徒，之中有很多人還十分愛國，並且深信他們的努力會對台灣的繁榮作出貢獻（不過，坦白說，他們之中有些人也曾受到中國當局的威脅，並且被迫發出訊息，表示支持兩岸統一）。

當然，如果台灣人對自己的認同，及對被他們稱之為家的這個國家的法理性都不確定的話，所有這些都不可能實現。但這個問題大致已經解決，這也是為什麼當民眾被問到，希望政治人物優先處理哪些問題時，中國和兩岸關係從來就不曾列在清單的最前面。如果台灣人對自己的認同和跟中國的關係都不確定的話，那麼，我們就可預期，這些問題將會被列在他們優先處理的清單。相反的，他們大部分人最關心的是經濟、食品安全等等——換句話說，就是跟國家運作有關係的問題。中國為什麼經常被台灣民眾認為是第一優先要處理的問題，那是北京和國際社會自己造成的。中國不停地對台灣施壓，外國政府則一定要先問說：「但是，北京會有什麼反應呢？」然後才能討論台灣的政治問題。

中國也可以在中華人民共和國高度不安定時大玩台灣民族主義牌，這已是老掉牙的策略，可以把人民對政府表現不佳所產生的怒氣引導至某個外部目標，這會使得台灣人很難去忽視北京（除了台灣外，對日本的歷史仇恨，以及在東海和南海的主權衝突，這些也都可以被用來「轉移目標」）。

不過，一般來說，大部分台灣人並不理會北京會有什麼反應。他們只是想要以自由人的身分去過生活。台灣人，尤其是台灣年輕人，想要的是海峽兩岸維持正常關係。換句話說，他們想要的是，**讓在他們心中**已經很明確的事情具體實現，但對中國和國際社會來說，這些事情則沒有那麼確定。有兩種力量——其中一種是**正面**的，另一種是**負面**的——造成了這種現象。

國際社會並不了解台灣人的真實渴望

第一種力量，是台灣人的認同感和伴隨而來的民族主義獲得強化，而這些在之前幾十年當中一直未受到肯定。我們在前面已經討論過，在台灣，跟中國仍然有著強烈情感連結的那個世代已逐漸老去，取而代之的這個世代的唯一公民經驗就是在台灣；對更年輕的世代來說，我們只能他們在他們的公民觀念中再加進民主。這就是他們所知道的。

因此，台灣這種模糊的地位，已經豎立起無窮的障礙，阻止台灣參與國際社會，也使得台灣不被其他國家（經常都是一些很小的國家）當成是地位平等的國家。但現在，這種模糊地位已不再被台灣人民接受，因為他們發現，這種所謂的台灣海峽「現狀」概念已經變得很有動能，這對北京越來越有利。現任布魯金斯研究所東北亞研究中心主任卜睿哲（Richard Bush）在他的著作《未知的海峽：兩岸關係的未來》（*Uncharted Strait: The Future of China-Taiwan Relations*）中寫到，馬總統保證要「捍衛中華民國主權」，雖然這也許是「創造兩個中國解決之道的聰明方法……當然，危險之一就是，這種『讓希望永遠存在』的中道策略，可能會要求台北作出一些讓步，而這些讓步將會產生長期的負面策略後果。[7]」

因此，就如台灣指標民調的民意調查告訴我們的，年輕和受過高等教育的民眾高度支持在獨立問題上作出明確表態，以及支持讓越來越多的公民運動合法化，像是太陽花運動，當政府被認為已經危害到台灣的民主機制時，這些公民運動者就會採取直接反抗的行動。

用不著說，像這樣的正常化，以及承認台灣是國際體系中的一個合法的主權實體，代表了對民族自決的渴望。但這接著也會成為用來對抗被廣泛接受的一種概念的必要工具；此概念認為，台灣的民族自決不但非法，也構成「未經同意或機構授權」的分裂行為，這是艾倫．布坎南（Allen Buchanan）在他的著作《正義、法理和自決：國際法的道德基礎》（*Justice, Legitimacy, and Self-Determination: Moral Foundations for International Law*）中說的[8]。儘管北京如此說，但台灣並不是搞分裂，因為它的合法地位並不歸屬在中國之下，尤其不歸中華人民共和國所管轄，因為中華人民共和國是個繼任國家，並不承認它之前中華民國的存在。然而，在找出運作方法解決台灣問題的過程中，北京和很多肯定是善意的外國學者卻一直這樣作，前提是因為，台灣畢竟座落在中國的領土疆界中，因此，台灣獨立運動就是一種分裂主義運動。在這種論點被正確的予以反駁前，不管台灣人有什麼樣的自決，必然會落在由中國民族主義所界定的國家範圍之內。

香港特別行政區的例子已經顯示得很清楚了，當香港的自治體制被歸類成中國轄下的小群組後，香港情勢很快就變得很艱難。據布坎南的說法，國際法應該只能「授與」分離的片面權力，用來作為對嚴重不公平情勢作出回應的一種「補救」和「最後手段」。換句話說，「國際法應該很明確地否定此一民族主義原則：所有國家（或人民）都擁有他們自己國家的權力。」這種強調保存「領土完整」和鼓勵「選擇性分離」的說法，若以中國的背景來看，有很大的問題。問題之一，要同意領土完整，這甚至是不可能的：北京宣稱，台灣是中國不可分割的一部分，但台灣人和他們的海外支持者對此則不表同意。除非台灣能說服國際社會，否則，台灣將繼續被認為是中國的一個省，或屬於中國的領土；到目前為止，中國已經在這場國際爭奪戰中占上風。關於布坎南論點的第二個問題，就是定義問題。我們如何定義什麼是「嚴重不公平」，由誰決定，以及要到什麼程度，才會在國際法合法授權之下採取片面分離行動？我懷疑，如果布坎南所謂的「嚴重不公平」是指嚴重違反人權的狀況，以及國家動用武力來全面鎮壓的話，像今天的香港或是統一後的台灣這兩個社會，他們的自由和民主雖然正被逐漸腐蝕，但這兩個地方的違反人權情況並沒有造成流血，他們的前途將注定死亡。

因此，第一種（「正面」）力量，就是尋求澄清台灣的地位，以及反駁台灣獨立是分離主義的觀點。台灣是一個正常的國家，應該在和中國及國際社會進行交流時獲得承認。這種承認，很顯然將對某些狀況產生重大影響，台灣「問題」將可以獲得解決，台灣也不必作出某些讓步；但如果是在台灣被定義為是中國一部分的情況下，台灣就必須作出這些讓步。這種想要獲得澄清的欲望，源於從香港特別行政區那裡所得到、對於中國更多的了解；以及因而領悟到，不管台北和北京達成何種協議，只要是把台灣置於可被鎮壓的地位，那就代表台灣一定會喪失自由、民主，以及控制自身未來的能力。

因此，這可以用來理解，一四．六%受訪者想要「台灣盡快獨立」，七．八%支持「先維持現狀，以後獨立」，一三．〇%想要「先維持現狀，以後考慮獨立」，以及三〇．二%想要「永遠維持現狀」，這些人相信的是什麼。換句話說，根據台灣指標民調的調查，台灣人口中的六五．六%可能支持台灣擁有明確地位和自決選項，而不是只有很少數「分離主義者」支持的非法情緒。

因此，第二種（「負面」）力量，就是對中國侵蝕台灣民主的反應。跟你是不是同意上面討論的第一項因素：台灣是正常國家，它的自決意願並不構成分離主義沒有關係，第二種力量尋求的是要對抗和中國加強關係後也許會出現、或即將會出現，對於台灣的生活方式和民主機制（「台灣大陸化」）的負面影響。這是台灣的防火牆，會在布坎南的「選擇性分離」背景中自我呈現出來。雖然這比較沒有強調台灣年輕人似乎在追求的台灣地位的明確性，然而，這卻對北京構成挑戰，在這種情況下，如果要達成某種政治協議，中國共產黨方面一定要作出某種讓步，但這種讓步卻是它所不願意的（下一章我將對此作更多討論）。

同樣抱有這些觀點的，可能就是台灣指標民調的那九·七%支持「先維持現狀，以後考慮統一」的受訪者，或是「先維持現狀，以後兩岸統一」的受訪者（希望兩岸盡快統一的四·二%受訪者，不是不關心台灣的民主機制，就是認為，他們和中國達成的協議，會比中國和香港達成的更好）。

除了「一國兩制」，中國無意提出更具彈性的方案

儘管台灣存在著這些狀況，北京仍然堅稱，它能夠給台灣的，就只有從一九九七年起用來合併和管理香港的「一國兩制」這套架構。不消說，這套制度已經在香港特別行政區分崩離析，未來已經不可能在台灣實施，因為台灣是個跟香港有著截然不同歷史的社會，並且已經享受著民主和自由的果實；然而，即使在英國殖民統治下，香港居民也一直無法享有民主

和自由。達賴喇嘛曾經提出「中間道路」(Middle Way)的訴求，尋求「西藏在中華人民共和國的框架範圍內施行真正的自治」，但這項訴求卻遭北京封殺，這也顯示出，中國並不贊同在中華人民共和國的某些地區裡實施真正的自治(北京對於達賴喇嘛訴求的回應是，「達賴喇嘛和他的支持者唯一明智的抉擇，就是接受西藏自古以來就是中國的一部分，並且放棄他們分裂中國和尋求西藏獨立的目標」[9])。

甚至即使如盧兆興所暗示的，我們應該把「一國兩制」看成一種「廣義概念」，可以被「有創意」地用來「處理台灣的政治命運」[10]，像這樣的協議將仍然會讓台灣人蒙受一些損失，像是必須作出某種形式的讓步，並且可能要被迫放棄他們已經享有的東西——例如，執行外交關係的能力。同時，像是更緊密的經濟整合，或是可以進入中國市場等等，應該也不會有什麼好處，而這些也無法經由其他管道取得，像是兩個主權國家在世界貿易組織的規定下達成實質的自由貿易協定。從統一獲得的唯一真正「好處」，將是解除台灣面對的武力威脅，不過，代之而起的，將是中國很有可能在全台圍捕異議人士，以及像是香港從回歸之後已經出現的種種壞事。這使得中國很難去說服台灣人，因為台灣人想要的就是持續他們目前的生活方式。

真正不尋常的，以及強化以上談到的第二種(「負面」)變數的，就是一些邊緣的支持統一的代理人，像是張安樂和郁慕明，以及被國民黨挑選來在多場學術會議上和中國對談的深藍學者們，連他們都無法找到共同點，並用結合這些共同點的中文來描述台灣和中國間的複雜關係。換句話說，這些被認為意識形態最接近中國人的學者，其實無法同意中國人的說法，不只無法同意如何描述這種關係，甚至不同意用什麼方法去解決台灣海峽的衝突。而這些學者事實上只是在玩「文字遊戲」和知識，他們不需要把他們的觀點「推銷」給某個政黨，而這個政黨是要為它的候選人能否當選負責的——更別提一般選民了。

兩個陣營對國家認同達成一致立場，即使只是策略性的，但這也是為什麼提議和中國談判「和平協議」一直沒有得到太多民眾支持的原因之一，而馬總統是在二〇一一年競選連任期間提出這種想法的。對大部分台灣人來說，沒有必要達成這樣的協議，因為台灣和中國並非處於戰爭狀態：台灣承認中國的存在，沒有對中國作出軍事侵略的威脅，而且，台灣很樂於和中國維持正常的商業和外交關係。當某一方和另外一方已經和平相處，為什麼還要簽署和平協議？還有，雙方都很清楚，像這樣的和平協議並不能讓北京同意讓台灣自決，也無法讓北京不再威脅要軍事入侵來對抗「分離主義」。

不管是綠營或藍營，大部分台灣人都知道，和平協議可以滿足中國共產黨的另一項（主要是象徵性的）目標，就是利用它把台灣更拉進中國的懷抱，或是讓台灣在國際社會中更行孤立。這會更增加西方國家呼籲華府停止根據《台灣關係法》出售武器給台灣的呼聲。如果國際間認為台灣和中國簽署和平協議將會降低台灣海峽的緊張關係，並對台灣帶來好處，那麼國際間對這項和平協議的支持度將會更高。

澳門大學社會學教授郝志東說，台灣人在意識上已經「對大陸的中國人產生偏見和差別待遇的態度，同時還強烈支持台灣獨立」，雖然他的這種說法有部分正確，但同樣很明顯的是，台灣民族主義這項元素的影響極深，不僅只是歧視「另一邊的人」而已，這也表示，兩岸的人民能更加了解對方，才是一勞永逸地解決台灣問題之道。

郝志東的這種說法——抱持這種觀點的，肯定不是只有郝一個人——問題在於，他似乎認為，台灣海峽雙方之所以無法取得和解，主要是因為誤會而造成偏見，並認定「另一邊」是最壞的。在撰寫著作《消融台灣與中國的疆界——族群認同、國家與知識分子》（*Whither Taiwan and Mainland China: National Identity, the State, and Intellectuals*）時[11]，郝志東發現，台灣和中國雙方人民都想要橫渡台灣海峽，也想更了解對方，但雙方在這方面的努力仍然還很有限。但是，這種情況現在已經獲得很大改善，只是雙方仍處於分裂之中。事實上，雙方之間的那道鴻溝似乎越來越大。郝志東的澳門大學同事陳定定教授說，從二〇〇八年以來，有幾百萬中國人前來台灣旅遊，他們在接觸到台灣的民主制度後，將會更堅定他們的信念，認為民主並不適合中國。陳定定的說法可能有部分正確。如果中國很樂意把台灣放在一邊不管的話，那這種說法可能是正確的；不過，以今天中國民族主義的本質來看，情況並非如此。因為台灣被視為是中國的一部分，它的民主也就成為一個問題，並且，跟香港特別行政區一樣，是中國其他地區都要面對的——但也不盡如此，就如我們在前面看到的，因為台灣的民主已經對中國構成一個生存威脅（其實並非如此），不過，相反的，我們在下一章將會看到，因為中國本身的政治目前無法吸收境內一個民主省分將會創造出來的矛盾。

在此同時，每年有幾百萬台灣人前往中國旅遊，另外還有兩百萬人左右在大陸工作，呈現半定居狀態，所以，他們有更多機會可以更了解中國人，這應該可以消除助長台灣民族主義和支持獨立的那些偏見和種族主義。然而，在這裡也沒有跡象顯示，像這樣的兩岸接觸，已經對這些人的台灣認同或對台灣繼續以一個獨立、民主和主權國家身分存在的支持，造成任何影響。

如果擴大對「另一邊」的接觸有助於減少偏見，這肯定是很受歡迎的效果；不過，把欠缺對另一邊的了解推定是妨礙雙方「和解」——這被認為只是家族分裂而已——的唯一因素，那就未免過於天真了。

然而，北京和台灣的親北京媒體還是不斷地打這張牌，大陸國台辦主任張志軍二〇一四年六月訪問台灣，這些媒體在報導圍繞在張志軍四周的抗議活動時，就已經這樣作了。中國國台辦在它的網站上就根據台灣一家媒體的報導指出（我們在前面已經討論過了，這家媒體已經由一位親北京的商人收購），「受到一些抗議活動的影響，張變更了他最後一天的訪問路線。島上的主流媒體**全都表示遺憾**，並且呼籲「反省待客之道」，以及「學習聽取」不同的意見。」國台辦接著又說，「聯合報說，暴力衝突並不等同自由，而『聆聽和了解不同的聲音』是台灣人民應該要反省的。」[12]

根據此一高度扭曲的觀點（例如，並不是**所有**的報紙都表示遺憾，只有親北京的報紙才如此表示，還有，這段期間的暴力事件其實都是親北京的幫派分子幹下的，因為他們暴力攻擊現場的和平抗議人士），問題在於台灣人「拒絕聽取不同意見」——這是相當可笑的說法，這讓中國可以強調其「一個中國」政策的不可避免和不可分割性，而且，根據中國的新《國安法》，不遵守此一政策，將會被逮捕下獄，毀掉前途。中國共產黨一直在中國大陸各地針對言論自由發動戰爭，並且威脅說，如果台灣拒絕統一，將會對台發動戰爭，但中國的宣傳人員告訴我們，台灣海峽的衝突根源，就是台灣人不願聽取「不同意見」。說得可真對。

台灣正走向民族自決之路

台灣海峽的真正問題並非誤會，而是台灣正走向自決之路，而且，就算自決成功，中國政府也會拒絕承認。不管增加多少了解都不會改變這項事實：台灣大部分人都不想要成為中國這個國家的一分子，不管中國大陸存在的是什麼樣的政治制度。大部分台灣人都承認，他們擁有中國文化，祖先也是中國人——事實上，這兩項因素都值得驕傲，並且對台灣偉大和豐富的文化、文學、建築和飲食都有貢獻——但這樣的承認不一定會構成矛盾，至少，在台灣採納的西方民族主義模式下不會。在了解它的民族主義之下，台灣對於中國，就好像美國、加拿大或澳洲對英國，這些人都是英國人的後裔，在文化、語言和價值觀上都很類似，但卻都是不同國家的很有自信心的公民。

這些例子也有助於了解為什麼政治制度的相容性，也並不一定會創造出統一的欲望。上面提到的這三個英國前殖民地中，沒有任何一個表達出願意和英國再統一的想法，同樣的，美國的民主也沒有在它的北方鄰國裡引發想要和美國統一的欲望，儘管地理位置相鄰，而且加拿大對美國經濟的依賴，其實更甚於台灣對中國。

當然，如果北京是在跟台灣一樣定義的民族主義下運作，問題就小了很多。但情況並非如此。它用文明的演進來解釋什麼是國家（或者應該說是國際社會，這超越了國家的界限）[13]，這就是真正阻礙台灣海峽之間和解的原因，因為它無法也不願意考慮讓台灣保持**實質**獨立，並且不承認這是解決衝突的可能方法之一。北京因此繼續堅稱，台灣「問題」的解決一定要落在「一個中國」的某種聯盟範圍內——換句話說，不管是什麼結果，台灣最後一定是要在**某個方面**成為中國的一部分（請看第十一章）。不管一般中國人是否相信這個，或者這只是在回應中國共產黨的宣傳（畢竟，鼓勵「分離主義」**是**違法的），以及一個政府帶來的政權改變並不強調中國對台灣的主權，並且還可接受台灣以一個主權鄰國存在的觀念，這個答案還有待發掘。不過，我們仍然不應該認為中國共產黨已經「知道」這個答案，更別提要代表所有十四億中國人發言了。換句話說，台灣「問題」的真正和平解決是要由人民來決定，而不是一個把「再統一」當作其生存合法化工具之一的一黨專政國家。

北京目前對台灣問題的僵化態度，以及不願承認台灣社會內部反對統一的力量，這些都很明白地表現在它最近的國防白皮書裡，因為白皮書裡說，促成「統一」目標和對抗「分離主義」，這是每個台灣同胞的「責任」。我們在前面已經討論過，中華人民共和國的新《國安法》也有類似說法，並且不僅僅要求中國公民，也包括台灣人在內。

本章討論的趨勢顯示，中國共產黨一直無法贏得台灣人的內心和意識，而中國作出的威脅和恐嚇，經常只會造成反效果。在此同時，王力雄和茨仁夏加（Tsering Shakya）所作的研究也顯示出，經濟決定論（economic determinism）——針對某一問題投入足夠的金錢，並且希望這個問題將會因此解決——本身已被證明是一大失敗，甚至是在像西藏這樣的地方也是如此。而這也肯定無法說服台灣人民，讓他們相信，他們在成為中華人民共和國公民後，會因此變得更富裕[14]。

不管中國有多麼希望台灣的談判人員可以扮演像英國政府在一九八〇年代回歸談判時所扮演的角色——在回歸談判期間，香港居民被當成像是沒有生命的物體——但台灣的民主、反對黨、公民社會和選民都不會允許這種狀況。因此，北京最好的作法，就是採取嚴格立場，並且創造出這樣的環境，讓台灣會覺得自己別無選擇，只能屈服，坦承失敗，並且接受對方提出來的解決方案……當然，很明顯的，是按照中國提出的條件。

對北京來說，另一種比較長期的解決方案，就是透過稀釋的方法來翻轉似乎無法停止的趨勢：就是鼓勵台北修改它的法律，讓更多的中國配偶，也許還有中國的工作人員，可以在台灣取得永久居留權，然後取得投票權。毫無疑問的，長時間下來，大批中國人進入台灣，將會改變台灣政治的面目，讓情勢轉而對中國有利。但在目前看來，這還是極為遙遠的事，而且這還要看台北的政府的作為而定。

雖然這在現在看起來似乎很古怪，但我們卻不能完全排除這個可能性：在未來的某個時點，以郝所描述的「都會公民」（cosmopolitan citizenship）為基礎的某種形式的政治和解，能夠被台灣海峽兩岸的人民所接受，而雙方社會化的結果肯定將會創造出一種狀態，而在這種狀態下，是可以達成這樣的協議（郝志東提議「聯邦混合制」（hybrid federalism）和「邦聯制」（confederation））。不過，在目前情況下，像這樣的場景甚至在未來都不可能出現，而且，很可能永遠不會。除了中國特有的民族主義，以及它政治制度的本質，還有另一項障礙存在，而且，只要中國共產黨堅持對中國社會維持緊密掌控，這個障礙還會繼續存在。對於這個問題，我們將在下一章討論。

1 Gold, Michael, "Taiwan youth to China: Treat us like a country," Reuters, June 30, 2015. http://www.reuters.com/article/2015/06/30/us-taiwan-china-youth-idUSKCN0PA2W320150630

2 Yu, Verna, "Chinese police detain more than 100 lawyers and activists in weekend sweep," *South China Morning Post*, July 13, 2015.

3 Youwei, "The End of Reform in China: Authoritarian Adaptation Hits a Wall," *Foreign Affairs*, May/June, 2015, p. 3.

4 「『台灣民心動態調查、總統參選人與統獨』民調新聞稿」，台灣指標民調，2015 年 6 月。http://www.tisr.com.tw/?p=5523#more-5523

5 我說話一向很直接，而且我不認為我比台灣人本身更知道台灣人想要什麼。所以，這段聲明應該只能被看作是根據我十年來的觀察和跟台灣社會中的各行各業人士的交談，作出的一種廣泛的解釋。

6 此例請見 Gunter Schubert, "The Political Thinking of the Mainland Taishang: Some Preliminary Observations from the Field," *Journal of Current Chinese Affairs*, 1/2010: 73-110.

7 Bush, Richard C., *Uncharted Strait: The Future of China-Taiwan Relations* (Washington: Brookings Institution Press, 2013), p. 40.

8 Buchanan, p. 331.

9 Blanchard, Ben, "China calls on Dalai Lama to 'put aside illusions' about talks," Reuters, April 15, 2015. http://www.reuters.com/article/2015/04/15/us-china-tibet-idUSKBN0N608720150415

10 Lo, *The Dynamics of Beijing-Hong Kong Relations*, p. 227.

11 Zhidong, Hao, *Whither Taiwan and Mainland China: National Identity, the State, and Intellectuals* (Hong Kong: Hong Kong University Press, 2010), pp. 139-169.

12 "Taiwanese newspaper appealed to 'learn to listen,' " Taiwan Affairs Office, June 29, 2014. http://www.gwytb.gov.cn/en/CrossstraitInteractionsandExchanges/201406/t20140630_6427970.htm

13 Zhao, Tingyang, "Rethinking Empire from the Chinese Concept 'all Under Heaven' " (Tianxia, 天下), in China Orders the

World: Normative Soft Power and Foreign Policy, William A. Callahan and Elena Barabantseva (Washington and Baltimore: Woodrow Wilson Center Press and Johns Hopkins University Press, 2011), p. 23.

14 Wang, Lixiong and Tsering Shakya, *The Struggle for Tibet* (London: Verso, 2009).

第十章　中國替自己設下的陷阱

北京現在進退兩難。中國共產黨的法統來自中國民族主義，也獲得中國民族主義的資助，而中國共產黨法統的一個主要成分就是，它的領導人強調必須結束所謂遭到外國人欺侮的「百年國恥」（century of humiliation）；其中，台灣以一個分離實體的地位繼續存在，就是個痛苦的提醒。如同彼得．山德比－湯馬斯（Peter Sandby-Thomas）的觀察：「台灣主權問題是中國共產黨民族主義憑據的中心。[1]」因此，「再統一」是北京的「核心利益」之一，當然，此種利益的形成一直掌握在中國共產黨手中。任何人只要對之有所批評，將會立即被指為「分離主義」——這也是中國領導人所定義的三惡之一——並且面臨嚴厲懲罰，尤其是在二〇一五年七月中國通過新《國安法》之後。

因此，台灣「問題」在過去受到討論，未來也將繼續被討論，但僅限於被列在可能解決的清單中，也就是認為台灣最終將成為「一個中國」的一部分。最簡單的解決方法——承認台灣是個主權國家——反而沒有空間。

可以這麼認為，「一個中國」代表了幾件事。它可以有很充分的創意空間，並且能產生一些方式，也許會有更好的機會說服台灣人民考慮在未來和中國作某種結合。就如郝志軍所寫的，從「聯邦混合制」到「邦聯制」的任何模式；在這之間，我們還可加進歐盟模式的選項，這些在理論上，應該都行得通。

相反的，北京則一直堅稱，只有一種模式——「一國兩制」——是一直擺在台面上的。就如我們看到的，「一國兩制」無疑已經指出，在這兩個制度裡，誰是終極老大，以及我們過去所見過的，一國兩制無可避免的將會造成實施區域的大陸化。香港特別行政區最近的發展已經顯示出，北京已經極度加強對於當地的掌控，因為掌控太過強烈，以至於今天存在於香港的「一國兩制」模式，已經不同於這個前英國殖民地的居民以及倫敦當局所認知的，就是在一九九七年實施的那一套模式。

北京加強掌控香港的時間，正好碰上習近平出任中國共產黨總書記和中華人民共和國國家主席。不管這是不是基於習近平的意識形態，或是習近平是在中國情勢可能越來越不安定的情況下被迫採取強硬的路線，結果都是一樣的：「一國兩制」看來越來越像「一國一制」。我們已經看到了，從一開始，中國共產黨已經明白表示，它絕對不允許香港（或澳門）威脅到中國共產黨在全中國建立的社會主義制度。不僅如此，一段時間之後，無可避免的，北京終將尋求把香港的制度變得跟大陸一樣——尤其是在香港出現動亂跡象後，這樣的動亂可能會波及鄰近的中國省分，並且也許還會獲得中國各地的一些支持。

從我們在前面幾章已經看到的台灣民族主義和認同情況來看，毫無疑問的，「一國兩制」在台灣一定不受歡迎。事實上，如果我們把親北京的強硬分子排除在外，甚至連支持和中國終極統一的人士也認為，這個方式並不適合台灣。一定要提出比給予香港特別行政區更為「大方」和更多特權的優惠，才能讓台灣民眾相信，和中國統一是值得的（不過，我們已經看到了，台灣人的認同感也許已經堅強到不管中國作出任何提議，不管有多麼大方，都是不夠的）。

很奇怪的是，儘管從二〇〇八年起，出現過很多機會可以「更了解彼此」，而且，郝志東還強調，這樣的相互了解是可以促進「和解」的，但北京卻一直陷在一種不被台灣人接受的統一立場裡，也因此在香港特別行政區遭遇到很嚴重的挑戰。有兩項事實可以解釋情勢為什麼會演變成這樣，愚蠢肯定不是其中之一。

堅持「一個中國」，不僅基於意識型態，更有實際考量

首先，北京從來沒有同意過有「兩個中國」存在的任何說法，也不同意在台灣海峽兩岸

有兩個國家。所以，它拒絕承認中華民國的存在。這是一個意識形態的底線，直接源自以中國**文明**為基礎的民族主義，這和存在於台灣的西方式公民民族主義有所衝突。在總書記胡錦濤領導下的中國共產黨，也許允許馬總統領導的國民黨可以堅持：「一個中國」指的就是「一個中國，各自表述」（一中各表）；但這很難視為是北京在態度上已然鬆動的跡象。只要和解氣氛繼續存在，中國領導人就不會逼迫台灣放棄**各自表述**的部分，即使這有可能促成「兩個中國」。但從來沒有任何疑問的是，北京始終認為「一個中國」指的就是只有一個中國，而這個中國就是中華人民共和國，且由中國共產黨所牢牢掌控。雖然「各自表述」這種文字遊戲也許有其作用，可以讓台灣和中國繼續以各自不同的政治實體存在，但中國方面從來沒有用過這四個字，而且，在達成有關「再統一」的任何協議時，這四個字最後終都會被拿掉。

第二點則更為複雜，並且會破壞北京探討解決台灣「問題」的其他可能方法。基本上，北京的問題並非出於想像，而只是因為中國目前的政治制度，使它不可能對台灣作出更好的提議，因為如果作出這樣的提議，可能會使中國的整個制度崩潰。事實上，這個問題直接關係到，為什麼——儘管國際間存在著很高的希望，並且中國也出現了中產階級——中國的**政治**制度一直沒有自由化，甚至連民主化的程度也不高。使中國能夠維持一個整體的，靠的是一套極其困難的平衡遊戲，事實上，這是需要某種形式的獨裁才能辦得到。這當然也可以用來解釋，為什麼在中國幾千年的歷史裡，這個橫跨整個大陸的帝國制度一直都是獨裁統治、軍閥割據和動亂不斷，並因此而遭到大家的責難。甚至在今天，即使在西方觀點裡，中國已經是個「正常」國家，但任何領導人想要讓這個國家保持完整的話，一定要採取高度的行政管控。因此，一點也不意外的是，中國人民武裝警察部隊（武警）每年的預算甚至還高過人民解放軍。

新聞自由遭到更多限制，網路檢查日趨嚴格，外國人被禁止進入中國或被驅逐出境的例子不斷增加，偏執觀念日益高漲，指責外國干預中國內政的情況有增無減，再加上二〇一五年七月通過的新《國安法》，這些發展加總起來，實在很難讓人對中華人民共和國的穩定產生信心。事實上，所有這些發展都是工具，是一個政權因為擔心失去對整個國家的控制而運用的工具。在這種情況下，所需要的就是鄭永年所謂的「有組織的皇權政黨」（organizational emperor）——中國共產黨成了統治全中國的皇帝，並且是這項皇權傳統的繼承者[2]。

面對現代化和全球化的離心勢力，中國共產黨別無選擇，只能尋求在全中國統一所有的政治制度，不管各地的族群組成為何；這不僅可以用來解釋，中國為什麼在新疆和西藏發動「種族清洗」（ethnic cleansing），更可以用來解釋我們在前面所討論過的香港地區大陸化。

因此，很容易就能想像出，如果台灣想用它目前的形式併入中國，將會構成多大的問題。北京現在已經忙著解決香港特別行政區在中國政治制度中創造出來的矛盾，而它到目前為止的反應，是傾向採取更多的鎮壓行動，而非自行調節。因此，如果台灣想要併入中華人民共和國，它一定得在不會危及中國穩定的模式下來進行——但弔詭之處就在這裡：符合這項要求的唯一模式，就是「一國兩制」，但這卻是台灣不會接受的。

即使提出更好的提議，也可能被台灣拒絕，但還是有幾種模式在知識分子領域較具吸引力。我們在前面提過，聯邦制度就是其中之一，另一種模式，則是讓台灣擁有比香港特別行政區居民更多的自由。而這樣的提議可能會讓台灣變成毒藥[3]。極具諷刺性的是，只要台灣不是中華人民共和國的一部分，它的民主自由將會繼續對中國的生存造成威脅。不過，如果台灣將來成為中國的一個省，它的政治制度，就跟香港的政治制度一樣，必須要和中華人民共和國的政治制度同化（也就是大陸化），而且一直要同化到因統一而引發的矛盾不再威脅到國家安定的程度。

這有兩個主要的原因。第一，就如香港的例子，中國共產黨只允許政治影響力由北京投射向周邊地區，永遠不會允許政治影響力從另外的方向投射回去。換個角度來說，中國想要的影響力是單行道式的，最後終將造成相關地區的政治出現大陸化，香港特別行政區很顯然已經出現這種情況。這種作法是先發制人和預防性的，這表示，要確保那些享有特別地位和「自治」的地區（香港特別行政區、澳門、西藏、新疆、內蒙古）不會影響到中國的其他地區和引發變化。

這也是為什麼，北京拒絕給香港居民他們所想要的那種特首普選，因為如果在普選制度之下，特首候選人將不會由北京事先選定，而在理論上，這可以允許經由普選產生的候選人，在當選後於獨立的平台上執行公務。

第二個原因跟第一個有關，如果台灣和中國的統一是在對台灣**比較有利的**條件下——例如，可以直接和自由選舉他們的領導人，可以維持他們的民主生活方式等等——最後，無可避免一定會在中國其他地區製造出對於台灣的憎恨，並且要求也能獲得類似的自由。換言之，在這樣的條件下合併台灣，將會促使中國其他地區（從香港開始，以及其他更現代化地區，像是上海）也提出類似（並且是完全合法）的要求，但這樣的要求可能會對中國造成威脅，甚至嚴重到可能意圖推翻中國共產黨，在多黨政治的情況下挑戰中國共產黨的合法性，並在大陸製造出更多不安定，說不定還會因此而創造出一些分離主義地區（「給我們跟台灣同樣的權力和自由，否則，我們就脫離中央」）。如果任何人懷疑中國領導人在晚上會作什麼樣的惡夢，這就是了。

北京為了使統一的交易看來更甜美，會作出的另一種可能讓步，就是把大量金錢轉移到台灣，這不僅同樣會引發全中國大陸各地人民的怨恨，同時也會占用大筆資金，而這些資金本來可以在中國一些比較貧窮地區作出更好的運用，尤其是中國目前的經濟雖然很發達，但一些貧窮地區還是跟第三世界沒有兩樣。

毫無疑問的，「失去」台灣是任何中國領導人都不想加在他（她）的履歷表上的一項「資歷」。但更為嚴重的惡夢，還是害怕自己成為「中國的戈巴契夫」，也就是在發動一項處理程序後，導致了整個制度的崩解。如此一來，在社會主義制度下，維持中華人民共和國的完整和中國共產黨的主導地位，將會一直是和台灣「再統一」的王牌，不管其「核心」利益是什麼。

境內出現「和平進化論者」，將對中國現行政治構成挑戰

在前蘇聯和東歐共黨國家於一九九〇年代崩潰瓦解之後，中國共產黨政治局曾就這個問題舉行過幾次會議，中國的研究機構「中國社會科學院」也被要求就此進行研究，找出前蘇聯究竟是哪兒「出錯」，以及如何避免讓中國出現類似的錯誤。就如中國人常說的：「星星之火可以燎原」。很多研究的結論都指出，當時蘇聯共產黨中央委員會總書記戈巴契夫（Mikhail Gorbachev）很草率地實施改革，開門引進西方支持的「和平進化論者」，從而毀滅了蘇聯[4]。中共前中央宣傳部部長王忍之一度指出，如果中國共產黨繼續走歐洲民主社會主義的路線，那麼，中共將會進一步走上「危險下坡道，造成中國共產黨的政治滅絕。[5]」

儘管中國也出現變動，但中國共產黨的主導角色，以及民主中央集權制，這些仍然是不可妥協的。有趣的是，有兩個美國機構被指曾經扮演某種角色，參與推翻波蘭、捷克、保加利亞、匈牙利和羅馬尼亞的共黨政權，分別是美國國家民主基金會（NED；National Endowment for Democracy）和國家民主學會（NDI；National Democratic Institute），北京後來也指責這兩個美國機構於二〇一四年在香港製造不安。

在學到蘇聯崩解的「教訓」之後，中國共產黨很明顯將會把允許民主的台灣和中國的統一，視為是開門引進跟造成蘇聯崩解相同的「和平進化論者」。當然，如果台灣人民被賦予權利可以自由選舉領袖（或者說，讓他們繼續這樣作，因為，台灣人民現在就擁有這樣的權利），那麼，中國大陸其他地區將會質疑，為什麼他們不能擁有相同的權利？但如果允許其他地區也擁有這樣的權利，這和中國共產黨的一黨專政意識形態就形成對立了。

很明顯的，蘇聯／東歐的狀況跟台灣海峽的情況並不能完美地相提並論；畢竟，蘇聯／東歐是和混在他們之間的「和平進化論者」打交道，但經由和中國達成統一，則是把這樣的「和平進化論者」直接引到家中，很多中國共產黨支持者認為，這是種自殺行為，他們說得很對。

所有這一切，正好可以用來解釋，為什麼北京一直堅持要台灣實施「一國兩制」。除了一國兩制，其他模式，或是任何條件更好的提議，都會在統一之後對**中國其他地區**的穩定造成太大的威脅。

在一種極其不可能發生的情況下，北京如果允許在很有利的條件下讓台灣和中國統一，北京將會面對另一項重大問題，那就是，中華人民共和國將會突然吸收已經經歷過自由和民主的二千三百萬人——其中很多人，他們一輩子當中沒有生活在其他政治制度下的任何經驗。因此，台灣無可避免將會成為讓中共很煩惱的事情，台灣有很多反北京的人士（這些人一直反對在任何條件下和中國統一），如果根據對台灣有利的統一條件，這些人的自由將獲得尊重，讓他們得以享受很特殊的權力，可以在中國大陸自由移動，和大陸人民相比，他們相當富裕，並且彼此緊密連結在一起。換句話說，在吸收台灣之後，中國會讓台灣的異議人士更容易和中國大陸各地有類似想法的人士連結起來，這肯定北京所不願看到的。因此，在台北和香港爆發動亂之後，中國馬上拒絕讓幾名台灣學生領袖和學者入境，這已經很明顯展現出中國的態度。如果要讓這樣的反對聲音沉默，就必須作出強硬的鎮壓，這將會產生很大的問題，而且無可避免的會引來國際注目。

因此，為了避免這樣的問題，北京寧願在較有限制性的情況下吸收台灣，像是目前存在於香港特別行政區的狀況，這會帶我們回到北京的提議是多數台灣人所不能接受的那種情況下（我們再度假設，如果真能提出「好」提議，可以說服台灣人和中國統一的話）。這就是為什麼北京的提議一直只有「一國兩制」，以及我們為何不可能看到其他任何提議，除非中國共產黨決定要在中國進行自由化和民主化，以及如聯邦制度那樣把權力下放給地方，但所有這些在目前看來都是不可能的。

因此，北京將會一直堅持它的「一國兩制」提議，同時會竭盡所能地持續破壞台灣的民主，在國際間孤立台灣，並且逐步削弱台灣的民心士氣，希望台北將會因此而屈服，並同意依照北京所提出的條件和中國統一。此外，台灣越是抗拒這種壓力（例如，公民運動者、民選官員和政府在和北京打交道時，都更為小心），北京就越有可能轉而使用政治作戰工具以及一些非傳統的手段，像是我們在第五章和第六章討論過的幫派分子，利用他們來繼續進行統一的工作。

這樣的憂慮會促成台灣動用「民主防火牆」，以及需要進一步地強化和鞏固台灣的民主機制和公民社會，而且，這些行動全都會變得更為急迫。對於北京企圖透過祕密手段來達成統一，最好的方式就是強化和擴大中國企圖破壞的部分。

當然，在解決這個問題上，總是會有軍事選項在內，但就如我們將在第十二章討論的，這一直被北京當成是最後手段，儘管人民解放軍一直在那兒大呼小叫，但北京應該不會在解決這個問題時隨意就出動軍隊。

當然，除了在這種情勢上施加象徵性的限制之外，我們也必須考慮到，中國人的自傲，是造成中國民族主義越來越傾向種族主義的因素之一。為什麼被中國共產黨在內戰中打敗的

「壞」中國人，加上被日本殖民半世紀而「變壞」的其他人，他們在長期拒絕和祖國「統一」的情況下，竟然獲獎賞，對他們作出讓步，還給他們一些特權，而中國當局甚至不願把這樣的特權下放給愛國的中國漢族。

最後，儘管在有關中國與台灣「再統一」這件事上，原來很強烈的意識形態似乎已經從全中國各地消失，但我們仍然不能忽視，有些利益衝突依然繼續存在於中國體系中的某些行業：主要是情報和國防工業。台灣問題是高度情緒化的「核心」問題，所以，台灣成了人民解放軍、國防承包商、情報機構和宣傳部門的完美藉口，因為他們可以借此要求更高的預算、更好的軍事裝備和更多的影響力，這種現象當然並不僅限於中國。世界各國政府先是利用冷戰，接著就是利用國際和「本國產生」的恐怖主義，以證明他們為什麼要增加軍事和情報費用。

換句話說，在中國，有些人可能並不想解決台灣「問題」，而且永遠都不想。台灣海峽的衝突繼續存在，這對人民解放軍有利，否則，人民解放軍將必須找出其他敵人，用來證明它的預算為什麼要逐年增加、國防工業為何要不斷成長，以及它為什麼要購買先進武器，像是向俄羅斯購買 S-400 防空系統和蘇愷三十五戰機。還有，因為大家懷疑北京企圖成為全球超級強權，因此，中國必須和美國及它的盟國競爭，並且取而代之[6]，所以，中國就把目標放在區域敵國上，其中，台灣和日本是最方便的目標，而且也最能引發中國公民的情緒反應。

北京想要瓦解台灣人抗拒統一勢力的意志，以及在國際社會內部製造出台灣不值得防衛的觀點，它所仰賴的各種工具中，主要的一項就是宣傳。在這場多面向宣傳活動中的核心，就是「歷史必然性」（*historical inevitability*），而這也是下一章討論的主題。

1 *Sandby-Thomas, Peter, Legitimating the Chinese Nationalist Party Since Tiananmen: A Critical Analysis of the Stability Discourse* (Oxon: Routledge, 2011), p. 122.

2 Zheng, Yongnian, *The Chinese Communist Party as Organizational Emperor: Culture, Reproduction and Transformation* (Oxon: Routledge, 2010).

3 見 Cole, J. Michael, "National Consolidation or Poison Pill? Taiwan and China' s Quest for 'Re-Unification,' " in *China and International Security: History, Strategy, and 21st-Century Policy*, Donovan C. Chau and Thomas M. Kane, Eds. (Santa Barbara: Praeger, 2014), pp. 3-20.

4 Shambaugh, David, *China's Communist Party: Atrophy and Adaptation* (Berkeley and Los Angeles: University of California Press,

2008), p. 50.

5 前揭書，p. 81.

6 前美國國防部官員白邦瑞（Michael Pillsbury）指出，成為全球唯一的超級強權，正是中國一直想要達成的目標，請參閱他的著作，*The Hundred-Year Marathon: China's Secret Strategy to Replace America as the Global Superpower* (New York: Henry Holt, 2015)。此一觀點在中國觀察圈內引發很大的爭議。

第十一章　必然性的迷思

在社會學的術語中，中國針對台灣的宣傳策略就是大家所熟知的「框架」(framing)一詞。北京已經利用大眾媒體、政治領袖、各種團體和組織、教育和其他工具，尋求定義有關台灣的論據，也就是塑造出各種概念和理論，用來界定這個問題的討論內容。換句話說，框架就是要定義「事實」(reality)的版本，並以此強化其他版本的定義，如此一來，這些版本最終就會成為「事實」。針對這個問題，中國的核心主軸就是：一、台灣是中國不可分割的一部分；二、「再統一」是無可避免的。

雖然在前一章討論中國民族主義時，我們已經看到，這個版本的「事實」似乎已經變得可為中國方面接受，但在中國之外，並非所有人都同意。在鞏固多元文化和多元族群的台灣認同基礎上，很多台灣人顯然並不同意中國針對台灣所宣傳的那些說法。

不過，雖然很難轉移第一個核心主軸的認知，第二個核心主軸則更難抗拒宣傳的影響力，這不僅適用於台灣人，也適用於國外的很多分析家和中國「專家」。簡單來說，雖然中國共產黨很難說服台灣人，讓他們相信台灣一直都是中國的一部分——現在則是中華人民共和國的一部分——但大家也相信，只要一直持續宣傳下去，還是可以說服大部分台灣人和外國觀察家。我在此得引用一部知名科幻電視影集《星艦迷航記》中的一句話，「反抗無用」（resistance is futile）。

「歷史必然性」的錯誤何在？

本章的目的就是要顯示，這種「歷史必然性」的決定論觀點是錯誤的。美國藝術史學家柏納德．布倫森（Bernard Berenson），在一種很不同的背景下，曾經把這種觀點比擬成是將我們吞下肚子的惡魔，也就是說，這種觀點是「可疑」和「危險」的教條，目的是在麻醉我們，要我們相信，不管發生什麼事，「我們都要接受，並且認定這是不可抗拒的，反對它則是愚蠢的行為[1]」。

中國政府使用必然性概念的最佳例子，出現在中國二〇一五年的國防白皮書，裡面寫道：「台灣問題關係到中國的再統一和長期發展，而在**民族復興**的道路上，再統一是**不可避免**的趨勢」（粗體為本書作者所加）。

中國也許不再是共產黨，事實上，很明顯的，中國共產黨甚至在二十一世紀初曾經考慮要更改名字，拿掉「共產」兩字以安撫國際社會[2]，但我們絕對不可以忘記，這個黨還是保留了它創黨時的馬克思—列寧主義世界觀，自從二〇一二年「新舵手」習近平主席鼓勵意識形態「甦醒」之後，這個立場已經獲得證實[3]。因此，雖然黨還是選擇性地保留了適合目前需求的部分馬列主義和毛澤東思想，但最重要的意識形態元素仍然持續告訴我們，中國共產黨如何觀察和尋求塑造它周邊的世界。

那些還相信中國現在只是「表面上」尊崇馬克思主義的人[4]，我建議他們回頭去聽聽中國國家主席及中國共產黨總書記習近平在二〇一三年八月的一場演說。在那場演說中，習主席呼籲重啟「意識形態淨化」和增強「四項主要原則」——堅持社會主義路線、人民「民主獨裁」、黨領導人和馬列主義及「毛澤東思想」[5]。習近平也打消黨可能進行「和平進化」的任何希望，他說：「黨的本質永遠不會改變……我們的的紅色江山將永遠不會改變顏色。[6]」

必然性這個概念是馬列主義的核心，因此，它在中國共產黨的世界觀及宣傳活動中，也繼續占有重要地位。

以撒．柏林（Isaiah Berlin）在他那篇很有影響力的文章〈歷史必然性〉（Historical Inevitability）中寫道，馬克思主義斷定：「人們作他們所作的，想他們所想的，這大體是整個『階級』不可避免的演化『功能』——接著，在追蹤階級的歷史和發展之後，就可以獨立去研究階級中組成分子的個別生平。這就是階級本身的『結構』和『進化』，到最後，這是很重要的。[7]」

我們在評估中國的黨機器對台灣的宣傳攻勢時，有三項因素特別重要——歷史相對論（historicism）、實證論（positivism）和單元論（monism）。**歷史相對論**指的是，中國共產黨（以及國家）正邁向「事先定義的歷史發展之路的一個確定的歷史目標」，以實現「中國夢」（那就是「再度統一的中國」和一個烏托邦社會）[8]。**實證論**就是用來實現這些目標的工具，這是一種理念，指的是「社會現實，就像大自然，受到一整套的客觀、可以理解的法則的強化，不能只是用來了解現實，同時也要控制和改變它，以便創造進步」。在定義「客觀法則」和實施「核心科學立法」時，「科學研究」是必要的。習主席顯然遠勝其前任的江澤民和胡錦濤，就如同林和立在他關於這位中國新領袖的重要著作中所描述的，習近平「堅定捍衛他所謂的**不證自明**的真理」（粗體為本書作者所加）。在此同時，**單元論**則表示了「在一個社會裡，只有一套合法的價值觀、偏愛和利益」，當然，所有這一切都要由中國共產黨決定。

很容易看出來，儘管來自外國，這種意識形態的三頭統治（triumvirate）將會吸引獨裁政府和「有組織的皇權政黨」，像是中國共產黨。這種意識形態給中國共產黨的政策蒙上

「自然法則」和必然性的虛假表面——它會指導政策並提供工具控制和改變現實，以邁向實現「合法」和「全面性」的目標，而這些目標是透過無可爭論的科學法則來制定的。台灣是中國的一部分，一定要「再統一」，這是中國的一個「核心」價值觀，也是一條「客觀」和「合法」的法則。

中國在抱持和表達這樣的信念時，表現得極其強硬（畢竟，這些信念是「自然法則」），因此，這對外國的對話者很具有說服力。這也使得想要和中國講道理，或是，更糟的，想對他們的看法表達**不同意**，變成很困難的一件事。

就如史托克斯和蕭羅素所觀察的，宣傳就是「尋求說服一群人去展開一項行動路線，而這項行動路線也是『另外所有人』都在進行的，以便強化想要站在勝利一方的自然欲望。必然會來到的勝利，將會召喚那些還未加人的人，也趕快加入和上路，奔向必然的勝利。」[9]

關於台灣問題，中國的宣傳與言論方向

就塑造台灣問題的言論方向來說，我們可以這麼說，北京在第二個軸心上已獲得成功。除了少數政府官員和學者主張，台灣應該努力爭取法理獨立，或是認定「兩個中國」是解決台灣海峽僵局的唯一方法之外，另有其他人在將來談論台灣問題時都會提議，要解決台灣海

峽衝突，一定要認定台灣是中國的一部分，並且最後一定要併入中國，並且以北京為中心。結果，即使是最大方的提議，像是聯邦模式，仍然會讓台灣失去它目前所享有的部分獨立，並把它自己的命運交到位在中華人民共和國首都的中央政府手中。

我們在本書的第一部已經看到，不管是誰，只要另外提出不同的看法，就可能會遭到學術界排斥，並且，他（或她）和中國的接觸，或是來自中國的機構捐助慢慢減少；同時，想在「很有聲譽」的刊物刊登文章時，也會遭遇無法克服的困難。很多刊登在這些雜誌上的文章——其中包括《外交事務》（*Foreign Affairs*）和《國際安全》（*International Security*）——以及一些書籍都主張台灣應該「讓給」中國，但同一批知識性刊物，卻從來不願刊登提出不同主張的文章，像是主張台灣的命運應該和中國分開，或是，作出「褻瀆神明的」言詞，說台灣已經獨立了。

只有「不理性」和「一小群」的人繼續主張台灣已經或應該獨立，還有，他們被懷疑，他們會支持這樣的觀點，純粹是出於對中國的「怨恨」，或是因為他們和那些希望中國持續積弱不振的勢力有關。不過，有這種想法的人，都是「圈外人」，永遠進不了核心「圈內」，而這些「圈內」人則承認北京對台灣的立場，並因此而獲得多種獎賞，從可以接近中國共產黨領導人，到研究中心獲得資助。

因此，台灣議題的論述已經設好框架，並且針對有非議的部分不斷強化，其方式是透過由中國主導的一套自我檢查和懲罰模式，以及國際社會在過去幾年編織而成的互依網絡。所以，不管台灣提出什麼選擇：介於反對妥協和比最佳結果稍差一點之間的，都是虛假的。然而，這樣的選擇仍然帶有台灣想要的結果，且在長久以來一直被總統的顧問所使用，並希望形成總統的決策。所有的選擇中，一直看不到的是另一方所不想考慮的選擇。以台灣海峽的情況來說，這項選擇就是獨立，包括目前的實質獨立，以及**法理**獨立。

北京宣傳策略的第二部分，就是尋求必然性概念的強化，一方面凸顯中國的力量，一方面則強調對手的孱弱。因此，中國持續發出的宣傳就集中在以下主題：

- 台灣軍隊已經失去它在台灣海峽的數量和質量上的優勢，而且，雙方之間的軍事差距只會越來越擴大，並且對中國有利；
- 當人民解放軍部隊登上台灣海灘的那一刻，台灣軍人將會丟下他們的武器；
- 台灣軍隊腐化，而且被無所不在的中國情報機構完全滲透了；
- 台灣根本就可以收買，因為貪婪的台灣人永遠不會對錢說不；
- 強權政治和新霸權的崛起，因此，世界大國必須對新竄起的中國作出讓步；
- 民主並不是世界舞台的唯一遊戲，也許我們應該對中國的制度多加了解；
- 在美國還來不及出兵干預之前，台灣就已經「淪陷」了；

・台灣的安全夥伴，美國，兵力已經過度延伸，因此沒有意願（也沒有能力）去對抗中國強大的「區域阻絕／反介入」（A2/AD，Anti-Access/Area Denial）戰力帶來的日益增加的威脅，並且也不願意為了防衛台灣而冒著和中國爆發核子大戰的危險，因為對華府來說，台灣只代表微小的利益，但對北京來說，則是「核心」利益；而且；

・當台灣人本身不願意為了捍衛他們的國家而挺身而戰時，美國軍人為什麼還要犧牲他們的性命，來防衛離他們家鄉那麼遙遠的台灣？

如果真的如宣傳所說，台灣的前途如此悲慘，那為什麼還要抗拒？如果這麼作將會破壞中國和美國的關係，並且破壞在其他急切性問題上的合作，像是北韓核子問題、全球暖化，或是東海和南海的領土主權爭議，那為什麼還要為此作出辯論呢？還有，如果這個國家沒有意願挺身而戰，而且它的大部分人民都同意他們也是中國人，那麼，為什麼美國還要為了這樣的國家，而讓自已的城市置於危險中，並派出一支航空母艦戰鬥群，或是從沖繩的空軍基地出兵？關於這樣的軍事均勢問題，我們將在下一章作更細緻的討論。至於本章的目的，主要在指出，上面提到的各種主張，都一再出現在很多書籍、訪談、學術會議和官方交流中，而這些主張都建立在尚未得到證實的假設上，卻又經常被外國閱聽大眾在未加仔細鑑別的情況下吸收。他們本來就沒有能力了解台灣海峽的複雜情勢，現在，在中國宣傳攻勢和擔心

「激怒」北京的情況下，讓他們缺乏了解的情況更形惡化。

像這樣的概念在現在又獲得進一步的強化，因為北京一直企圖和台灣建立起恩庇侍從制度，在這種制度下，及早了解統一是「必然」的，因此，他們不會抗拒收割在和大陸擴大往來後產生的利益。於此同時，比較遲鈍和拒絕面對現實的人，就會遭致不幸的後果。所以，對他們來說，更好的情況是，他們也加入流行，並採取跟「別人一樣」的路線。

當然，所有這一切都跟迷思有關。對於台灣海峽的商業菁英來說，他們如果想要致富，就必須仰賴兩岸關係的平順發展，而對全世界的政治領袖來說，他們希望台灣「問題」可以一勞永逸地解決，如此一來，這個道德上的困擾才不會一直讓他們感到良心不安，但不管這些人覺得有多不便，關於統一，絕對沒有任何事情是必然的。

被動接受「一個中國」政策，等於把外交決策權拱手讓人

中國的宣傳，以及北京「框架」有關台灣未來前途辯論的能力，只有在我們允許它成功的情況下才能成功。很多國家在和中國建立外交關係時，採納了某種形式的「一個中國」政策，這等於是讓北京來定義他們的政策，但事實上，這應該由他們自己來定義。不管北京有多麼堅持這些國家「同意」只有「一個中國」，而台灣則是中國的一部分，但協

議的內文說的卻是另一回事。大部分國家不是表示「注意到」（take note of），就是「認知」（acknowledge）北京對「一個中國」和跟台灣關係的立場。然而，「注意到」或「認知」北京的立場，和說北京是對的、或說這就是它們的政策還是有很大的不同。相信北京的立場就等於讓出一個國家制定自己外交政策的特權。別的國家可以透過說服、施壓和引誘來試圖影響中國的外交政策，但我們全都同意，除了在北京的領導人外，沒有人有權制定中國的政策。那麼，我們為什麼就應該允許北京決定別的國家對台灣的政策呢？

因此，沒有方法阻止其他國家採取兩國、或是「兩個中國」模式去解決台灣海峽的衝突，或是反對北京說統一是唯一解決方案的說法；顯然不是事實，還有，這也不是住在台灣二千三百萬人中的大多數會接受的。

已經有很長一段時間，國際社會一直允許北京去框架台灣問題的討論路線，結果造成大部分政府、分析家和新聞記者都無法了解台灣內部的力量其實是反對統一的，而且不準備接受台灣海峽的最後結果是「必然」統一。

諷刺的是，統一的迷思確實在國際社會中造成吸引力，但這股吸引力如果結合了台灣內部出現、受到強化的民族主義之後，反而會加劇未來的衝突，而非有助於和平解決問題，很顯然的，和平解決是全球一致的希望。在限縮了台灣能夠選擇的方案之後，北京和它的國際支持者反而鼓勵台灣內部的立場變得更為強硬，並且創造出更強硬反抗的環境，就像發生在其他宗教／領土衝突區域的情況，像是巴勒斯坦和以色列之間（諷刺的是，中國共產黨培養出來的那種民族主義，竟然含有宗教和神祕性的內涵）。因為台灣的民族主義和其他地方的民族主義並沒有差別，所以，只要覺得被逼到牆角了，就像擔心自身生存的一頭野獸，台灣人民將會大爆發，向對手發動猛烈的攻擊。

到目前為止，國際社會一直很幸運。過去這麼多年來，圍繞在台灣「現狀」地位四周的模糊狀態，足以將這些勢力封鎖起來。畢竟，儘管目前處於非正式的地位，但從各方面來看，台灣（或是中華民國）就是個主權國家。不過，中國最近幾年努力想要改變這種現狀，尤其是在習主席掌控中國共產黨並取得接近獨裁者的權力，再加上香港特別行政區最近的發展，已經在台灣人民中製造出一種新的緊張感，他們擔心，北京也許很快就將實現「必然」統一。

把中國的說詞清楚定義成「宣傳」

二〇一四年撼動台灣的那場動亂，明顯顯示出，這是台灣民族主義者在察覺現狀將被改變後作出的反應，如果有必要，他們願意直接挑戰北京——而這還只是針對「服貿協議」而已。長久以來，似乎一直壓在台灣年輕人身上、並且轉而強化了北京宣傳的那種無力感，現在彷彿已經消失了，而且可能是往好的方向轉變。如果中國採取行動，直接威脅到台灣主權或它的政治機制，那我們只能想像將會發生什麼狀況了！

當然，必須要先充分了解台灣民族主義的法統和範圍，以及對自決的渴望，我們才能明白未來這種動亂的重要性和可能性，但這其中有兩個變數，一直被大部分國際社會忽略了，有時候卻還是引發了論戰和相互叫罵。

在此同時，國際社會鼓勵北京堅守必然統一的立場，這也使得中國內部不可能出現別種聲音，那些聲音也許希望各方聽聽他們對統一表達出不同的看法，或是希望在表達不同的看法時，不會遭受迫害。換句話說，國際社會已在無意中鼓舞了中國共產黨內部的強硬派，並且給了北京一份**全權委託書**（carte blanche），讓它禁止不同意北京對台立場的人發出任何聲音。對於中國的未來，國際社會所可能作出最糟糕的事情，就是接受北京這種不妥協的立場，讓中國可以收割它對台灣強硬立場的好處。這樣的結果只會鼓勵中國在其他「核心」利益上也採取類似的行為，而隨著中國國力不斷增強，這類「核心」利益將會越來越多。

想要阻止這樣的行為，最好的方法，就是把對中國的迷思看成是它本來的樣子，把它看成宣傳，並且不允許北京去決定其他主權國家的政策。

二〇一四年三月和四月，太陽花運動占領立法院事件，似乎已經對外國的認知造成了很好的衝擊，並且也戳破了他們原本的信念：想要解決台灣「問題」，應該在「一個中國」的框架內進行。事實上，在占領行動結束後不久，海外的學者們可能第一次開始質疑，他們在過去這麼多年來研究台灣和中國關係所使用的基礎。慢慢的，少數幾位觀察家開始重新評估過去幫助他們了解台灣的那些學術基礎。這並不是支持獨立的政治人物的成就，因為人們經常用害怕和懷疑的態度看待這些人，而他們的行為也常被認為是有點兒憤世疾俗的政治活動，這是社會本身的成就。台灣社會站出來反抗中國，代表台灣已經說出它的心聲，這也使得世界其餘地區更難忽視，過去幾年來已在台灣發展出來的更為複雜的身分認同和民族主義。這個過程可能在馬政府期間更加速進行，因為在那段期間，台灣和中國的接觸變得更為頻繁，而且中國入侵的明顯威脅似乎也更接近了。

柏林曾言：「現在已經開始變得，商業史學家——我還要再加上，政治學家——必須去調查，誰要什麼，以及是在何時、何地和何種方式；有多少人規避或追求這個或那個目標，以及有多麼熱烈；還有，去問，在什麼狀況下，這樣的需求或恐懼最有效果，以及有效到什麼程度，會造成什麼後果。[10]」

當然，這正是中國宣傳部門不想要我們對台灣問題所採取的行動。

這兩個陣線——一個是拒絕向中國屈服、並且正在強化之中的台灣公民民族主義；另一個則是一種「科學」信念，深信統一是一種「客觀」和終極的「必然」過程。由於雙方都不可能在這些基本信念上讓步，想要「和平」解決這個問題，變得比以往更為遙遠。然而，中國共產黨對此已作出反應，而這個反應還是得仰賴宣傳，而且，感謝人民解放軍最近幾年來的快速現代化，使得海外很多觀察家相信，抗拒這種統一的「必然」性是沒有用的，而在事實上，也是不負責任的。中國的這個反應就是：揚言要發動戰爭。

1 *Berenson, Bernard, Rumour and Reflection: 1941:1944* (London, 1952), p. 116.
2 Brown, Archie, *The Rise and Fall of Communism* (New York: Random House, 2010), p. 606.
3 見「中共中央關於加強和改進黨的群團工作的意見」http://news.xinhuanet.com/politics/2015-07/09/c_1115875561.htm
4 Service, Robert, *Comrades! A History of World Communism* (Cambridge: Harvard University Press, 2007), p. 445.
5 Huang, Cary, "Xi Jinping goes back to the future to strengthen party control," *South China Morning Post*, September 16, 2013. http://www.scmp.com/news/china/article/1310566/xi-jinping-goes-back-future-strengthen-party-control
6 引述 Lam, Willy Wo-lap, *Chinese Politics in the Era of Xi Jinping: Renaissance, Reform, or Retrogression?* (New York: Routledge, 2015), pp. 75.6.
7 Berlin, Isaiah, "Historical Inevitability," in *Liberty*, Henry Hardy, ed. (Oxford: Oxford University Press, 2013), pp. 99-100.

8 見 Creemers, Rogier, "Why Marx Still Matters: The Ideological Drivers of Chinese Politics," *China File*, December 16, 2014. http://www.chinafile.com/reporting-opinion/viewpoint/why-marx-still-matters-ideological-drivers-chinese-politics

9 Stokes and Hsiao, *The People's Liberation Army General Political Department*, p. 6.

10 Berlin, *Liberty*, p. 98.

第十二章　戰爭是唯一的選項嗎？

全世界的中國觀察家已經大幅討論過人民解放軍在過去十五年來的現代化成就，而這項發展正好和中國以全球經濟強權的身分崛起同時發生，因此讓北京更有自信。受惠於每年國防預算以二位數成長，人民解放軍展開轉型計畫，把自己轉變成一支現代化軍隊，有能力處理各種意外事件，包括牽涉台灣的各種狀況。所有軍種都把他們的裝備現代化，主要是透過向外國採購先進武器（最大的來源是俄羅斯和烏克蘭），以及快速擴大國內的軍事工業。

所有這些轉型的結果，讓台灣海峽的軍事均勢逐漸偏向中國，而兩岸在這方面的間距越來越大，因為台北軍事預算每年增加的幅度不能超過國內生產毛額的二．二％，而華府方面似乎越來越不願出售先進武器給台灣，因為在這段時間內，它正在努力和中華人民共和國發展出建設性的關係。

現代化帶來更大的責任，人民解放軍——特別是中國人民解放軍海軍——開始扮演更多的額外角色，像是在中國海岸以外區域執行巡航任務，並在西太平洋進行演習。慢慢的，中國人民解放軍海軍已經從一支綠水海軍（Green-water navy）轉變成藍海海軍（Blue-water one），能夠在距離中國海岸外很遠的海域執行任務。雖然中國人民解放軍海軍在防衛中華人民共和國在東海和南海的領土主權上將扮演更重的角色，但其現代化和轉型的目的，主要還是著眼於要在台灣問題上扮演某種角色，以及阻止外國勢力干預台灣海峽。同樣的指令也適用於人民解放軍的其他軍種——包括人民解放軍空軍和陸軍（人民解放軍）——以及第二炮兵部隊，這支部隊負責中國的飛彈武器和核子嚇阻武力。特別是第二炮兵部隊，在二〇一五年時，它一共部署了估計為一千五百枚短程和中程彈道飛彈對準台灣，繼續執行北京對台灣的軍事計畫，雖然在最近幾年，它的中程彈道飛彈部署，也已經開始對準這個地區內的其他目標了。

中國和鄰國的領土爭執不斷增加，主要是東海的釣魚台，以及幾乎整個南海，這替它的軍隊現代化帶來合理的藉口，也合理了北京不斷要求發展出確保其領海及海運航線安全的能力，這也是確保中國取得能源所必須的。然而，這些轉型過程都還是針對台灣問題，人民解放軍各個軍種取得的新武器中，有很多都將在台灣海峽出現意外狀況時派上用場。

同樣有趣的是，事實上，儘管馬英九在二〇〇八年當選總統，並且推動和中國和解的政策，但人民解放軍還是繼續為了和台灣開戰而作準備，並且增加武器裝備，在需要採取軍事行動時，就可以拿來應用。兩岸關係雖然獲得改善，但二炮部隊仍然拒絕撤除瞄準台灣的飛彈，即使有人呼籲把撤除對台飛彈作為兩岸和平談判的先決條件，甚或是當成對台北表示「善意」，但二炮部隊都未答應。因此，儘管兩岸關係出現和解，北京依舊證明了，它對台灣的作法仍然是多面向的，它所掌控的所有陣線都在努力要促成「再統一」。結果，在海峽交流基金會（海基會）和海峽兩岸關係協會（海協會）談判人員不斷會談，以及兩岸協議一項接著一項簽署的同時，網路攻擊卻跟著增加，情報活動加劇，政治戰和宣傳攻勢全面啟動，而且人民解放軍還繼續舉行模擬進攻台灣的演習。橄欖枝雖已伸出，但利刃也隨之拔出了。

人民解放軍的實際能力依舊成謎

儘管因為現代化而在質量上得到無可爭辯的改善，但人民解放軍仍是支剛在成長中的武力，而且，自從在一九七九年對越南發動一場表現不佳的入侵行動以來，人民解放軍未曾參與過實際的戰鬥。大家仍然懷疑，在實際戰鬥情況之下，幾秒內就須作出重大決定時，人民解放軍的通訊和決策能力究竟如何；以及中國將領在協調高度複雜的聯合作戰行動時，能力是否足夠。此外，未經實戰考驗的人民解放軍，目前仍然很像個科學怪人，由購自國外的武器系統、模仿他國科技而來的逆向工程系統，以及國內生產系統，這三種不同的系統共同組成。美國聖地牙哥加州大學「全球衝突與合作研究所」（Institute on Global Conflict and Cooperation）所長張太銘，在對中國國防工業作出研究後總結說：「在可預見的將來，中國國防工業發展不平均的現象，可能會繼續存在，但在這個技術仍然很平常的廣大領域中，仍然會有一些表現很傑出的小規模項目存在。[1]」

因此，誠如卜睿哲（Richard C. Bush）和麥可．歐漢倫（Michael E. O'Hanlon）在幾年前觀察到的，「中國軍方渴望在高科技的情況下進行區域戰爭」，但在目前，這種想法，仍然是渴望多過現實。[2]

在此同時，一些「可怕」的新「區域阻絕／反介入」（A2/AD）武器，像是東風二十一D型飛彈，被認為將會對在防衛台灣時扮演重要角色的美國航空母艦戰鬥群構成威脅，但這型飛彈的實力仍未獲得證實，因為就我們所知，這型飛彈從來沒有針對在海上移動的目標進行過測試。

人民解放軍看來十分強大，但卻缺乏透明度，所以我們根本不知實際狀況如何。而且，以嚴格限制媒體對中國軍隊進行報導，和拒絕外國記者採訪軍隊的狀況來看，我們很少聽到——如果有的話——中國軍隊發生意外、測試失敗或單純失誤的消息，而在一個開放的社會中，這些經常是媒體報導的焦點。這種現象在台灣也經常導致了台灣人的失敗主義，尤其是台灣媒體往往對軍隊的意外事件大幅報導[3]。

因此，雖然在現代化後獲得大躍進，但人民解放軍並不知道——也無法得知——在和對手進行實際戰鬥時，它可以表現得多好，而在它的某些對手當中，像是日本和台灣，過去幾十年來，一直接受因參與多次戰爭而千錘百煉的美國軍隊協助，並進行聯合訓練。因為知道自己的缺點，北京因此必須出言恐嚇，塑造印象給對手：暗示它很強大，比實際情況強大得多。換句話說，它是在從事宣傳。華府和東京那些專門預言凶事的末日主義論者在很多雜誌發表文章，大為關注人民解放軍的現代化，以及中國第一艘航空母艦遼寧艦加入服役；同時，中國軍方還主辦多場會議，這都是這場宣傳活動的一部分。

中國的軍事宣傳戰：「不戰而屈人之兵」

這場宣傳的目的，就是要膨脹人民解放軍的實力，如此一來，中國就可以在這個區域內展現武力，讓那些比較小的對手不敢挑戰它。換句話說，就是不戰而屈人之兵，此一軍事策略雖然出自孫子兵法，但事實上，自有歷史以來，就一直被戰士們奉為座右銘，連動物世界也有這種現象。而這場宣傳進行得最全面性的地方，莫過於在台灣了，這也是中國的「核心」利益之一了。

以台灣和其他地區的政治人物和知識分子為目標，北京的軍事宣傳活動是在「必然性」的「法則下」操作。再一次的，這場宣傳指出，反抗是無用的，因為人民解放軍已經變得太過強大，難以對抗。這場宣傳主打破壞台灣軍隊的名聲，把台灣軍隊形容成一支墮落、腐化的部隊，不願作戰，並且被迫使用比人民解放軍老舊的武器裝備來防衛自己的國家。根據這種宣傳觀點，台灣在幾天內就會淪陷，美國甚至來不及出兵干預，如果美國想的話。因此，美國是不是願意這麼作，也已經成為中國政治戰的主要目標。

更進一步的，政治戰官員還邀請台灣的退休將領前往中國大陸打高爾夫，或是參加海峽兩岸論壇。這些與會者當中的某些人，如前空軍將領夏瀛洲，他們發表的談話被中華人民共和國國營媒體引用，進一步破壞了台灣現役部隊的士氣及台灣人民的信心。中國宣傳人員也設法說服不少位國防專家，讓他們認為，台灣人是可以「收買」的；或者，人民解放軍知道台灣每位戰鬥機飛行員的私人電話號碼——這些觀點接著就在未被質疑的情況下，被全盤複製在很有影響力的專業雜誌和學術論文之中。

在此同時，北京強調自己的戰力，並且鼓吹這種觀點：台灣軍隊購買新武器，如 F-16C/D戰鬥機，是沒有意義的，因為在這些戰鬥機起飛之前，二炮部隊很快就可以將它們全部摧毀。類似的宣傳手法也被用來破壞台灣的早期預警防空系統，強烈質疑它的指揮中心和基地設施能否在戰鬥中倖存。中國也積極進行情報收集行動，同時扮演雙重角色：收集跟台灣防空系統以及與美國通訊管道有關的機密情報，並且在台灣破獲中國間諜時，破壞國際間對台灣保守機密的能力與信心。

後者更讓台灣處於雙輸的慘況，因為當這些間諜被公布之後，成功的中國反間諜活動仍然會強化這樣的共識：台灣的國防機構已被中國情報單位完全滲透，因此根本不值得信任。這樣的反情報活動甚至不必很成功（亦即不被發現），北京就可以有所獲，使台灣的盟國更不願意出售先進武器給它，也不願和它分享敏感的資訊。

雖然，台灣軍方無疑正面臨著極不尋常的挑戰（我們可以去問問洪仲丘，如果他還活著），但情勢並不如所見的那般悲慘。事實上，人民解放軍最近的作戰計畫手冊顯示出，對於人民解放軍是否有能力成功進攻台灣——尤其是想要控制這個島嶼而必須去進行的那種兩棲作戰——中國軍方內部其實抱持著很大的懷疑。

因為，除了對戰力自吹自擂之外，二炮部隊其實從來沒有進行過大規模的同步試射，而其規模要大到可以摧毀台灣所有的防空系統、飛機跑道、港口、C4ISR（指揮、控制、通信、電腦、情報、監視和偵查）建築物、打擊部隊戰力，以及政府辦公處所，並且要在單一一次攻擊中，就把上述目標全部摧毀。就這點來說，它們其實沒有足夠的發射器來這麼做，這是某些危言聳聽者最常犯的錯誤之一：他們經常把彈頭數量和發射器數量搞混了。

台灣對抗解放軍的關鍵

雖然對手武器數量超過很多，但針對入侵的部隊，台灣軍隊仍然擁有相當程度的嚇阻武力。現在台灣軍中不可能有任何人還在相信，台灣可以同時在艦對艦和戰機對戰機的基礎上對抗中國。台灣可以這麼作的時間早已過去，國防準則和戰備也因此作了修正。台灣對抗人民解放軍的關鍵，奠基在兩大支柱之上：一、化解中國的「有限選項」（威嚇）；二、嚇阻。

在美國軍方的強烈鼓勵之下，台灣一直在強化它的軍事設施，並且大量投資和修補這些設施，以增加這些設施的生存能力，讓它們在遭受第一波攻擊後，還能夠繼續運作。除此之外，另外還向美國採購了部署在地面的 PAC-2 和 PAC-3，以及艦載 SM1 和 SM2 防空系統，以及台灣自行發展、由中山科學研究院研發出來的天弓一型、二型和三型地對空飛彈。我們可以很肯定地指出，對人民解放軍來說，它計畫進行「有限攻擊」可能已不再是有效攻擊了，或者說，不確定是否會有成功的機會。

在化解中國企圖用有限的軍事選項來影響決策過程之後，台北正迫使北京去考慮其他更有效的選項，這些選項不但更為複雜，而且很可能引發國際社會的反彈。這包括對台灣實施軍事禁運，這將會影響全球貿易和貨輪經由此一戰略海域前往其他國家的能力；以及入侵台灣，但這很可能會使得國際社會轉而反對中國，並且促使美國進行干預。此外，日本出乎干預的可能性也越來越高。

還有，儘管最近幾年來，對於台灣是否有能力化解中國的攻擊，大家普遍不看好，但我們應該指出，在所有軍事行動中，兩棲攻擊是最困難的一種，不管發動這種攻擊的部隊有多麼現代化、擁有多大的戰力。台灣的海灘尤其不利於兩棲部隊的登陸，台灣海峽的氣象條件也特別惡劣，海上風強浪大，又經常有颱風，這很不利於通常用來運送部隊和裝備上岸的平底船隻。不管人民解放軍事前作了多好的計畫，像這樣的攻擊很可能造成人民解放軍海軍在運送過程中人員的重大損失。伯納德．柯爾（Bernard D. Cole）說過，「登陸艇缺乏適合的登陸區域，不利傳統兩棲攻擊的進行。[4]」雖然部隊「也許可以用直升機空運上岸，或是用固定翼運輸機空降，」柯爾寫道，「但他們的重裝備一定要用海面船隻載運。」

他繼續指出，美國對兩棲攻擊的作戰準則就是，「攻擊部隊和防衛部隊的人數，必須保持在五比一的優勢，如果台灣事先得到警告的話，人民解放軍想要保有這樣的比例是很困難的」。

以上這些並不是說，中國無法在兩棲攻擊中獲勝，而地理條件也確實削弱了台灣對抗這種攻擊的能力，然而，若說人民解放軍可以獲得「迅速」和「乾淨」的勝利，也是過度誇大了中國的能力，並且企圖忽視許多會使這樣的軍事行動變得高度複雜和花費昂貴的變數了，而這些因素都是中國領導人（假設他們理性地評估過這種軍事行動的危險性和利益）很清楚的。我們還應該指出，雖然台灣海峽兩岸的軍力差距已然擴大，而且對中國有利，但這麼多年來，台灣的戰力開發和戰備也非持續靜止不動的。

還有，發動這種攻擊行動的背景，將會出現在對中國崛起高度恐懼的狀況下，但這並不像北京一直在保證的；最近幾年來，北京一直在說，它的崛起是「和平」的。在這種情況下，人民解放軍如果在二〇一五年入侵台灣，一定會刺激國際社會出現跟不過五年前不一樣的反應，因為在五年前，全球領袖仍然還很相信北京而不會懷疑。

無疑的，北京最近在東海和南海的冒進主義，對台灣來說有利，並且鼓勵像日本和美國這些國家重新評估他們和台北的軍事關係，而這樣的關係其實一直很低迷。關於此點，有個例子：在二〇一五年五月，美國參議院和眾議院的軍事委員會雙雙通過動議案，呼籲增加雙邊軍事交流，像是邀請台灣參加環太平洋軍事演習（RIMPAC；Rim of the Pacific Exercise和「紅旗」（Red Flag）演習。

台灣的嚇阻力量取決於它對入侵部隊迎頭痛擊的能力、台灣的經濟利益、國際聲譽，以及穩定性，還有在必要的時候，盟國會不會出兵協防台灣。因此，雖然嚇阻力量毫無疑問含有很強的軍事成分，像是經由台灣海峽把部隊運送前去攻擊在中國大陸的海軍基地、飛機跑道和雷達設施；但也牽涉到其他很多型態的行動，從網路攻擊到破壞中華人民共和國各地的通訊和銀行業務，到發動宣傳活動，扭轉全球輿論來反對北京。發展和區域盟國更緊密的關係，因為這些盟國現在也許更願意尋求和台灣合作的機會，這也是台北增加它的嚇阻力量的另一種方式。

最後，成功嚇阻力量的關鍵就是讓敵人相信，發動侵略將會付出過高的代價——包括人命、物資和金錢的損失，以及對中國國際聲譽的傷害。換句話說，對台灣而言，勝利就是避免發生戰爭，讓北京明確知道，不可能用很快速和很低的代價就能打贏大戰。

強大的嚇阻力量除了會減少北京決定對台灣發動攻擊的可能性，也會揭穿中共是在虛張聲勢，因而可以破壞中共的宣傳力道。歸根究柢，這就是中國共產黨最不想見到的，因為它對台灣的主要策略始終就是建立在這個想法之上：面對歷史必然性的力量，台北終將投降，並同意按照北京所提出的條件和中國統一。不過，如果台灣不相信人民解放軍有成功人侵的能力，並且認定北京在知道人民解放軍的能力不足後，就不願意冒險採取可能會造成大災難的行動，那麼，所有的那些宣傳將不會有人理會，揚言要發動戰爭的威脅也因此會對台灣的政治估算、獨立支持度等，失去部分影響力。我並不是說，台灣人民突然間就不把中國的威脅當成一回事了，而是說，中國軍隊無敵的迷思將會被戳破，而這會對台灣人民挺身而戰的士氣和意願造成重大影響。

如果中國對上面的那些說法作出反應的話，就表示北京很重視這種可能性：台灣和它的盟國可能會看穿這些謊話，因而不會被人民解放軍自己吹噓的無敵戰力所嚇到。我在《國家利益》（*The National Interest*）雜誌網站上發表一篇文章，談到需要加強台灣的嚇阻力[5]，幾天後，人民解放軍退休中將和前南京軍區副司令員王洪光，在中國共產黨經營的《環球時報》上回應了一篇語氣很刻薄的長文，他在文中指責我「頭腦不清醒」和「智商太低」[6]。王洪光定調我的「信譽」後，接著解釋，只要人民解放軍想要，它就可以如何去消滅台灣——換句話說，反抗是無用的，任何人如果不同意這種客觀「法則」，那就需要去檢查頭腦了。

在這件事發生之後，如同一些軍事分析家告訴我的，我觸及了人民解放軍內部的敏感神經，因為我說它在自吹自擂。

一些專家偶而會建議說，台灣應該向中國「投降」，因為後者已經變得「太過強大」和「太重要」，台灣的盟友在對此作出回應時，就會把北京比喻成是第二次世界大戰前的納粹。批評者舉出這個歷史例子，並警告說，姑息並不是回應中國對台灣訴求的正確作法，而且對中國的要求作出讓步，只會鼓勵它在將來繼續對外擴張。這種論點的好處將在後面一章討論，但就某一方面來說，拿納粹來比喻肯定是錯的：就如歷史學家大衛・法柏（David Faber）在他的著作《慕尼黑，一九三八：姑息和第二次世界大戰》（*Munich, 1938: Appeasement and World War II*）中所指出的，希特勒和英國首相張伯倫簽署《慕尼黑協定》，允許德國併吞捷克部分領土後，這讓希特勒覺得失去了武力征服的樂趣。「張伯倫那傢伙破壞了我進入布拉格的樂趣，」在這項協定簽署後，希特勒如此抱怨道[7]。換句話說，希特勒希望他那支所向無敵的軍隊能夠粉碎敵手，也知道他有工具可以這樣做。

和德國不一樣的是，北京沒有這樣的信心，它會很高興出現對它有利的姑息主義，並且希望台灣會被放棄，最好是在不爆發戰爭的情況下就把台灣送給中國（兩個國家的經濟情勢也有極大不同，並且成為北京不想改而採取武力的主因）。畢竟，這就是中國整個宣傳活動的核心。

戰爭不會是唯一選項

因此，如同本章標題所提出的，就台灣海峽而言，戰爭是唯一的選項嗎？如果台灣海峽兩岸的關係是朝著更緊張的方向發展，如本書的其餘章節裡所討論的話。答案是很明確的「不」。中國不願意冒這個風險，而且，在未來幾年裡，它也沒有能力可以確保勝利。地緣政治的背景正在改變，這是因為大家都慢慢了解到，中國可能不會是大家所希望的那種「負責任的利害關係人」，這也替台灣製造出機會，如果台灣能夠把握住的話，將可以強化它避免戰爭的策略，並且使得戰爭更不可能發生。

有個更為複雜的情景，即「克里米亞」先例（“Crimea” precedent），意指台灣如果爆發重大動亂（例如，在不公平的選舉後），將會迫使北京派出人民解放軍進入台灣執行「人道」任務，以保護「中國同胞」。這很像是俄羅斯軍方的作法，它派遣部隊先進入克里米亞地區，接著，又進軍烏克蘭的頓巴斯（Donbas）地區，以保護這些地區的俄羅斯人，讓他們不受烏克蘭極端民族主義者的迫害（如果在台灣，那就是支持獨立的台灣極端民族主義者了）。

在這種背景下，北京如果想要成功說服國際社會，它是出於無私和人道考量而這樣作，那將會取決於其宣傳機構是否有足夠的能力，及國際社會對台灣的政治現況狀況有多麼不關心。聽來也許很不可思議，但這樣的策略有過先例；還有，這種先例是北京的那些盟國所創造出來的：對於「近鄰」領土遭遇可察覺的外部威脅時，具有「緩衝」的戰略價值——如以俄羅斯來說，就是北約；以中國來說，就是美國和日本。

而這些「緩衝」，當然，全都散發著奪取土地的傳統氣氛，這會合法地強迫北京去編織它長久以來對於「中國夢」和「再統一」的必然性說辭。就如華安瀾（Alan Wachman）在他的著作《為什麼是台灣？》（*Why Taiwan?*）中所寫的，「從有關台灣的地緣政治觀點來看，這使得中華人民共和國對安全與繁榮的野心——就是渴望民族振興與恢復聲望的目標——似乎決定於國家的統一。台灣就處於這個關鍵中。[8]」或者，如范亞倫（Aaron L. Friedberg）所寫的，「如果想要讓自己在東亞建立起不容質疑的優勢地位，中國一定要把台灣收回，並把美國逼走，同時壓制日本。」[9]

在其他情境裡，中國共產黨在面對國內的動盪不安的情況下，將會從事軍事冒進，企圖以此「轉移」人民的注意力，把民眾的怒氣轉移到外敵身上，在歷史上一直都是如此。不過，因為唯有打勝仗才可重獲人民的支持和增進民族榮譽感，所以，北京不可能選擇台灣作為這樣的軍事冒進目標。基於我們之前所看到的理由，中國如果出兵入侵台灣，並不保證一定成功，而且還會付出很高的代價。相反的，比較弱小的對手，像是菲律賓和越南，將會是用來轉移民眾注意力的更佳目標，因此，中國和這些國家的領土主權糾紛就成了必要的理由。

台灣公民民主主義對於青年服役意願的影響

隨著中國持續現代化它的軍隊，以及希望台灣最後終將（「必然」）投降，還有待觀察的就是，最近出現的新型態的台灣公民民族主義，其特點是超越政治和族群的共同認同感，將會對軍方招募年輕男女加入部隊服役的活動造成什麼樣的影響。雖然還需多加努力，才能使入伍服役成為一項吸引人的生涯選項——提高軍餉，改善士氣、形象，和軍職晉升問題——然而，我們還是可以預期，民族主義的高漲，將會造成更多台灣的年輕人表明願意入伍服役，捍衛他們的國家。

對很多可能接受徵召、但因太年輕，所以不記得中國最後一次進行武力威脅（在一九九五—九六飛彈危機期間）是在什麼時候的年輕人來說，當中國的威脅越來越具體時，應召入伍的人數就會增加。換句話說，跟以色列不一樣的是，台灣年輕人並沒有遭遇過敵國攻擊的第一手經驗；對他們大多數人來說，中國的威脅一直很抽象，並且是理論性的，這樣的觀點可能會破壞了軍方吸引自願役官兵所作的努力。

中研院在二〇一五年所作的一項調查，顯示像這樣的態度也許正在改變之中。根據這項由中研院社會學研究所在該年一月和二月進行的調查，有五〇到六〇％的受訪者說，他們支持維持徵兵制來加強台灣的軍事力量。在三十歲到三十九歲的受訪者當中，有七〇％支持徵兵制[10]。害怕中國的軍事力量越來越強大，同時也擔心台灣軍備太過薄弱，這很明顯是支持維持某種型式的徵兵制比例那麼高的背後原因，但在過去幾年裡，馬政府卻一直告訴我們，徵兵人數應該逐年減少才符合民眾的期待。

感謝益高漲的民族主義，同時，在經過幾年來轉型為全自願役的過程中，一直達不到募兵目標後（但在把募兵人數減半後，最後一定會達成目標），台灣軍方將發現自己處於更有利的環境中，年輕男女再度表現出想要捍衛自己國家的意願，這也許符合因為「服貿協議」及其他爭議而反抗當局的精神。不過，想要達成這個目標，軍方跟政黨一樣都必須轉型，好反映出將進入軍中服役的那些新兵的價值觀和認同感。跟政黨和社會趨勢一樣，台灣軍方和「外省人」有傳統關係，而且也較為傾中，但隨著年老軍人的退休，並由和台灣無法分割的年輕男女取而代之，這種傾中的趨勢將會消退。這些在一九八〇年代末和一九九〇年代出生的年輕人在加入軍隊、成為新軍人之後，他們的責任感，以及他們了解需要防衛的是什麼，這些終將會受到他們身為台灣公民的經驗所影響，而他們除了生活在一個自由民主社會的經驗之外，並不知道其他的。

軍方必須反映出這些價值觀，並應該嚴格考慮丟掉舊的傳統，並取消中華民國軍隊的慶祝活動，因為這些活動對於在台灣出生的年輕人來說，即使有吸引力，也不會太高。慶祝國民政府在第二次世界大戰打敗日本，這不會是招募年輕新兵的最佳方法，尤其是這樣的慶祝活動又碰上中國在二〇一五年也在各地慶祝人民解放軍打敗日本侵略者。我並不是說，像這樣的事件不該慶祝，也不是說，國民黨軍人的犧牲就不應該得到承認；但作為募兵工具，這是個很壞的政策。大多數台灣年輕人並不關心這個，把這些事情全都視為很遙遠的事件，就好像是發生在外國的事情一樣。對他們父母來說，在蔣介石逃離中國大陸，並轉進台灣之後，這同一支部隊扮演了鎮壓的工具。

同樣的，未來的政府應該重新考慮馬總統強調的，對幾近整個南海的主權訴求。這些領土主張是一九四七年中華民國憲法所傳承下來的，因此跟台灣人現在的需求和期望關聯並不強。我們雖然可以認定，台灣人一般都很願意冒著他們生命的危險去捍衛這個國家和它的生活方式，但很難想像有誰會為了太平島這樣作，畢竟，太平島這個小小島，因為距離遙遠的關係，可能是無法防守的，更別提面積更小的南沙群島了。不管付給多少辛勞和戰鬥津貼，都不足以讓這些士兵脫離他們原本所被賦予的主要任務，那就是防衛台灣，抵抗外來的侵略者。

因此，作為**台灣**的戰鬥部隊，軍方一定要修補和改善它的形象和觀點。傳統媒體以及一般大眾也可以在這方面扮演某種角色，那就是停止嘲笑軍隊，以及對於每天站在前線捍衛這個國家、不惜在必要時犧牲生命的那些男男女女，表達出更多的敬意。

---

1 Cheung, Tai Ming, *Forging China's Military Might: A New Framework for Assessing Innovation* (Baltimore: Johns Hopkins University Press, 2014), p. 274.

2 Bush, Richard C. and Michael E. O'Hanlon, *A War Like No Other: The Truth About China's Challenge to America* (New Jersey: John

Wiley & Sons, 2007), p. 104

3 值得注意的是，唯一對人民解放軍作出負面報導的是國營中國媒體報導軍中貪腐事件，而這也是習主席針對體制內他的政敵發動的反貪腐行動的一部分。

4 Cole, Bernard D., "The Military Instrument of Statecraft at Sea: Naval Operations in an Escalatory Scenario Involving Taiwan: 2007-2016," in *Assessing the Threat: The Chinese Military and Taiwan's Security,* Michael D. Swaine, Andrew N. D. Yang, Evan S. Medeiros and Oriana Skylar Mastro, eds. (Washington: Carnegie Endowment for International Peace, 2007) pp. 187-8.

5 Cole, J. Michael, "Taiwan's Master Plan to Defeat China in a War," *The National Interest,* March 31, 2015. http://nationalinterest.org/feature/taiwans-master-plan-defeat-china-war-12510

6「南京戰區原副司令員：台獨若挑起戰爭，大陸該如何用武力統一」王洪光，環球，2015-04-10。http://mil.huanqiu.com/observation/2015-04/6141845.html

7 Faber, David, *Munich, 1938: Appeasement and World War II* (New York: Simon and Schuster, 2008), p. 428.

8 Wachman, Alan, *Why Taiwan? Geostrategic Rationales for China's Territorial Integrity* (Stanford: Stanford University Press, 2007), p. 152.

9 Friedberg, Aaron L., A Contest for Supremacy: China, America, and the Struggle for Mastery in Asia (New York: W.W. Norton, 2011), p. 174.

10「蕭美琴提驚人調查 恢復徵兵民支持度高」，聯合新聞網，2015-04-20。http://udn.com/news/story/1/848260-蕭美琴提驚人調查——恢復徵兵民支持度高。

第十三章　二〇一六年選舉：重返不確定？

到目前為止，我們見到的所有事情都顯示出，一個更以台灣為中心的認同感，其核心則是自由民主的價值觀，已在台灣全島鞏固地建立起來，並且帶領整個社會邁向多元族群和多元文化的中間地帶。這個正在崛起中的台灣公民民族主義的包容性特質，已經表現在太陽花運動的組成成分，而此特質則源自於對傳統和高度分裂的台灣政治逐漸加深的疲憊感，也迫使主要政黨必須更新他們的立場。此一新的動態發展，已經把政治上較為激進的局外人（「深藍」和「深綠」）淘汰出局，並且促成對台灣的一種更普遍、更超越政治色彩共識的出現。

二〇一四年十一月二十九日九合一選舉的結果，已經很明顯顯示，在前一年像是暴風般席捲全國的那波公民運動後，未能符合民眾期望的候選人，在選舉中一定敗得很慘。公民運動者已經採取抗議行動向社會提出警告。如果有誰不把這項警告放在心裡，選民非常樂於使用民主作為報復工具，來懲罰這些人或是拒絕更新觀點的政治人物。在這些選舉中，國民黨很明顯並不符合民眾期待。

國民黨在選舉時遭到該得的懲罰後，引起各方期待，希望已因太陽花占領行動和「服貿協議」而呈現內部裂痕的國民黨，將會改變作風，變得更能充分反映民眾的希望和台灣的現實狀態。馬總統被迫辭去黨主席，由朱立倫接任，而朱一開始表面上努力想要除去讓黨在十一月選舉中落敗的黨內的保守聲音，這都顯示，國民黨已經踏上改革之路——也許，這是為了二〇一六年的總統和立法院選舉而不得不進行的改革，但不管怎麼說，這畢竟還是改革。

蔡英文的中間路線

從所有各方面來看，馬已經沒有功能了，而且，因為他不能在二〇一六年競選第三任總統，所以，一般推測國民黨應該會挑選一個比較偏向中間政治立場的候選人；換句話說，在跟中國交往方面，這位候選人也許會比馬總統更為「小心」一點，而且也不會太過親近黨內的「外省人」派系。

如果，在經過八年來施政表現不佳，以及民眾支持率不高而聲望下跌之後，國民黨還不能推出一個能夠反映出這種新公民民族主義的候選人，那麼，民進黨重新執政的機會將會很大——事實上，隨著選舉的到來，民進黨在歷史上首次獲得國會中多數席次的態勢越來越明顯。在二〇一二年競選總統時，民進黨候選人蔡英文的表現不佳，現在她捲土重來，而且在民調上享有很高的支持度。我們已經看到，她延攬了幾位年輕男女（其中多位來自社會運動陣營）加入民進黨，並且也願意在二〇一六年的立法院選舉中和「第三勢力」以及獨立候選人策略結盟。雖然黨內比較保守的黨員反對這樣彈性的立場，蔡英文還是決定在二〇一四年十一月的選舉中不在台北市推出民進黨候選人，改而策略性支持以無黨籍身分參選的柯文哲，這項決定讓她得到戰利品：國民黨失去了首都市長寶座，而民進黨則得到柯文哲這位盟友。

在兩岸關係上，蔡英文也採取比較中間的立場，就是誓言維持中華民國現行憲政體制「現狀」，以及尋求延續與北京的關係。蔡英文在面對民進黨黨綱「獨立條款」時，強調一九九九年五月八日通過的「台灣前途決議文」，文內指出，中華民國／台灣已經是獨立國家。蔡英文此舉代表她不打算讓台灣「問題」（以及中國對這個問題的反彈）成為她競選活動中的主軸。事實上，為了反映民意，她想要聚焦在經濟、食安、建立社會安全網等等——換句話說，聚焦在國家建設上。因此，針對中國，蔡英文的立場看起來很奇怪的竟然跟她的前任很類似，因為這位前任在他的整個任期中，都把維持現狀當成他的中國政策的主要支柱。不過，蔡英文和馬英九的不同之處，在於他們對所謂的「九二共識」的立場不同，因為九二共識中的「一個中國」說法仍然不被她的民進黨接受。在這個問題上，蔡英文仍然選擇聚焦在實質問題上，保證會繼續維持和中國的建設性關係，蔡英文強調，「既有政治基礎」中包含了一九九二年兩岸兩會會談的歷史事實。

對民進黨內的批評者來說，蔡英文並不夠綠，而且言論太像馬英九，這種批評雖然不公平，卻也顯示出，民進黨候選人在政治路線上已經移向中間路線——這並不一定是壞事，如果民進黨因此能夠吸引到「淺藍」選民的話。蔡英文的批評者，警覺到她在表面上並不強調追求台灣獨立，因此放話警告，民進黨將會「國民黨化」，這也因此迫使黨內大老，像是彭明敏，以及社會上的「深綠」人士，像是蔡丁貴教授，在二〇一五年前半年組成他們自己支持台灣獨立的政黨。

蔡英文的海外批評者，像是台灣獨立建國聯盟（ＷＵＦＩ），也譴責她不願帶頭處理一些爭議性問題，像是在二〇一五年前半年抗議由馬政府推動的高中教科書課綱微調，另外還指責她沒有像過去的民進黨那樣積極行動。不過，這些批評者似乎並不了解，作為國內最大的反對黨，民進黨已經體制化了，無法再像它的創黨黨員在一九七〇和一九八〇年代那樣率領群眾上街抗議。其他人，也就是新的社運世代，現在要負起上街頭的責任。想要期待民進黨再扮演那樣的角色，既不公平，也顯示出他們誤解了民主要如何運作。

儘管黨內比較保守派系持續發出批評之聲，但到二〇一五年後半年時，蔡英文已經站在她的權力高峰。國際間也明確預期，在二〇一六年時，台灣將會擁有它的第一位女總統，同時，在經過八年的在野後，民進黨將再度掌握政權。

國民黨奇特的總統候選人及「換柱」行動

國民黨若想擁有任何可以扭轉情勢並能打敗蔡英文的機會，就必須推出一位強大的候選人，這位候選人必須有能力來動用一個更為包容性的社會所釋放出來的力量，而且，這個社會越來越確定和發聲支持它的台灣認同。

相反的，但也許是個意外，因為黨的重量級人士似乎都沒有意願參選，國民黨的候選人竟然是洪秀柱，據了解，她的中國政策似乎完全違反了台灣社會內部趨勢。她的候選人身分在二〇一五年七月十九日正式確定，這似乎表示，國民黨不僅沒有從二〇一四年十一月的大敗選中學到教訓，甚至還倒退了三十年——因此，評論家開始把這稱為國民黨的「新黨化」，因為新黨一直支持統一，並且和台灣大多數民意完全脫節。在洪秀柱（她明顯是北京的最愛）將成為國民黨二〇一六年總統大選候選人的態勢明朗化之後，國民黨內「外省派」和「本土派」的多位黨員揚言退黨，並加入宋楚瑜領導的親民黨，宣布他們將在立法委員的選舉中挑戰國民黨候選人，這可能會造成泛藍陣營選票的分裂。另外幾位國民黨黨員，尤其是在台灣南部，則在靜待黨的發展，並且明白表示，他們認為，洪正在「滅」黨，而如果不將她規範住或換掉的話，他們將會退黨。

就這一點來說，很明顯的，甚至連國民黨內的大老也試著要說服洪降低她的親中言論，而在她說出她支持「一中同表」的政策後，這樣的干預就變得更有需要了，因為這樣的政策不僅違背國民黨「一中各表」的正式立場，同時也呼應了中國共產黨在這個問題上的立場。洪秀柱宣布說，如果當選，她將和中國簽署「和平協議」，並且可能停止向美國採購武器，這種說法嚇壞了國民黨內部很多人，接著，她又隨口說出中華民國不存在。她說，承認中華民國，將會造成「兩個中國」，這是不能被接受的。這再度引起大家的震驚。在遭受來自黨員的強大壓力後，洪最後又回到國民黨最喜歡的「一中各表」和「九二共識」模式，但仍然堅持她的「一個共識，三個內涵」。然而，這位候選人早已經洩露出她的意識形態，因此，不難想像，她後來的立場軟化，其實只是大選前的一項策略性動作罷了。

雖然，台灣的多元政治制度確保了人民有權表達他們對所有議題的好惡，包括台灣應該和中國維持什麼樣的關係，洪秀柱的參選還是有些基本問題存在。當然，其中最重要的問題就是，她的觀點在將來可能成為一位台灣未來總統的觀點，因此，她的政策應該是向大多數民眾負責，而不是僅止於討好很少數的一群人。事實上，她的信念似乎和已經在台灣全島形成的共識完全相反，而且很完美地契合台灣海峽對岸獨裁政權的立場，所以，她的信念是很有問題的。

雖然有些觀察家很興奮地預測說，洪的出線，是國民黨即將崩潰的跡象，但是，像這樣的結果最後對來說台灣其實不利，所以，我們應該是希望國民黨內部能夠進一步加深台灣意識。危險之一就是，如果在所有「溫和」的黨員都跳船之後，國民黨將再度被那些願意和中國共產黨合作的黨內大老控制。除非黨員的出走最後導致黨的實際崩潰，否則，台灣最後可能出現一個極度保守和修正主義的政黨，而且，這個黨仍然還控制著國會很多席次，因此可以確保它還能夠以破壞台灣民主機制的方式繼續生存下去。

二〇一五年七月中旬，公開批評洪秀柱政策的五位國民黨黨員被開除黨籍[1]，此一發展似乎象徵強硬派已經成功掌控國民黨，即使洪秀柱在二〇一六年大選中獲勝的機會很小。不管造成國民黨最近這次危機的原因是什麼，像這樣不正常的情況並不是好事，尤其是如果這會造成開啟另一扇門，讓中國共產黨能夠進到台灣來施加壓力的話。

有一個可能性就是，洪秀柱（或是某位新候選人）將充當漸進式改革的工具：民進黨在採取「激進」立場後，使得國民黨的標準路線看來好像是「新的常態」，可以想像的是，就算不是一模一樣，民進黨也將因此被迫向這條新的底線更為靠近，而北京對此一底線雖然仍然不滿意，但已經比民進黨熱烈支持事實獨立時，更為接近北京想要的目標。因此，像這樣的動作將會使得民進黨的主流更偏離它原來的意識形態：換句話說，民進黨將會「國民黨化」。

很難知道，洪秀柱的角色是否會迫使民進黨內部出現這樣的變化（畢竟，她已經說過，她參選的目標就是要「重新啟動」國民黨，因為在她看來，國民黨在加強與中國的關係方面，已經陷於停頓）。不過，鑒於她的參選狀況十分奇特，所以，這種可能性值得注意。

我們現在已經知道，洪秀柱參選總統變成如此嚴重的票房毒藥，以至於國民黨黨中央被迫介入干預。由於民調數字極其難看，以及她的低聲望很可能傷害到國民黨的立法委員選舉，黨內重量級人士於是在十月間主導了最後關頭的換柱行動，由朱立倫取代洪秀柱出馬參選。不意外的是，這次不尋常的動作果然引來洪的支持者的批評，包括張安樂和他的支持統一的支持者，他們聚集在國民黨總部外抗議。有個跡象可以看出，造成台灣今天面目的那些價值觀已經深植人心，在二〇一五年十月七日的那場抗議中，我訪問了多位抗議者，他們都同聲譴責換柱是「不民主」的行為，他們認為，洪秀柱是保護他們的國家——中華民國——和對抗不民主中國的最佳候選人。在抗議現場的洪秀柱支持者，大部分也不贊同張安樂和他的追隨者，並和他們保持距離（張安樂最後還是選擇支持朱立倫，並且出現在朱立倫競選總部的開幕行動中）。

儘管國民黨處理此事的作法違反正常程序，但換掉洪秀柱可能是正確的決定，因為國民黨想要避免走上自我毀滅的命運。到這時候，情勢已經很明顯，總統寶座已經無望，但只要換掉洪秀柱，仍有可能阻止支持者的大量流失，避免立委選情出現災難性的結果。儘管朱立倫這位總統候選人的形象比較溫和，但他干預的影響力太小也太遲了。他的民調支持度在一開始也只比洪秀柱稍微回升，但在他的副總統候選人王如玄被踢爆疑似軍宅「炒作」爭議後，他的民調數字後來甚至跌得更低。這一次，心生不滿的，不是跟黨一直有疏離感的南部支持者，而是傳統上被視為泛藍陣營鐵票的「外省人」老兵，他們並且揚言要出走國民黨。

一如預期的，從選戰初期的情況來研判，通往二〇一六年一月十六日選舉的道路，確定是曲折迂迴的，在這期間，人身攻擊和必要的還擊，經常取代了實際政策的辯論，因此而無法去討論這些政策如何能改善我們的社會。就如我們稍早前看到的，台灣的傳統媒體要為此負部分責任，因為，有些媒體居然撥出寶貴的廣播和電視時間給名聲不佳的「攻擊炮手」，像是國民黨立法委員蔡正元和前立法委員邱毅，他們在二〇一五年十一月對蔡英文展開一連串的攻擊。對國民黨來說，不幸的是，由於他們的名嘴和發言人使用的這種抹黑戰術，對民眾並沒有什麼吸引力，事實上，反而可能腐蝕了國民黨的吸引力，在二〇一四年選舉前的競選活動期間就已經發生過這種情況。然而，在出現這種攻擊和反擊的惡性循環後，這表示只有很少的時間能夠用來討論實際的政策和攸關台灣前途的話題。

雖然選民比較有興趣的，似乎是希望聽到對他們的生活產生直接影響的國內問題（我們已經看到了，這是隱藏性民族主義造成的結果），但中國因素將會繼續越來越壯大，而且，北京將會偶而介入這些辯論中，而外國政府和媒體，則經常是完全從它和中國關係的角度來看待台灣。二〇一五年十一月七日在新加坡登場的馬習會，助長朱立倫堅持說，蔡英文的中國政策很「模糊」，她的「維持現狀」也很可疑，這也確保中國始終成為這次選舉的一個熱門話題。

完全執政後，蔡英文政府可能面對的中方挑戰

在二〇一六年一月十六日，台灣人民在他們國家歷史上翻開了新的一頁，不但讓民進黨重新執掌政權，並且也第一次在立法院拿到多數席次。在目前情況下，因為採取了最能夠吸引到台灣大多數人民的更為「中間路線」的立場，民進黨正處於能夠確保台灣社會安定的最佳位置，不過，也將可能會面對一個更為活躍的公民社會，尤其是在對外談判協議時，像是TPP（跨太平洋戰略經濟夥伴協定），因為這些協議最終將會威脅到社會上更為弱勢的一群。但兩岸關係呢？根據對於兩岸關係的傳統了解，以及國民黨和民進黨的批評者要我們去相信的，蔡英文當選應該會導致台灣和中國之間的關係恢復緊張。不過，這種緊張關係是否會出現，大部分要取決於北京的反應。蔡英文承諾將會繼續維持現狀，而且不會採取任何暗示會往事實獨立前進的動作（有理由去相信，她將會遵守承諾，儘管某些「深綠」陣營並不

希望如此），那麼，唯一可能會造成台灣海峽不安定的因素，就是北京了。例如，在最近發布的國防白皮書，中國指出，「不安的根本原因還未解除，『台灣獨立』分離勢力和他們的活動，仍然是對兩岸關係和平發展的最大威脅。」不過，這是不是把民進黨在選舉中獲勝，解釋成是「台灣獨立」分離勢力和活動的結果，尚有待觀察。

當然，其中一項選擇將是由中國來「懲罰」台灣人在選舉中作出「錯誤」選擇。這樣的「懲罰」政策有好幾種方式，從對台灣實施經濟禁運，到在前一章討論過的一些更為高壓的措施。儘管如此，我們還是需要知道，事實上，北京現在的發言可能一直都是在反映它的官方政策。中國官員可能知道，對台灣大選結果作出太過負面的反應，可能會產生反作用，並且進一步激怒台灣民眾。祭出經濟制裁，凍結投資或是停止中國觀光客赴台，這些動作百分之百會引來台灣加倍奉還，迫使台灣和更多國家擴大經濟與貿易關係的多元化，這完全不是北京所想要的。就如一九九五至九六年的飛彈危機所顯示的，中國直接的恫嚇會引發反效果，反而阻止台灣人作出北京想要的決定，也會促使台灣人民堅守原來的立場，在這種情況下，就表示台灣將加速民族主義的建立和擴大「反中」情緒。

因為這樣的結果將會很快威脅到在馬英九政府時代盛行的兩岸和解和越來越嚴重的相互依賴，所以，我們不能一廂情願地推斷北京將會冒這樣的危險決定懲罰台灣。因此，有個很大的可能：就像蔡英文一樣，北京一開始將會尋求維持政策的連貫性，並且繼續維持現行的兩岸對話路線，甚至即使是透過像海基／海協會、國台辦／陸委會會談這樣的傳統管道來取得它想要的目標的能力，將會變得很有限。在這方面，蔡英文總統指派誰來擔任這些單位的負責人，將會對未來兩岸會談的深度和品質產生直接影響。另一方面，蔡總統已經承諾要重振正在衰退中的台灣經濟，所以，她不太可能作出任何會激怒中國的動作，畢竟，中國是台灣最重要的貿易夥伴之一，並且還是世界第二大經濟體。雖然中國並非如馬總統曾經保證過的那種萬靈藥，但它仍舊還是台灣經濟福祉和繁榮的重要因素。因此，傷害了這個關係，必然會傷害到台灣經濟，並且很快就會變成民進黨的惡夢，因為它必須在經濟方面交出很好的成績，如果它不只是想贏得單獨一任任期的話。

另一種可能的策略，就是可能由中國共產黨和國民黨（加上新黨和同路線的相關團體）盡全力來破壞民進黨政府的名聲，以便讓國民黨在二〇一八年的縣市長選舉和二〇二〇年的總統選舉中東山再起。不過，這個動作將因民進黨在立法院擁有多數席位而效果打折。

北京的第三種、也是最可行的選項，就在非官方人員身上。雖然官方會談預料將會持續進行，而在表面上，台北和北京的關係也好像很有建設性，但在私底下，支持統一的勢力的活動很可能會加劇。民進黨再度執政後，我們在第五章看到的那些組織和團體，像是張安樂的黨，將和中國的總政治部／聯絡部及其他支持統一的勢力合作，並將承擔更大的責任，被徵召出來執行更多任務以破壞台灣的民主自由。這可以透過威嚇、暴力和金錢來達成。中國也將繼續利用投資和它在大企業的盟友來削弱台灣的民主機制，像是媒體，而這樣的民主機制本來就是用來對抗獨裁主義的防火牆。鑒於支持統一的勢力已經在過去幾年裡在台灣建立起他們的網絡，台灣相關單位可能已經無法再監視他們所有的活動，更別提要作出反制了。「深藍」人士和那些支持統一的公民社會也會說，他們已經從太陽花運動「學到」教訓，因此會轉而利用社會動亂來破壞民進黨政府的執政，這會讓社會動亂更為加劇。

就如我們先前討論過的，預防這些勢力作亂的最佳方法，就是台灣進一步鞏固它的民主，以及台灣社會各個層面更加合作（形成台灣內部的「聯合陣線」）。

民進黨在選舉中獲勝，這樣的地緣政治背景也將對北京的反應造成重大影響。就如我們前面看到的，華府和它的很多亞太地區盟國對中國的幻想已經越來越破滅，因為它軍事擴張的程度，已經讓人聯想到冷戰。北京欺凌比較弱小的鄰國，在南海擴張軍力，不願意或沒有能力成為國際社會所希望的「負責任的玩家」，以及中國內部發生的動亂，已經使中國劇烈偏向更約束和更高壓的獨裁政權，所有這些都會造成在和中國打交道時，其態度出現重大轉變，也更不願意去作調整。

結果，蔡英文總統將可能和她的美國同行建立起更和諧的關係，遠勝過在二〇〇〇年時偏重意識形態的陳水扁總統，更勝過在二〇〇一年九月十一日恐怖攻擊和美國發動阿富汗和伊拉克戰爭之後的台美關係。甚至即使伊斯蘭國恐怖組織帶來的威脅，或是歐洲和中東地區的危機，再度迫使華府把它的注意力從亞洲移開，蔡英文和她的顧問們也不可能犯下當年陳水扁所犯的錯誤，也不會採取某些批評家堅稱的那些會破壞台灣海峽安定的行動。

美國在二〇一六年十一月的總統大選結果，也會對美國對台灣的支持產生直接影響，在目前的情況下，美國大選結果將可以預測出美國新政府和中國互動的意識形態立場。雖然，在競選活動期間很可能會聽到一些恐中言論，但等到新政府在白宮就任後，這些恐中言論終將會被壓抑下來。不過，未來的美國總統將不會像小布希和歐巴馬總統那樣完全相信中國，因此，可以想像的是，下一屆美國政府將會更大聲表示支持台灣，這會對台灣作出更為健全的安全保證，以及出售更多武器給台灣，這將會加強台灣的嚇阻力量。

1 被開除的這五位國民黨黨員包括，立法委員紀國棟，前立法委員張碩文，前台北市議員楊實秋，中央委員李柏融，和台北市議員李慶元。其中，張碩文已經在退出國民黨後加人親民黨。

第四部

台灣為什麼重要？

第十四章　最後一個自由的庇護所

我們若看看今天的亞洲地區以華語社會為主的國家，將發現我們有很好的理由感到悲觀。一開始，世人對中國的政治改革原本充滿希望，但很快地，北京便打破了「經濟解放與中產階級興起將漸漸引導極權國家邁向民主化」的神話。我們反而見到中國領導階層極力擁抱重商主義，以作為提升國家實力的主要手段。中國在經濟成長方面的成就的確遠近馳名，然而在政治上，這個國家卻從不曾考慮放棄中國共產黨一黨專政。儘管眾人對於改革充滿希望，中國當局卻從不曾考慮著手進行政治開放與經濟改革，或者讓香港特別行政區的那種較為自由的生活方式影響中國內地的發展。

雖然，不容否認地，中國變得更富裕也更強大了，但這個國家因其幅員遼闊、人口眾多且內部異質性高，加以各地區之間經濟發展程度的落差等因素所導致的內在矛盾持續加深，迫使中國共產黨加強箝制，並通過新的《國安法》，驚動了聯合國的諸多中國觀察家。中國社會的每一個面向——從地方到網路上的積極政治行動、從媒體到教育體系——都受到更嚴密的監控。中共對言論的查禁越來越嚴格，並擴大其在企業與民間機構的勢力，進一步鞏固了許多人以為早被鄧小平揚棄的傳統毛派意識形態。

儘管中國有著令人敬畏軍事與經濟實力，這個國家本質上仍高度缺乏自信，而且中國共產黨也對其在失去對人民的控制之後，黨與國家機器的前景將會如何感到恐懼不已。在新任國家主席習近平的領導下，中共的被迫害妄想上升到了數十年來所未見的高點，因而對它所認定的中國境內境外敵人採取更強硬的手段。

因此，今天的中國可說比二〇〇八年北京奧運前夕更專制。美國的自由之家所公布的「二〇一五年自由報告」將中國的自由程度等級歸為「不自由」。而在一份評鑑數值從一到七（一代表最自由，七則代表最不自由）的量表中，中國得到六．五的平均值，其中在「政治權利」部分得到七分最低分，而「公民自由」部分則拿到六。

同時，香港特別行政區持續的與中國合而為一並逐漸的「內地化」，使這個前英國殖民地在制度上變得更投中共所好，也在許多港人之間引爆了反抗——他們開始了解，中共並不打算信守當初強加於港人身上的「一國兩制」承諾。港人的反應也回過頭來迫使北京加強對香港的箝制，以免香港的反抗行動影響中國其他地區的人民，使他們也要求中共當局改革。因而，讓這個全中國最自由的地區知道誰在當家，變成了中國的當務之急。儘管中國人民解放軍在二〇一四下半年的雨傘革命占中行動期間表現出一定程度的節制，但毫無疑問地，北京不可能容許這樣的動盪無限期地繼續下去。因此，雖然這段期間人民解放軍一直留守在營區，我們卻知道，早已在幕後出動各方武力的中央政府將會極力阻止香港特別行政區擺脫其控制。將香港納入這套限制重重的新《國安法》並非巧合，而要是香港的公民社會繼續鼓動下去，要求中共當局改革，那麼這套新《國安法》也打開了國家侵犯人權的大門。

香港因此也走上了與中國內地一致的發展方向，其各方面的自由在在受到侵蝕。自由之家的年度報告將香港列為「部分自由」地區，在政治權利的量表中只得到五，公民自由部分只得到二，整體平均只得到三．五。這份報告也特別註記了香港特別行政區自由度走下坡的趨勢。

而在其他華語地區，新加坡也同樣被列為「部分自由」地區，在政治權利與公民自由這兩項皆得到四。這個城邦以其「開明專制」的政治制度著稱；執政的人民行動黨是這個表面上多元的政治生態的老大哥，向來藉其財力與司法體系來維持住政治對手的邊緣處境。國家對言論的管制被視為理所當然，而政治異議者或者對國家領導者的批判，則會招致國家機器以嚴酷的手段懲罰——最近新加坡青少年余澎杉（Amos Yee）的遭遇便是最完美也最鮮明的例證。抗議行動必須事先向官方申請並獲得許可，而合法抗議地點也受到嚴格的限制。一直到中國在習近平領導下的改變之前，人們都相信「具有中國特色」的新加坡模式值得中國共產黨仿效。

馬來西亞和印尼這兩個擁有大量華裔人口的國家，也被自由之家年度報告列為「部分自由」地區。這兩個國家在一至七的量表中，整體評量分別坐落在四與三；馬來西亞的自由度則有下滑的趨勢。

台灣在平衡全球自由度上扮演重要角色

在所有包含大量華語人口的國家中，只有台灣被自由之家列為「自由」地區，在一至七的量表中，政治權利部分得到最高分一，而公民權利部分得到二。台灣媒體雖然有不少被親中集團收購，並受到來自中國的強大壓力，卻仍是東亞地區最自由的媒體環境，無國界記者組織公布的「二〇一五年世界新聞自由指標」中（http://index.rsf.org），在所有接受評鑑的一百八十個國家裡，名列第五十一名。相較之下，中國則排名第一七六名，僅優於敘利亞、土庫曼、北韓和厄利垂亞。香港排名第七十名，新加坡第一五三名、馬來西亞第一四七名，印度則排名第一三八名。

因此，台灣在證明即使所謂儒家社會也能夠發展出生氣蓬勃的民主，各種爭執都能以非脅迫的手段來調停的能力上，可說是亞洲絕無僅有的例子。它有我們所謂的「自由價值」。

不論是否主張台灣是中國的一部分，自由社會都令人珍惜，特別在非民主勢力以修正版的面貌捲土重來的時代更是如此[1]。

圖書出版業也同樣能夠體會到依然存在台灣的各種自由有多麼珍貴。據報導，二〇一五年初，中央人民政府駐香港特別行政區聯絡辦公室，也就是北京在香港特別行政區的辦事處，下令聯合出版集團／有限公司——一個控制著香港特別行政區所有主要書店，大約八〇％市場占有率的圖書出版集團，撤下書架上所有「內容不妥」的書籍，包括提及雨傘革命的文字[2]。絲毫不令人意外地，香港出版市場的圈內人暗示，在香港的大學校園也占據重要位置的聯合出版集團，幕後的金主正是北京當局。

在這接受中共當局指揮，而且不公平的出版環境中，獨立小書店正被擠壓到瀕臨破產的邊緣；在這個中國僅存的最自由的地區，人民將越來越難買到中國共產黨不希望他們知道的各種書，包括（卻不限於）以下題材，而且還會因時而異：人權、西式民主、中國共產黨過去的犯行、政府貪污、天安門大屠殺、西藏、新疆和台灣。這些主題的書籍原本在新加坡等其他華語國家就已經很難找到。也面臨相同壓力的台灣因而成了華語國家或華文世界中，唯一仍然可找到北京認為主題敏感的書籍——無疑地，也包括閣下正在閱讀的這本書——的國家。

中國觀光客對陳列在台灣最好的書店的這些各式各樣的中文書，包括中國歷史與中共領導階層之類的主題，表現出極大的興趣，這更凸顯了人民對於能帶給他們希望的知識的渴求，也說明了北京當局為何急於箝制出版業。毫無疑問地，倘若台灣也落入中國的控制，那麼整個宇宙所有以中文寫成的那些最重要的資訊與想法都將消失，而這不僅是台灣本身的損失，更是華語世界所有國家與地區，那些渴望獲得資訊的人們共同的損失。

正如香港經驗以及本書所顯示，不論是透過武力或者「和平」手段，一旦台灣被中國併吞，台灣因為實質上是個獨立國家，因而目前所享有的種種自由與權利將受到嚴重侵蝕。因此，特別因其地理位置的緣故，台灣在平衡全球的自由度上扮演了極其重要的角色。

面對眼前的種種挑戰，北京當局最終將如何處理台灣「問題」，對於未來幾十年國際社群所將面對的是什麼樣的中國，有著關鍵性的影響。假使這個崛起中的大國兼蠻橫的區域強權能夠以負責並符合國際法規範的方式來處理爭議，那麼中國與美國之間更大的權力對峙，或者第三次中日戰爭或可避免。雖然目前還看不出任何跡象，顯示北京當局企圖以真正的和平方式（相對於由北京片面定義的「和平統一」）來解決台灣「問題」，鼓勵未來的中國領導人朝著那個方向發展，因為其他選項注定都會帶來動盪，對國際社群而言絕對是有利的。

相反地，要是台灣人在民進黨重返執政之後繼續拒絕與中國統一，造成北京當局對台灣的敵意加深，那麼國際社會將有很好的理由對中國的崛起感到憂慮，並且組成國際聯盟來「遏制」中國，而這卻是目前正在發生的事。我將在下一章進一步討論，面對中國崛起並成為區域上的超級強權，國際社會所能作的最糟的事，就是屈服於中國的強硬態度，讓它與取予求。國際社會反更應努力接觸，並且支持中國共產黨內部溫和派的聲音。

台灣所占的位置其實很適合嘗試這件事，雖然這意味著處理中國異議者的聲音，因而這麼做將有一定程度的風險。但可確定的事，假使台灣想要將中國領導人引向更有建設性的方向，那麼與中共高層，像是習近平，或者資深國台辦官員「談判」將是行不通的。

民主並非直接打包就能出口的貨品

為了避免造成錯誤印象，在這裡我們有必要指出，雖然台灣對中國政治發展能夠有正面影響，但台灣卻並非像某些觀察家所言，有責任這麼作，或者命中注定要扮演這樣的角色。我的看法與金門大學政治學者俞劍鴻相反。我認為不會有「非共產黨的中國人為了海內外全體中國人而發動二度長征」這種事[3]，而台灣人也沒有必要照俞劍鴻所言，「與生活在中國大陸的非共產黨中國人攜手合作，共同促進中國走向完整而成熟的憲政民主」。事實上，那些認為台灣可以，或者應該協助中國民主化的想法，都建立在相同的錯誤假設之上；這個謬誤餵養了「經濟成長終將導致民主化」，或者香港重返中國將有助於中國大陸的民主化的期待。

此外，台灣「命中注定」要改變中國，這樣的想法也暗指台灣是中國的一部分，然而這樣的觀點卻違背史實以及台灣民意。而且，這套觀點不顧台灣人民本身的存在價值，而只是把台灣當作達成更高目的的一個手段而已。

現實情況是，台灣與中國是兩個互不相屬的政體，兩者皆有能力和責任描繪各自的國家藍圖。因而，不論台灣對中國政治發展造成的影響是什麼，它都不比，比方說，加拿大對於自由度稍低的美國的政治發展的影響更大或更小。影響美國政府對於槍枝管制，或者同性婚姻合法化的看法並不是加拿大，或三億四千八百萬加拿大人的責任。當然，要是加拿大在這幾項議題所採取的一些較為進步的政策能夠激勵美國政治人物仿效他們，那也無妨。

伊拉克與阿富汗最近的發展所帶給我們的啟示是，民主並不是能夠從任何國家直接打包出口的貨品。儘管當時的國際政經脈絡為此也提供了強大的誘因，但政治自由化，以及最終的民主化，是台灣人自己作的決定。這個道理同樣也適用於中國；這個國家要有一切它所需要的思想與道德資源，才可能提供中國社會足夠的動能朝著民主的方向移動，而中國共產黨要不就是接受這樣的轉變，否則就只能等著失去行使國家暴力的特權。

當然，雖然西方思維相信所有人類終將為民主這個「普世價值」奮鬥，我們卻不應排除這個可能性：中國人可能會選擇拒絕民主，至少不是現行於西方世界或者台灣的民主。假使，正如我們在第五章所談到，中國人民大學國際關係學者韓冬臨和澳門大學的政治學者陳定定對於「一般中國人民缺乏足夠的支持與鼓舞，使他們願意選擇西式民主」這個說法是正確的，那麼我們，以及台灣人，又憑什麼將一套中國人並不想要的制度強加在他們的國家呢？

假設我們認定台灣是個主權國家，並且認為只有這個國家的人民有權利選擇他們所想要的政治制度，那麼理論上，我們也應對中國人抱持相似的寬容態度。我說「理論上」是因為眼前的一大挑戰便是，中國共產黨是否足以代表中國十四億人的意願；而只要中共政權繼續讓人民活在恐懼之中，那麼我們就很難判斷十四億中國人民究竟想要什麼。

因而，我們只能期待中國終將民主化，因為儘管民主制度遠非完美，卻已證實是「最不壞」的政治制度，也可能是調停不同意見的最佳方式。我們只需很快地比較一下，在不同的政治制度下，台灣與中國政府處理都更或環境污染等議題的方式，便足以證明採取民主、開放的政治制度的優點。但當然，台灣人卻沒有**義務**促使中國民主化。

到這裡為止，我的這個論點的批評者可能會提出這樣的說法：「台灣與中國雙方在文化與語言上的親近，以及自由、民主的台灣比其他民主國家更有可能激勵中國各地的自由派人士爭取民主，因而台灣的確有責任幫助中國走向民主化。」我們已經同意，「作為值得仿效的對象」和「有義務幫助對方」是兩回事。就作為表率與值得仿效的榜樣而言，台灣無疑地對追求政治自由的中國人極具吸引力。然而，共同的族裔、文化和語言卻並不足以使一國人民因而想要效法另一個國家；對那些支持民主、追求自由的人民來說，有些更基本的要素，其吸引他們的程度遠遠超越族群因素。

換句話說，人並不需要在文化上同源才可能去學習、或者想要效仿誰；民主到了不同語言、不同膚色人種的手上還是民主。假如人只能從語言文化同源的人身上學習，那麼，既然當時世界上並沒有其他華人民主國家，台灣人當初的民主化又是找誰當效法的典範？而既然另一群韓國人仍然活在專制極權統治下，那麼南韓人民在追求民主化的過程中，又是仰賴誰來當榜樣？在與西方民主國家接觸了幾十年後，中國仍未能走上民主，這並不是因為過去一般中國人民無法像二〇〇八年以後一樣，親自到台灣來一探。中國至今仍是個極權國家是因為中國人民——也包括為了自私的理由而執意維持現狀的中國共產黨——尚未邁出民主化的第一步。

因此，台灣民主的價值並不僅只於提供中國人仿效的典範，而是對整個國際社群來說，台灣終於成為由追求民主價值的國家所組成的國際社群的一員了。更重要的是，台灣民主本身的價值在於，在外來政權的獨裁統治與文化之下艱苦奮鬥數十年後，這個國家的二千三百萬人民終於選擇了自己想要的政治制度。這本身就是一件有價值的事，因為這表達了一個國家人民**自決**的渴望；才沒多久之前，「（民族）自決」可是被國際社會視為一種值得珍惜的普世人權。我們必須反身自問，為什麼在海峽兩岸的政治脈絡下，「民族自決」居然被賦予如此負面的意涵？

一個遵守所有遊戲規則的政體不應被漠視

假使中國政府對台灣採取行動，而國際社會卻在一旁作壁上觀，因而導致台灣遭到中國共產黨併吞，這對其他國家的人民——包括中國境內、香港特別行政區、新疆、西藏等地的自由鬥士——將會產生巨大的心理效應：這代表著全世界都在極權暴君面前退卻；而不論這些自由鬥士所追求的價值有多麼正當而高尚，他們都只能孤軍一戰了。

因此，除了「第一島鏈」的戰略價值之外，台灣在依舊進行中，卻早已不再只是「西方」與「東方」對立的「自由」與「專制」意識形態戰鬥上，也具有重要的象徵價值。正如美國政府東亞安全事務顧問任雪麗在她的著作《台灣為什麼重要？美國兩岸研究權威寫給全美國人的台灣觀察報告》（*Why Taiwan Matters: Small Island, Global Powerhouse*）一書中所言，「……確保台灣能夠決定自己未來的前途，這對美國和其他民主國家都很重要，因為台灣的民主正是世界其他地區民主化的指標，也是鼓舞人心的典範。[4]」

萬一台灣失去主權，隨後北京對台啟動了政治制度「內地化」，因而無可避免地像香港特別行政區一樣，造成台灣各種自由受到侵害，這等同告訴其他小國，我們已經重返英國政治哲學家霍布斯在《利維坦》（*Leviathan*）一書所描述的那個大吃小的前現代叢林法則，而這正是北京當局在面對周邊小國反抗中國對其宣示主權時，中共高層官員所使用的語言。而雖然在地理上與其他國家相比，台灣是個「小國」，但要是國際社會容許這個現代、和平且經濟繁榮，世界人口數排名第五十三（大約和澳大利亞人口數相同）、全球第二十一大經濟體的國家消失（而除非台灣人感覺自己完全被國際社會放棄，否則絕不會接受這樣的結果），我們很能理解，這對其他同樣受到大國強權威脅的小國來說，將嚴重打擊他們的信心。

這樣的結果也等同昭告世人，不論一個國家多麼努力遵守一切國際遊戲規則——台灣已經民主化，也簽訂了聯合國人權公約，對鄰國既不造成危害，而且是個「負責任的利益關係者」，更遵守《不擴散核子武器條約》的規定，放棄了核武——一個各方面表現如此良好的國家，在面對鄰國強權兇猛的威脅，甚至在那些強權以違反國際法的手段，或者試圖取代國際法來遂行其目的時，卻不見得能夠取得國際社會的保護。

這樣的忍讓，為的是什麼呢？就是「國際關係現實主義」，也就是我們下一章的主題。

1 參見美國國家民主捐贈基金會所做的「極權復甦」研究官方網站，其中中國名列全球「五大」之一。http://www.resurgentdictatorship.org

2 「中聯辦掌控聯合出版集團擁三大書局兼壟斷發行　議員指涉違《基本法》」，《壹週刊》，二〇一五年四月八日，http://hk.apple.nextmedia.com/news/art/20150409/19106286

3 Yu, Peter Kien-hong, *The Second Long March: Struggling Against the Chinese Communists Under the Republic of China (Taiwan) Constitution* (London: Continuum, 2009), p. 169.

4 任雪麗，《台灣為什麼重要？：美國兩岸研究權威寫給全美國人的台灣觀察報告》，姚睿譯，貓頭鷹出版社，二〇一三年三月。

第十五章　拋棄台灣是件何其愚昧的事

讀到這裡，讀者們現在應該已經知道，儘管中國威震四方，它卻很清楚自己不可能以武力拿下台灣，卻不用為此付出慘痛代價。因此，中國採取的策略是從多方面來打擊台灣人的反抗意志，同時在國際上孤立台北。中國共產黨透過龐大的政治宣傳機器，試圖貶低台灣民主和台灣價值，同時不斷餵養這樣的想法：不論台灣人及其盟友做了什麼，最後的結果都沒什麼不同，就是兩岸統一。既然如此，那麼與其和必輸的一方站同一邊，何不追隨流行，跟著贏家走，也許在這過程中還能收割些好處呢。

北京當局的戰略，有一個面向便是說服國際社群，要是他們拒絕接受中國對台灣議題的立場，將會因此而付出代價——中國將從從各種其他議題，包括取消軍事接觸，到中國的領土爭議、北韓與伊朗的核武計畫、全球暖化等等拒絕合作。

中國企圖製造的印象便是，要是北京能得到他們想要的東西——也就是國際社會徹底拋棄台灣，並且剷除使這島嶼能夠維持自由與獨立的一切安全保證——那麼中國就比較願意在其他議題上配合。這種行為可用一個詞來描述，就是「勒索」。

然而，卻有為數驚人的「專家」們接受了這套想法，透過出版專書，或者在知名期刊和雜誌上發表文章，企圖說服其他人，將台灣「割讓」給中國，以換取中國在其他國際事務上更多保證與更高的配合度，這樣的妥協才符合我們的最大利益。

不論他們是否知道實情，這群專家——其中大多數是學者——在反芻那一長串的「科學事實」，以及類似「中國在經濟和軍事的實力已經大到無法抗拒；中國很可能動用核武來捍衛自己的『核心』利益；台灣製造了傷害北京信任的因素，是破獲我們與中國的關係的毒藥」等等威脅恫嚇的同時，他們就已經在為北京當局的政治宣傳機器服務了。中國採取的策略，便是「棍棒與紅蘿蔔齊下」，而後者卻至多只不過是承諾國際社會能夠得到某種回報，像是「和平」解決中國對南海領土的主權爭議，或者在對北韓施壓，要求平壤當局放棄核武計畫、當個好鄰居的過程中，扮演更積極的角色。

「棄台論」的種種說法

畢竟，有些人早已主張美國以放棄台灣來表達對中國的「善意」，並借此排除掉美中之間一項最主要的障礙。「我可向你保證」，中國國防大學教授徐輝在書中如此表示，「美國在台灣政策上態度的改變，將能夠移除中美雙方軍事關係中的最大障礙；這麼作也更能贏得中國十三億人民的民心，因而得以強化中美合作關係。[1]」姑且不論台灣兩千三百萬人民被化約為「障礙」，而這樣的非人化修辭對那些主張美國應該將台灣「割讓」給中國的人來說，卻是稀鬆平常的事。

舉例來說，美國喬治・華盛頓大學政治系的國際事務專家格拉澤教授（Charles Glaser）最近在知名期刊《國際安全》發表的文章中寫道，美國應該「協商出一個最划算的政治交易，終止其在中國武力犯台時，以軍事武力防禦台灣的承諾，以作為其在地緣政治上適應中國崛起的策略的一部分。[2]」格拉澤在他「運用大量的國際關係理論」所得到的結論是，這麼一來，美國將能換取「中國以和平的方式解決中國南海與東海海域和領土爭議，並正式接受美國長期以來在東亞所扮演的軍事安全角色」。此外，藉著終止美國對台灣的軍事協防承諾，華盛頓方面亦能夠「大大地緩和使中美關係更加緊張的，雙方益發激烈的軍事競爭。」

澳洲國立大學戰略與國防研究中心教授修・懷特（Hugh White）也相信中國已經強大到他國無法反對的地步。「一九九六年，當他們（美國和中國）最後一次為了台灣問題而短兵相接時，美國只需派幾架飛機，便足以迫使中國退讓，」他在書中如此表示[3]，「但現在，擺在眼前赤裸裸的現實卻是，在幫助台北對抗中國的嚴峻壓力方面，美國能做的並不多。」

著有《大權政治的悲劇》（*The Tragedy of Great Power Politics*）一書的芝加哥大學政治系講座教授米夏摩（John Mearsheimer）在一篇最近發表的文章中，也表達了相似的觀點：「引爆戰爭既是如此危險，而美國總有一天將再也無法武力協防台灣，那麼很有可能美國的決策者終將決定，放棄台灣、容許中國強迫台灣接受兩岸統一，才是明智的戰略[4]。」

米夏摩很正確地點出，大多數台灣人希望保留自己原來的生活方式，但他對這個前景卻表示悲觀：「眼前殘酷的現實是，沒有一個國家將以犧牲自己和中國的關係作代價，來幫助台灣人維持現狀。對任何一個國家來說，中國在經濟上太重要，在軍事上也太強大，不值得他們為了台灣而跟中國作對，特別是每個人都很清楚中國對於達成兩岸統一的決心有多堅定。」

在這本他從未踏上台灣一步之前就寫的書《面對中國的抉擇》（*The China Choice*）中，懷特也主張，轉變中的亞洲權力平衡使得海峽兩岸終將免不了統一，而只要兩岸統一是建立在「和平」與「雙方皆同意」的前提之下，美國就不應反對這個結果。

美國海軍戰爭學院副教授格爾茨坦（Lyle J. Goldstein）則提出一套中、美在「台灣議題」上逐步加強的合作計畫。雖然這套計畫所主張的不是單純的完全放棄台灣，但它終究強迫台灣在被動、無法表達自主意見的情況下，作出令人無法接受的選擇。更令人震驚的是，格爾茨坦居然這麼寫：「西方人宣稱『兩岸統一』只應由台灣人單獨下決定，這種態度缺乏對歷史、文化與認同的客觀認識。」這觀點被台灣兩千三百萬人嘲笑，也是剛好而已[5]。

在台灣議題上進行「大妥協」這個主題以種種不同包裝的面貌呈現，卻都完全不顧及二千三百萬台灣人民的意願，以及國際關係所要求的道德與倫理內涵[6]。台灣被化約成一件商品、一種必要時可以透過政治交易方式來達成目的的手段。更不用說，作出這些主張的專家們對台灣與其人民根本幾乎毫無了解，也毫無情感聯繫。

這些觀點不僅天真無知，而且無視歷史事實。美國國務院和情治人員在二戰後發現了這件令他們大感懊惱的事：中國共產黨早在成型的那一天起，就一次又一次成功地說服其他人，支持他們的偉大企圖終將帶來與中國更好的關係[7]。此外，這樣的觀點建立在這個預設之上：「國際社會需要中國，勝過中國需要國際社會」。而這個命題根本在邏輯上就有問題。

懷特宣稱海峽兩岸可能以「和平」且「雙方皆同意」的方式達成統一，這顯示了他對台灣內部動態的缺乏理解。在其著作《中等強國，中國》（*Middle Power, Middle Kingdom*）中，曾任加拿大駐中國大使與加拿大台北辦事處主任的馬大維（David Mulroney）便說明，一個人在出書、發表期刊文章所寫的內容，必須建立在站在那塊土地上，認識它的人民所得來的理解之上，是多麼重要的一件事。這本書也讓我們知道，當一個人已經不在政府要員的位置上時，就有更大的自由，說出他在政府位置上根本不被允許說出的話。根據這位退休外交官的觀察，懷特的見解很可能是錯的：「任何對過去十年來台灣民意的解讀都會得到這樣的結論：台灣人幾乎不可能同意兩岸統一。」馬大維繼續表示，「如果在不久的未來，海峽兩岸真的完成統一，最有可能是因為中國強加了某種形式的經濟或軍事脅迫。[8]」

事實上，依目前的趨勢看來，我們可以斷言，兩岸和平統一的可能性微乎其微[9]。

這些自稱為「主動出擊的現實主義者」宣稱，北京的施壓可能升高到揚言「以核武拿下台灣並阻止美國介入」的程度。他們以這樣的論點，將「台灣可以，並且應該獲得軍事協防」描述成「不合理」的論點。奇怪的是，他們似乎並不認為「中國揚言動用核武以殲滅台灣」是不合理的想法。他們的立場預設著北京的中共領導階層根本是一群有自殺傾向，不惜任何代價也要奪回台灣的瘋子，而他們對於將一個民主國家和它的兩千三百萬人民交出去給一個在他們看來，很願意為了擴張自己的勢力而不惜殲滅數十萬，甚至數百萬人的專制政權這件事，並不會在道德上感到不安。

更不用說，假使國際社群中其他國家在中國這樣的勒索下屈服，那麼整個世界將變得更動盪也更危險。這不僅將鼓勵那些企圖擴張勢力的國家加強軍事力量與威嚇姿態，也為弱國製造了擴充武力軍備的誘因，使他們也想取得核武，或者建立起足以將我們推入一戰前夕那種步步走向災難的國際結盟競賽。此外，這種霍布斯式的政治原始叢林狀態也將增加誤判的風險，因為我們不可能知道任何一個國家在什麼時刻會取得足夠的全面性力量來威脅或占領鄰國，卻不會受到國際社會制裁[10]。

這樣的後果將是，不論是好是壞，在目前中國已然成了國際間一大要角的情況下，台灣不會是單一個案，而將成為未來地緣政治的指標性案例。而假使世界上的領導人屈從於中國的勒索，那麼他們將會為我們所有人製造出高度動盪不安的未來。

若讓中國打破第一島鍊，將會使區域衝突升高

將台灣讓渡給一個在亞太地區越來越好戰的中華人民共和國，很可能會造成結結實實的影響。在中國與其大多數鄰國的領土爭議持續加溫的現況下，棄守台灣將可能嚴重危及美國的國家安全保衛機制，使國際間軍備競賽的可能性變得更高而非更低，特別是在攸關日本國防的議題上更是如此。此外，根據格爾茨坦的說法，「我們只要洞悉歷史，便能清楚看出北京當局處理台灣議題的方式，迥異於其他，因此，認定中國在兩岸統一之後，一定會立刻以它對待其他議題的專橫態度來處理台灣議題，這真是令人不可思議。[11]」，然而，這卻是他對對歷史的另一個誤讀之處；他的這個主張不僅似是而非，而且建立在粗糙且簡化的假設之上。

真正令人不可思議的是，分析師居然不了解北京當局經常重新定義何為其「核心」利益。但正如加拿大作家彼得・內維爾—哈德利（Peter Neville-Hadley）在《華爾街日報》所發

表的一篇評論葛爾茨坦著作的書評所言，格爾茨坦的論點「有時候毫不加質疑地便複製了中國式的『含糊性準確』敘事。[12]」內維爾—哈德利也很正確地指出，格爾茨坦在書中，「很驚人地混雜著嚴酷的現實政治，以及對兩黨的誠意所抱持的荒誕而一廂情願的幻想。」我很好奇格爾茲坦究竟會如何看待西藏和新疆這另外兩塊同樣具有國土與戰略縱深意義的「不可分割的領土」，或者中國南海議題——可以想見，後者將是北京對外擴張領土，在中國大陸與其可能的外部敵人之間增加一道緩衝屏障的下一步。我們很難想像中國擴張版圖的野心會止於台灣，特別是在它不費吹灰之力，也不用付出代價就能夠達成目的的情況下。

一旦中國控制了台灣，它便終於能夠打破第一島鏈的封鎖，並且朝著開放的西太平洋擴張其海軍勢力。這樣的發展將使這個地區的其他國家憂心忡忡，並將美國部署在日本與關島全境的武力直接曝露在中國人民解放軍的軍事攻擊下。我們很難想像，這樣的發展如何可能不導致日本以及區域內的其他國家在突然發現自家隔壁就是歷史宿敵後，大規模地擴充軍防。我們也同樣難以想像，這樣的發展如何可能有利於區域穩定。

當然，正如格爾茲坦所言，「大談為自由而奮鬥之類的漂亮話當然很好，但政策制定者卻必須評估我們是否有能力達到那些充滿理想性的遠大目標。[13]」而在這裏，絕無疑問地，對台灣作出合乎道義的事，同時也是符合國際社會利益的事。換句話說，因道德理由而站在台灣這邊，或者給台灣足夠的空間，讓它的人民能夠自主選擇，同時也是對亞太地區，甚至可能是對全世界，都具有戰略意義的選擇。與其將台灣「割讓」給中國作為某種「大妥協」的一部分，因而讓一個越來越強橫的政權勒索成功，國際社會更可能得利於確保中國的勒索脅迫不變成二十一世紀的流行。屈服於專制政權並不是面對眼前挑戰最好的方式。此外，屈服於中國的勒索也等於給了中共絕佳的誘因，使他們壓制中國內部的溫和派聲音，這可能造成他們的意見遭到噤聲。

「一旦我們在捍衛核心價值上偷工減料，便往往會成為災難的第一個受害者」，馬大維在書中如此表示，「當我們無法重視台灣人民的民主權利，或者當我們為了金錢的考量而拒絕討論關於中國的種種令人不悅的事實時，我們就已然被改變，甚至被削弱了。[14]」

此外，在台灣「問題」上與中國各讓一步，也絕不應以台灣兩千三百萬人民的意志為代價。強迫他們讓出自己的生活方式——特別是在香港特別行政區以及中國各地最近的發展所帶給我們的啟示之下——至少可說是很虛偽。確保台灣不至於感覺自己過於孤立而導致人民認為自己除了將自己廉讓給中國之外別無選擇，這並不表示對中國恫以戰爭，或者將中國封鎖到它毫無希望將國家潛力發揮到極致的程度，而只是劃下底線，明確表示要是中國踩到那些底線，台灣及其國際盟友將會採取必要的手段，使中國退居底線範圍之內。

因此，眼前最好的方式並不是棄守台灣，以換取某個一再證明自己欺瞞本質的政黨的承諾，而是強化台灣制止中國進犯的能力。正如馬大維所言，「截至目前為止，台灣一直被一層戰略模糊政策保護著，而這層保護至少必須同時仰賴美國的膽量與決心，以及中國方面的務實謹慎才可能繼續維持。」然而，他也提醒我們，要是美國意志不堅，那麼中國便更可能對台灣施以軍事或經濟脅迫，而「這樣的改變將對台灣的自信造成致命的傷害，並讓中國絲毫不用付出任何代價便得到他們想要的結果。[15]」

最後，正如我們所見，即使台灣政府被徹底拋棄，因而感覺自己被迫在「一個中國」原則下與北京當局達成某種交易，我們還是很難想像台灣人民會眼睜睜看著他們的國家還有生活方式從自己手中被奪走。結果是，如果那些學者是認真的，那麼他們窩在西方世界的舒適書房裡所寫的「大妥協」論述，也將同樣包含著巨大的道德責任。最有可能的情況是：放棄台灣而讓台灣被中國接收將引爆強大的反對力量，因而迫使中國人民解放軍或其在台代理人展開鎮壓綏靖行動。從整個台灣社會對於受中共統治這件事的反對程度來看，這場危機很可能演變成一場大災難，使二二八這場大屠殺事件——犯者還是一群原本受到台灣民眾歡迎的「解放軍」——相較之下像是被紙割破手指般的皮肉小傷。

雖然到目前為止，「放棄台灣」的說法只得到部分的政治決策者支持，它卻已然和其他類似的論點一起，成為強化北京當局對台灣文攻武嚇的助力。一旦如國際策略分析家彼得・采翰（Peter Zeihan）在《意外的超級大國》（*The Accidental Superpower: The Next Generation of American Preeminence and the Coming Global Disorder*）一書所言，一旦美國放棄其能源戰略，而決定走上孤立主義路線[16]，那麼可以想見，美國便更有可能對中國的恫嚇買單，或者說服自己，說美國再也沒有資源可以繼續維持它在亞太地區的安全協防了。雖然這樣的前景目前看來好像還很遙遠，特別是美國官員才在最近發表的評論中，提及「美國思考台灣議題的方式已徹底轉變，並且重新定義[17]」，這使台灣有必要加強自己的軍備，並與區域鄰國，特別是最擔心中國人民解放軍拿下台灣這艘「不沉航母」的日本，建立軍事協防關係。

「有能力」動武跟「實際」動武是兩回事

雖然正如米夏摩所宣稱，中國可能真的在十年之內便有能力成功武力犯台，我們卻應注意到，這樣的能力本身並不足以成為中國對台灣動用武力的決定因素。與能力同樣重要的是動機（否則，照這邏輯，每一個比鄰國強大的國家都會忍不住想攻打鄰國了）。因而，即使中國隨著人民解放軍的武力擴張而變得更難以對之反擊，我們卻永遠都能找到空間，去抵銷中國領導階層的動機，而其中一種方式便是，即使中國成功地武力犯台，它為此在物質上、經濟上或是政治上所必須付出的代價，絕對高到保證足以使其望之卻步。

對台灣及其盟友來說，關鍵便在於提高北京方面拒絕遵守國際遊戲規則的代價。不論這是好是壞，台灣已經是個採取西方模式的現代國家，根本就與中國基於文明的民族主義格格不入。一旦國際社會拋棄台灣，便是往北京極力想促成的方向邁進一步：亦即，改變大多數人都已習慣的國際關係體系。如此發展的結果，很可能就是全球動亂。

結果是，國際社群若能更了解台灣的處境，以及北京當局的「一個中國」原則基本上就是一種違反國際法的擴張主義，而非中共政治宣傳要我們相信的，是為了「重新統一」一個分裂的家庭，也就是「民族統一主義」，以及「分離主義」兩者間作出道德抉擇，這對國際社會將更有利。

一旦有更多人了解台灣「問題」是不折不扣的併吞事件，並且一旦他們了解這整件事之所以如此複雜，都是來自北京政府製造的層層幻象與政治宣傳攻勢（強迫台灣加入類似的修辭角力），那麼「放棄」台灣這個想法就會失去其吸引力和邏輯。

克里米亞與台灣的共同處，便是兩者都有著為了戰略目的而試圖奪取他們領土的鄰國。莫斯科當局用來合理化其行動的說辭極其粗暴，北京當局所用的語言雖然細緻得多，卻同樣似是而非。要是國際社群給了中國共產黨支撐其虛假的正當性所需的要件，那將是一件致命的錯誤。

中國共產黨並不能將自己的成敗建立在侵略鄰國領土、征服其他民族之上，而應該建立在其改善中國人民生活、給他們作為強國公民所應得的權利與自由的能力之上。

1 Christopher P. Twomey and Xu Hui, "Military Developments," in Nina Hachigian, *Debating China: The U.S.-China Relationship in Ten Conversations* (Oxford University Press, 2014), p. 162.

2 Glaser, Charles L., "A U.S.-China Grand Bargain? The Hard Choice Between Military Competition and Accommodation," *International Security*, Vol. 39 No. 4 (Spring 2015), pp. 49-90.

3 White, Hugh, "The harsh reality that Taiwan faces," the *Straits Time*, April 15, 2015. http://www.straitstimes.com/opinion/the-harsh-reality-that-taiwan-faces

4 Mearsheimer, John J., "Say Goodbye to Taiwan," *The National Interest*, March-April 2014. http://nationalinterest.org/article/say-goodbye-taiwan-9931

5 Goldstein, Lyle J., *Meeting China Halfway: How to Defuse the Emerging US-China Rivalry* (Washington: Georgetown University Press, 2015), pp. 46-78.

6 見 Cole, J. Michael, "The Question that is Never Asked," *The Diplomat*, May 13, 2015. http://thediplomat.com/2015/05/the-question-that-is-never-asked-what-do-the-taiwanese-want/

7 見 Bernstein, Richard, China 1945: *Mao's Revolution and America's Fateful Choice.*

8 Mulroney, David, *Middle Power, Middle Kingdom: What Canadians Need to Know About China in the 21st Century* (Toronto: Allen Lane, 2015), p. 244.

9 見 Cole, J. Michael, "Say Goodbye to 'Peaceful Unification'," *The Diplomat*, April 1, 2014. http://thediplomat.com/2014/04/say-goodbye-to-peaceful-unification/

10 For a counter to Glaser, White and Goldstein, see Cole, J. Michael, "Don't Let China Swallow Taiwan," *The National Interest*, April 23, 2015, and "If the Unthinkable Occurred: America Should Stand Up to China over Taiwan," *The National Interest*, May 7, 2015.

11 Goldstein, p. 70.

12 Neville-Hadley, Peter, "Peace at All Costs: A blueprint for U.S.-China relations that abandons America's allies," *Wall Street Journal*, July 2, 2015. http://www.wsj.com/articles/peace-at-all-costs-1435849728

13 Bernstein, p. 334.

14 Mulroney, p. 245.

15 前揭書，p. 244.

16 Zeihan, Peter, *The Accidental Superpower: The Next Generation of American Preeminence and the Coming Global Disorder* (New York: Twelve, 2014).

17 Lowther, William, "Taiwan important to US: Burghardt," *Taipei Times*, July 15, 2015. http://www.taipeitimes.com/News/front/archives/2015/07/15/2003623054

第十六章 台灣能做什麼？

這趟旅程即將接近尾聲。我們已經見識到，台灣的歷史與民主如何深化了某種獨特的民族主義，使台灣即使在與中國有著共同的文化、語言與血緣的情形下，依然與中國漸行漸遠。我們也看到，在北京當局的民族主義概念下，它既不可能接受台灣以主權國家之姿存在，也不願接受在中華人民共和國的「一個中國」架構下，存在一個真正的主權國家，因而中共一方面試圖在國際上孤立台灣，一方面則用盡各種手段侵害台灣的民主機制。這兩套相互衝突的意識形態——一方渴望自決，另一方則混雜著狂熱的民族主義與擴張主義，意味著未來將造成海峽兩岸間的緊張，而這卻發生在中國的經濟與軍事力量使它有能力仗勢取得它所渴望的標的的時刻。

所以，台灣能怎麼做呢？台灣是否還有做些什麼來扭轉局勢的可能？或者，是否歷史洪流已將台灣帶往無可避免的滅絕邊緣？

悲觀者附和著中國的政治宣傳，認定反抗終將徒勞無功，台灣當局應該趁它還能與北京談到好條件時，趁早與北京達成協議，以免未來的情勢發展將台灣導向其他更不利的選項（像是武力統一）。正如我們在前一章所見，這些悲觀主義者也建議拋棄台灣，藉此排除掉一件傷害他們對中關係的障礙物，以換得北京當局在其他迫切議題上的善意。然而，這樣的策略卻是建立在一廂情願的幻想之上，並且源自對中國共產黨過去行事歷史的短視理解。國際社群若把台灣「送給」中國，便是獎勵中國的恫嚇脅迫行為。此舉將造成區域不穩定，並且在中共應該致力於倡導並實施政治改革，以取得統治正當性的時候，反而強化了中國的力量。

而對樂觀主義者來說（我認為自己也屬於這個陣營），台灣的處境並不像表面看起來這麼黯淡。雖然眼前的確存在著艱鉅且不容輕忽的挑戰，台灣卻有好幾項優勢，包括地理區位上，它能夠讓中國人民解放軍在對其進行兩棲攻擊時，付出龐大的代價，甚至可能造成災難性的後果。

然而，台灣最棒的資產在於它的人民，以及源自其民主機制和凝聚力強大，足以斷然將過去至今一直撕裂著這個國家的「族群」與「政黨顏色傾向」鴻溝拉近的公民民族主義。

中國與香港特別行政區最近的發展，以及自從二〇〇八年馬英九就任總統以來，台灣與中國更密切的接觸，也強化了台灣認同的獨特性，以及維持住使台灣不僅獨特，也是世界模範的生活方式的渴望。雖然馬政府對北京的和緩政策促成了非常重要的兩岸關係正常化，而針對這一點，我們也的確應該讚揚他，然而這樣的兩岸友好關係卻也進一步凸顯了台灣與中國的根本差異，更解釋了為何台灣與中國根本不可能在「一個中國」的架構之下運作，以及為何將「一個中國」這個結果強加在台灣人身上不僅極不公平，也將造成未來更嚴重的緊張關係。不論北京當局如何承諾港人自主，台灣人已經見識到香港特別行政區的遭遇，以及「一國兩制」最後終將使比中國更自由的社會走向「內地化」，而這並不是台灣人希望發生在自己身上的事——「藍營」不希望如此，「綠營」當然更不要。

台灣提高生存機會的三大策略：政治宣傳、強化國防、遏止中國攻勢

有幾件事台灣非做不可，才可能提高生存機會。我提議的策略將仰賴三大支柱：政治反宣傳、強化自己的國防實力、遏止中國的攻勢。

「政治宣傳」這字眼往往帶有負面意涵，但現實中它只不過是一種持續性的公關策略，旨在對需要被說服的「另一方」形塑認知。「事實」和「謊言」同為政治宣傳戰的一部分，而且通常兩者都是政治宣傳的敘事元素。毫無疑問地，中國對台灣的政治宣傳攻勢遠比台灣對中國所做的更強而有力，因而成功地導致台灣在國際位置上的弱化。儘管歷史事實並不站

在它那方，北京當局卻有辦法說服幾乎每一個人——包括各國政府——台灣自古以來，未來也將是，中國不可分割的一部分；拒絕承認這套說法的少數個人，都是因為某些理由而想要維持中國分裂與衰弱。既然中國已經通過新的《國安法》，可以想見，北京當局政治宣傳戰的下一步將是說服世人：「台獨支持者都是不折不扣的罪犯」。

正如我們稍早所見，現實是，台灣絕大多數人民支持台灣以不同於中國的獨立國家身分存在，其中包括尋求「法理台獨」者，也包括希望「維持現狀」者。二〇一四年春天發生的太陽花運動所釋放出的能量——事實上，正是導致太陽花運動發生的動能——正源自於台灣人對於北京不斷地試圖透過種種誘因、經濟施壓，以及在中國有相關利益的政治人物與商人的行為來改變現況的了解。不論批評者怎麼說，希望台灣「維持現狀」並不表示這個人對於海峽兩岸動態過於天真無知。但有件事可以確定：作為一種意識形態概念，「維持現狀」差不多就等同於「渴望獨立」了。

國際政治宣傳必須說明清楚的事

因此，台灣的政治反宣傳必須有一部分聚焦在更清楚說明台灣社會的複雜性，並反制來自北京的敘事，讓世人了解台灣人民對獨立（以及反對統一）的渴望遠比世界上其他人所相信的更高。台灣的反宣傳行動也應該試著拆穿「台灣人和中國人同文同種，而一個人的族群血緣是決定國家認同的決定性因素」的神話。諷刺的是，這樣的觀念並不難對西方人解釋，因為在西方社會，多元文化主義是其國家內涵重要的一部分。然而，只要一談及台灣，台灣人的「中國性」似乎就把任何自決的可能性給封閉了。

若要反制這套說法，台灣人應該善加說明，台灣如何採納了西式的「民族」定義，而這套定義卻與中國信奉的那一套從文明觀點來決定認同的方式形成尖銳的對照。這並不意味著其中一種定義優於另一種，或者比另一種更有解釋力。然而這卻清楚地說明著，為何海峽兩岸的民族認同衝突在一時半刻之間還不會消失，還有「兩岸統一」這個極可能造成動盪的選項為何不受台灣人歡迎。來自台北總統府的訊息，以及馬政府不斷強調中華民國和台灣的「中國性」，在在加深了國際間的認知混淆，並且支持著北京的官方說辭。雖然迫使台北與北京當局口徑一致，而不製造出台北再度變成「麻煩製造者」的壓力將繼續存在，未來的政府若能發出清楚的訊息，將有助於釐清某些馬政府過去所造成的認知混淆。

台灣反宣傳戰的另一項要點是清除「拒絕成為中國的一部分是因為仇中親日，或者有自私自利的考量（例如從軍售中獲利、與西方情治單位共謀維持中國分裂狀態等等）」之類的觀念。事實真相是，大多數台灣人和國際社會其他人一樣，雖然對於中國共產黨在這個國家處理事情的方式有意見，但他們對於中國的存在，或者與中國通商完全沒有問題。大多數台灣人並不「仇中」，而從許多人已透過投資或經商而在中國有利益關係這件事來看，他們也並不希望中國失敗。然而，大多數台灣人想要的是對中關係正常化——也就是說，與中國作生意並不會造成自己的國家被某個政權接收，然後無可避免地改變他們社會的體質，而且大概不是變得更好的風險——正如我們所見到的，香港特別行政區的經驗一樣。

台灣人若能告訴全世界——在此我指的不只是美國這唯一一個大多數台灣人在乎，或者台灣人以為唯一與台灣事務密切相關的國家——他們並非政治冷感、不願捍衛自己的國家，或者根本被中國「收買」。換句話說，台灣人必須讓全世界知道，他們不僅堅強耐壓，而且以自己國家的成就為榮。

儘管也許台灣人自己就已經解決了那些問題，但海外人士不見得很清楚，畢竟他們對台灣及其歷史幾乎完全不了解，而往往必須仰賴媒體與學者提供訊息。然而大部分時候這些人所反映的，卻是北京當局的政治宣傳機器對這議題的說法。

最後，台灣人可以做得更好的地方，是讓世人知道：反對北京併吞他們的國家並非不理性的行為，而且完全有正當性。

他們也應設法說明，為何「台灣繼續以主權國家身分存在」這件事對國際社群是關緊要。僅僅說出「台灣是民主國家」這一事實，卻沒有解釋民主的意義，還有為何它很重要，是不夠的。要是能將台灣的命運與中國在國內，以及國際地緣政治脈絡的行為作連結，這應該可以抓住人們的注意力。

很幸運地，中國政府最近的行為，從其在領土爭議中的好戰姿態，到中共在中國全境加強鎮壓公民社會，皆使台灣人更容易對國際聽眾解釋台灣與中國之間的對比。幾乎一半的中國有錢人（財富淨值超過一百五十萬美元），爭相考慮在五年之內離開中國，大多希望移民到西方民主國家展開新生活，不再需要擔心因為任何理由惹惱了中國共產黨而失去一切——藝術家艾未未就是最鮮明的例子——便充分說明了當今中國的法治狀況。這應足以說明為何台灣人毫不願意成為中國的一部分[1]。然而，台灣人若想有效達成這項任務，就必須更了解自己與雙方社會的聯繫；而這需要台灣人對中國的政治發展報以更多的關注。

台灣需改善溝通能力，並以國際社會能夠理解的方式述說

當然，台灣若要做到這些事的任何一件，它便需要找出足以穿透眼前那道知識防火牆的方式。北京當局在台灣「問題」上的政治文宣戰之所以如此成功，是因為大多數人對台灣的理解太少，而這很大一部分是由於學術界的自我言論審查、全球媒體的忽視，以及離開台灣而遷移到中國的全球媒體忽視所致。就在我寫這一章時，《華爾街日報》才剛宣布即將關掉台北分社，加入一長串我們稍早談及的，為了重整組織以及節省成本而離開台灣的國際媒

體行列。《華爾街日報》決定在總統大選前六個月撤出台灣，這件事對海峽兩岸未來的關係將造成嚴重的後果。可想而知，從現在起，《華爾街日報》將在中國製作、刊出其針對台灣的報導；這就充分說明了全球媒體帝國主管對台灣政治發展輕視的程度了。不論《華爾街日報》記者在未來報導台灣事務時對台灣多麼心存善意，他們終將必須從遠端報導，而且根本不可能真正掌握台灣社會的脈動，更不用說將台灣社會的複雜性轉譯給不太留意的海外讀者了解。結果將是，台灣相關新聞與知識將繼續維持高同質性，而且帶著濃濃北京味的面貌。

台灣人不能只是將自己在國際上的孤立狀態怪罪給建制化的自我審查和偏見。新媒體和文創產業也提供了許多工具，幫助台灣避過環繞在言論審查四周的高牆。但台灣人若想有效地利用這些方式，就必須使台灣變得對國際上的媒體閱聽人更有趣，也更與自己切身相關，藉此才可能打動更多全球讀者。為了能夠告訴外國聽眾台灣為何重要，台灣人必須變得更有現實感，並且對那些使一般人民和政府忙得不可開交的重要議題報以更多關注與了解。對許多台灣人而言，海峽兩岸也許看起來像是全世界最重要的事。但現實是，這裡的發展——特別是當局勢像最近幾年一樣，呈現相對「穩定」的狀態時——便容易在世界上其他事務的雜音中淹沒。只要到美國華府，或者其他大國首都的政府部門走一趟，很快就能將熱中台灣事務的人士打回現實。

因此，眼前的挑戰在於尋找出世界領袖對什麼有感，並且一再大聲重述這些事，直到抓住他們的注意力。可以確定的是，過去二十多年來，幾百位台裔美國人經常在華府白宮舉著相同標語牌的傳統抗議方式，已經過時而失去效力了。

另一個必要的步驟是，台灣人必須加強溝通技巧，並了解到他們必須有能力以國際聽眾理解的語言來溝通。大部分時候，這意味著必須能夠說英語；但不知為何，這卻是大多數台灣人普遍缺乏的技能。太陽花運動的國際媒體宣傳小組正是個成功而值得效法的模範，但這種特別的嘗試必須能被建制化地常態進行。

持續強化公民社會、民主與政治體制

同時，台灣必須繼續強化自己的社會、民主與政治體系；公民社會早已清楚告訴我們，這項過程對台灣既有必要，而且值得追求。在太陽花占領國會運動之前的幾個月以及運動期間，公民社會對國民黨和民進黨的憤怒，正足以作為人民對舊政治越來越失望的指標。台灣人已經厭倦了焦土政治，也就是立委和政黨代表所採取的零和遊戲行徑，以及那些以「當選連任」作為唯一目標的政治人物的短視近利作風。雖然這些問題一定也存在其他民主國家，但台灣的處境卻使它沒有本錢消耗在這種使台灣停滯、使政治人物在作決策時只想將自己的選票與勝選機會極大化，卻背離了國家理想，並傷害國家安全的政治操作。政治惡鬥已經嚴重到候選人有時為了讓自己在選舉中比對手更有優勢，而採取了他們明知不利於國家的手段。北京已經用這樣的策略，成功地挑撥離間台灣人，就和它在一九五九年藏人起義、中國人民解放軍入侵之前，也透過操弄日喀則與拉薩間的派系恩怨來撕裂西藏如出一轍[2]。

雖然「第三勢力」在二〇一六年大選中發揮的影響力不算太重大，它們的崛起卻是改變的徵兆，也是期待舊體制改革，以造福台灣社會的新聲音體制化工程的一部分。關於政治人生，他們要學習的還很多，但若能堅持到底，漸漸地，他們將能迫使兩大黨考慮更進一步合作，藉此在政壇發揮影響力。最近國民黨因提名洪秀柱為總統候選人而引發的黨內危機，也凸顯了兩大黨應該致力於求取「中間立場」，就是更能反映大多數台灣人意願的立場。兩黨若能藉著各退一步來打動台灣人，以取代極端做法，那麼政治人物將了解，他們與對手間的共同處，遠比台灣政治的極度分裂性格所呈現出來的還多得多，特別在國防與維繫當代台灣獨特的道德、價值、作為的事務上猶然。台灣的政黨越能學習彼此合作，中共與其盟友所面臨的挑戰就越艱鉅。雖然政黨本質上就是會互相反對，但正如同以色列、後九一一事件的美國等等處於戰事中的國家所顯示，在最根本的議題上，他們最好能夠合作。

社會也有很多事要做。台灣的藍綠分裂繼續破壞著雙方陣營的關係，並使早就該停止的族群緊張更加惡化。雖然國民黨自從抵達台灣之後所造成的傷害——二二八大屠殺，以及接下來的白色恐怖——毫不可否認地令人痛心，現在卻是不分族群的台灣人民該試著真心和解的時候了。雖然這意味著承認外來政權在一九四七年對本省人犯下的屠殺罪行，但這也同時意味著承認「外省人」對這片他們視為家的土地所作的貢獻，並不少比他們更早到台灣的人。換句話說，這意味著「台灣人」的定義必須以更包容的方式重新改寫，取代過去那種排他、使人感覺不被歡迎，彷彿他們並不是台灣這場民主實驗的完整參與者的定義方式。

幸而，看來台灣年輕人已經啟動了這個過程；但這個療癒的過程必須被建制化，也必須能反映在政治人物的言行上。

太陽花運動以及許多其他之前的社會運動成員間的異質性，正為這樣一個充滿包容性的未來提供了絕佳的典型：它跨越了性別、族群、教育程度、社會階層以及政黨傾向的藩籬。漸漸地，這樣的動能也應該透過成員組成，以及政治人物使用的語言，反映在政黨政治上。台灣若能更加團結，也將有助於釐清一些自我矛盾與因此將國際閱聽人搞糊塗的語言或行動，更有助於台灣對外的政治宣傳。

期待台灣社會不同群體與主要政黨都團結在一起，這並非一廂情願的幻想，而是一場從很久以前便開始，因近幾年與中國更密切的接觸而加速的團結過程下，合乎邏輯的結果。雖然這也許並非馬總統在對中國伸出友誼之手時所預設的目的，他的兩岸政策卻對於台灣社會內部的和解大有幫助。下一步則是移除兩大黨裡面，那些不惜任何代價，即使他們明知這麼做對台灣不利，也要反對改變的恐龍政治人物。

國防不只限於軍備，更包含了宣傳與政治經濟面向

最後，台灣必須找出加強國防的方法——而「國防」在這裡卻不僅限於軍備。這套包含著政治宣傳武器的戰略，目標直接對準北京當局的決策者，試圖說服他們：若北京採取軍事冒進行動，即使最後中國人民解放軍成功地登陸台灣國土，他們將付出的代價會遠遠超出所獲。藉著與我們透過前兩套戰略而得到的國外盟友合作，台北當局在台灣海峽出現敵對局面時，將能夠排除掉美、日介入的可能性上的模糊空間。

事實上，台灣政治宣傳戰一部分的目標將是說服美國華府：雖然這個模糊狀態已經持續了幾十年，卻早已過時了，而且現在反而有鼓勵中國冒進與錯估形勢的風險，因為北京當局可能相信美國絕不會介入兩岸緊張關係，因此它可以快速而不拖泥帶水地達成目標。對中國劃下行事的紅線、明確標示出引爆線對於台灣對中國的軍事防衛，將遠比可能被解讀為防禦弱點的含糊美日協防默契更有幫助。

政治經濟面向也和軍事層面的國防一樣重要。政治經濟發展也同樣適合作為納入對北京國防戰略的一部分，特別是幾十年來，中國驚人的經濟成長也開始出現減緩的跡象。儘管它的經濟實力很吸引人，中國需要國際的合作，要不是比國際需要中國更多，至少也一樣多，而這在未來幾十年不太可能改變。中國需要來自俄羅斯、澳大利亞、加拿大、非洲部分

地區、中亞、中東和南美洲所提供的天然資源（能源、礦產、木料等等）。結果是，國際社會將合作防止中國在對台事務上違反國際法，或者當中國的行為對台灣造成威脅時將懲罰中國，藉此使北京當局領導階層留意自己的行事分寸。

台灣問題是攸關區域穩定的國際議題

無疑地，正如我們先前所提，當中國逾越界限時，其所必需付出的慘重政治經濟代價很可能造成區域不穩定。換句話說，與其將台灣「問題」視為中國內政問題，國際社會更應將它放在適當的脈絡，將它視為攸關區域穩定的國際議題，因為一旦引起爭議，它將無可避免地造成全球性間接後果。既然北京當局處理台灣議題的手法將可作為未來它如何處理其他事務的指標，世界各國政府便有足夠的誘因鼓勵北京當局遵照國際法的規範來作決策。中國的「崛起」使它擁有不對等的強大力量足以對付其對手，而台灣便可作為中國如何對待國際對手的試壓計，只要走錯一步，便會重挫中國在國際間的名聲，而這終將決定中國在未來與區域鄰國和國際社會的關係。北京當局領導高層必須深深了解，以武力消滅台灣或強行併吞台灣的代價過高，一點都不值得他們如此嘗試。

如此一來，這也一併照應了兩岸關係的軍事面向。但其他面向的國防戰略呢？透過強化社會與民主，台灣也將能保證，中國若併吞台灣——即使是透過所謂「和平」方式，將會導致嚴重的社會動盪，迫使北京當局出面鎮壓，而這與戰爭一樣，將嚴重危及中國在海外的聲譽。換句話說，台灣應該把自己變成一顆毒藥；不論它的醫療價值有多高，都遠遠比不上那令人避之唯恐不及的苦味。台灣若能保證，併吞台灣將對中國國防機制造成嚴重的困擾，甚至進一步波及中國其他地區，便會使中國對台灣興趣缺缺。而只要台灣社會呈現撕裂狀態，就很難讓中共相信併吞台灣可能造成如此嚴重的結果。台灣社會若能團結一致地表達出不願接受兩岸統一的共識，這將使台灣對中國的威脅更明確而有說服力。

當然，這些方法沒有一件保證成功，但至少這些策略使台灣比較不至於輸掉這場戰爭。暫時，不論這個選項看起來多麼貧弱蒼白，維持住台灣目前的獨立狀態應當是全體台灣人最主要的目標，因為這能為台灣人爭取時間，以進一步團結國家，並且提高中國併吞台灣的代價。希望未來能夠發生一些政治改變，使中國領導階層願意承認，兩岸共存遠比持續的衝突，或者違反兩千多萬人民的意願將其併吞更為有利。沒有人知道台灣與中國將以什麼形式共存；可確定的是，它和當前北京當局對台灣「問題」所堅持的解決之道絕對完全不一樣。

而不論發生什麼事，絕對都必要建立在一個前提上，那就是：台灣人**永遠**保有選擇權。

1 Roberts, Dexter, "Almost Half of China's Rich Want to Emigrate," *Bloomberg Businessweek*, September 15, 2014. http://www.bloomberg.com/bw/articles/2014-09-15/almost-half-of-chinas-rich-want-to-emigrate

2 見 Khétsun, Tubten, *Memories of Life in Lhasa Under Chinese Rule*, Matthew Akester, translator (New York: Columbia University Press, 2014).

謝辭

有太多人在這本書誕生的過程中，扮演了某種直接或間接角色，多到我根本不敢嘗試將他們的名字一一列出。為了避免嚴重的遺漏，我將以通稱來帶過這些人；他們認得出自己是誰。

如果沒有這許多台灣以及海外人士的努力，這本書將不可能完成問世——從地方上的小生意人到資深的政府官員，都在我試著了解極其複雜的台灣政治生態，以及同等嚇人（卻也極引人入勝）的兩岸關係的過程中，慷慨地付出了他們寶貴的時間、建議與想法。毫不誇張地，有高達數百名公民運動者、官員、學者、記者以及一般公民都對我毫不藏私，使我得以更貼近有關台灣的種種「真相」，並且盡我最大的努力，嘗試將這些事實轉譯給原本對那些議題只有粗淺興趣的讀者。我感謝他們每一個人；但不用說，所有的錯誤、遺漏與過度推論，我必須負起完全的責任。

有幾個人及單位所扮演的角色必須特別被提出來。特別要感謝商周出版，並在我努力在二〇一六年大選前夕，達成每一個嚴酷的截稿任務，而終於完成本書的過程中，給我極大的鼓勵。將近十年前我初到台灣時，我從來無法想像，有一天台灣最大的出版社之一竟會邀請我寫有關台灣政治的書，更不用說先以中文發表了。我也要感謝馬騰（Martin Williams）給了我英文《台北時報》的工作，並協助我展開新聞事業。他是我的良師益友，永遠在我出差錯時斷然將我拉回現實，在我偶爾創造出佳績時也從不吝於鼓勵我、讚揚我。謝謝任職美國華府智庫「2049計畫研究所」的石明凱，過去這些年來一直是我忠實可靠的朋友、源源不斷的想法與靈感的泉源，在各種主題——從中國人民解放軍火箭軍，到總政治部聯絡部的政治攻防戰略等等，給了我許多指點。

感謝《外交家》雜誌（*The Diplomat*）、《國家利益》雜誌、《華爾街日報》、《中國簡報》（*China Brief*）、《今日亞洲國際新聞》（*Asia Today International*）、《詹式防衛週刊》（*IHS Jane's*）、英文《台北時報》以及《渥太華公民報》（*Ottawa Citizens*）提供我所需的專欄空間，讓我能夠與全球讀者作連結，也謝謝蔡耀緯先生將我的多篇文章翻譯成中文。此外，也謝謝《中國政策論壇》成員們給了我極大的幫助，並在各種與中國相關的事務與議題上熱烈的討論，讓我在專注於台灣事務的這段期間，也能夠同時跟上中國最新發展動態。感謝英國諾丁罕大學中國政策研究所，特別是中國政治研究專家曾銳生與 Jon Sullivan 讓我擔任該研究中心的遠距資深研究員，還有法國現代中國研究中心研究員高格孚（Stéphane Corcuff），以及小英基金會。本書所有觀點完全是作者個人意見，不代表上述機構的立場。

特別謝謝江春男先生的智慧與支持，以及蔡英文博士在二〇一四年初，提供了令我無法拒絕的機會，說服我留在台灣。她在我最需要的時候，給了我一個家，讓我可以繼續在台灣的工作。

感謝我的父母 Réjane 和 Craig 對我滿懷信心，以及了解我為何要做這些我正在做的事，以至於無法當個好兒子經常回加拿大看他們。我也感謝我岳父母歡迎我成為他們的家人，並與我分享他們作為台灣人以及美國台僑的經驗。謝謝最早帶我到台灣的 Stephanie Lin，讓我在這塊土地上不僅找到使命，也找到自我。感謝我家附近的機車行老闆，他的單純與善良使我保持腳踏實地，也不斷地提醒著我：我們代表台灣所做的一切，並不是為了那些進入政壇後就忘了初衷的政治人物，而是為了勤懇踏實，夢想有一天外部強權不再企圖決定他們的未來的台灣人民。

我要向偉大的英國記者兼作家喬治．歐威爾（George Orwell）致敬，感謝他示範我們這件事該怎麼做。

最後，卻遠非最不重要的，我要感謝我的妻子以及知識上的伴侶陳婉宜博士。她豐沛的才華總不斷令我驚豔；她的愛與熱情支撐我度過這一切。她是我的繆思。

國家圖書館出版品預行編目資料

島嶼無戰爭：不願面對的和平假象 / 寇謐將（J. Michael Cole）著；李明, 劉燕玉譯. -- 初版. -- 臺北市：商周, 城邦文化出版：家庭傳媒城邦分公司發行, 2016.02
面；　公分
譯自：The convenient illusion of peace : convergence or conflict in the Taiwan strait?
ISBN 978-986-272-965-6（平裝）

1.兩岸關係 2.臺灣政治 3.言論集

573.09　　105000049

島嶼無戰事：不願面對的和平假象

原文書名／The Convenient Illusion of Peace: Convergence or Conflict in the Taiwan Strait?
作　　者／寇謐將（J. Michael Cole）
譯　　者／李明、劉燕玉
企畫選書／林宏濤、夏君佩
責任編輯／夏君佩
版　　權／林心紅

行銷業務／李衍逸、黃崇華
總 編 輯／楊如玉
總 經 理／彭之琬
發 行 人／何飛鵬
法律顧問／台英國際商務法律事務所 羅明通律師
出　　版／商周出版　城邦文化事業股份有限公司
台北市中山區民生東路二段141號4樓
電話：(02) 25007008　傳眞：(02)25007759
E-mail：bwp.service@cite.com.tw
Blog：http://bwp25007008.pixnet.net/blog
發　　行／英屬蓋曼群島商家庭傳媒股份有限公司城邦分公司
台北市中山區民生東路二段141號2樓
書虫客服服務專線：(02)25007718；(02)25007719
服務時間：週一至週五上午09:30-12:00；下午13:30-17:00
24小時傳眞專線：(02)25001990；(02)25001991
劃撥帳號：19863813；戶名：書虫股份有限公司
讀者服務信箱：service@readingclub.com.tw
歡迎光臨城邦讀書花園　網址：www.cite.com.tw
香港發行所／城邦（香港）出版集團有限公司
香港灣仔駱克道193號東超商業中心1樓
E-mail：hkcite@biznetvigator.com
電話：(852) 25086231　傳眞：(852) 25789337
馬新發行所／城邦（馬新）出版集團【Cite (M) Sdn. Bhd.】
41, Jalan Radin Anum, Bandar Baru Sri Petaling,
57000 Kuala Lumpur, Malaysia.
Tel: (603) 90578822　Fax: (603) 90576622
Email: cite@cite.com.my

封　　面／陳永忻
排　　版／極翔企業有限公司
印　　刷／韋懋印刷事業有限公司

經 銷 商／聯合發行股份有限公司
電話：(02)2917-8022　傳眞：(02)2911-0053
地址：新北市231新店區寶橋路235巷6弄6號2樓

■2016年2月3日初版
■2019年1月15日初版3.1刷

Printed in Taiwan

定價430元

Original title: The Convenient Illusion of Peace: Convergence or Conflict in the Taiwan Strait?

商周出版

廣　告　回　函
北區郵政管理登記證
北臺字第000791號
郵資已付，免貼郵票

104　台北市民生東路二段141號9樓

英屬蓋曼群島商家庭傳媒股份有限公司城邦分公司　收

請沿虛線對摺，謝謝！

商周出版

書號：BK7067	書名：島嶼無戰事	編碼：

請於此處用膠水黏貼

商周出版

讀者回函卡

感謝您購買我們出版的書籍！請費心填寫此回函卡，我們將不定期寄上城邦集團最新的出版訊息。

不定期好禮相贈！
立即加入：商周出版
Facebook 粉絲團

姓名：＿＿＿＿＿＿＿＿ 性別：☐男 ☐女

生日：西元＿＿＿＿年＿＿＿＿月＿＿＿＿日

地址：＿＿＿＿＿＿＿＿

聯絡電話：＿＿＿＿＿＿＿＿ 傳真：＿＿＿＿＿＿＿＿

E-mail ：

學歷：☐ 1. 小學 ☐ 2. 國中 ☐ 3. 高中 ☐ 4. 大學 ☐ 5. 研究所以上

職業：☐ 1. 學生 ☐ 2. 軍公教 ☐ 3. 服務 ☐ 4. 金融 ☐ 5. 製造 ☐ 6. 資訊
☐ 7. 傳播 ☐ 8. 自由業 ☐ 9. 農漁牧 ☐ 10. 家管 ☐ 11. 退休
☐ 12. 其他＿＿＿＿＿＿＿＿

您從何種方式得知本書消息？
☐ 1. 書店 ☐ 2. 網路 ☐ 3. 報紙 ☐ 4. 雜誌 ☐ 5. 廣播 ☐ 6. 電視
☐ 7. 親友推薦 ☐ 8. 其他＿＿＿＿＿＿＿＿

您通常以何種方式購書？
☐ 1. 書店 ☐ 2. 網路 ☐ 3. 傳真訂購 ☐ 4. 郵局劃撥 ☐ 5. 其他＿＿＿＿

您喜歡閱讀那些類別的書籍？
☐ 1. 財經商業 ☐ 2. 自然科學 ☐ 3. 歷史 ☐ 4. 法律 ☐ 5. 文學
☐ 6. 休閒旅遊 ☐ 7. 小說 ☐ 8. 人物傳記 ☐ 9. 生活、勵志 ☐ 10. 其他

對我們的建議：＿＿＿＿＿＿＿＿

請於此處用膠水黏貼